Bruno Hildenbrand
Rosmarie Welter-Enderlin

Systemische Therapie als Begegnung

unter Mitarbeit von
Reinhard Waeber und
Robert Wäschle

Klett-Cotta

Klett-Cotta

Printed in Germany
Schutzumschlag: Klett-Cotta-Design
Gesetzt aus der 10 Punkt Garamond Stempel
von Steffen Hahn GmbH, Kornwestheim
Auf holzfreiem und säurefreiem Werkdruckpapier gedruckt
und in Fadenheftung gebunden
von Freiburger Graphische Betriebe
Einbandstoff: Garant-Leinen

Die Deutsche Bibliothek – CIP-Einheitsaufnahme

Hildenbrand, Bruno:
Systemische Therapie als Begegnung / Bruno Hildenbrand ;
Rosmarie Welter-Enderlin. Unter Mitarb. von Reinhard Waeber
und Robert Wäschle. – 1. Aufl. – Stuttgart : Klett-Cotta, 1996
ISBN 3-608-91773-X
NE: Welter-Enderlin, Rosmarie

Inhalt

II
Therapeutisches Handeln in der Praxis: Der Verlauf der Therapie der Familie Brenner

III
Therapeutisches Handeln in Lehre und Forschung

Einleitung

Niemand ist berechtigt,
sich mir gegenüber so zu benehmen, als kennte er mich.
Robert Walser an seine Betreuer im
psychiatrischen Krankenhaus Herisau

Es hat sich im alltäglichen Sprachgebrauch eingebürgert, eine Leistung als „professionell" zu bezeichnen, sofern es sich um eine bezahlte Tätigkeit handelt und sofern diese angemessen durchgeführt ist. Ein EDV-Programm, das den Erwartungen entspricht, eine Frisur, die gut geschnitten ist – hierfür ist jeweils das Wort „professionell" zumindest als Versprechung zur Hand.

Dieses Buch handelt von Professionalität im therapeutischen Feld. Die in einer professionellen Therapie erbrachte Leistung dient der selbständigen Bewältigung des Lebens. Wir sprechen hier also von professionellem Handeln in einem sehr spezifischen Sinne, und es liegt uns daran, die Unterscheidungsmerkmale zwischen professionellem und nicht-professionellem Handeln herauszustellen.

Dies ist vor allem dann dringend geboten, wenn die Grundlagen der Professionalität einer spezifischen therapeutischen Richtung erarbeitet werden sollen: der systemischen.[1] Wir werden in diesem Buch unsere

---

[1] Kurz zur Frage der verwendeten Begrifflichkeit: Wir ziehen es vor, von systemischer Therapie anstatt von Familientherapie zu sprechen, weil mit letzterem Begriff oft ein Verständnis von Familie verbunden wird, das der heutigen Vielfalt familialer Lebensformen nicht gerecht wird, und weil der Begriff „Familientherapie" dazu verleitet, die Familie gegenüber anderen Lebenszusammenhängen überzubetonen. Im Begriff systemische Therapie bleiben die Ideen der Familientherapie grundsätzlich erhalten. Das heißt, daß die Probleme einzelner in der Vernetzung sowohl mit ihrer individuellen Geschichte als auch mit dem Kontext, in dem sie sich aktuell befinden, betrachtet werden. Es gilt zur Therapie also nicht einfach Familien einzuladen, sondern je nach Problemdefinition zu entscheiden, wer am Problem und an der Lösung beteiligt ist. Statt von Problemfamilien zu sprechen, ziehen wir es vor, mit der offenen Frage zu beginnen, wer eine bestimmte Lebenspraxis wann als problematisch beschreibt.

eigene Auseinandersetzung mit den theoretischen Entwicklungen der Familientherapie im allgemeinen und der systemischen Therapie im besonderen darlegen. Unserem Therapieverständnis folgend, werden wir dies am exemplarischen Fall einer Therapie mit einer Familie leisten, bei der sich mehrere Probleme bündelten. Im Mittelpunkt stehen dabei die Klienten, nicht die Theorie. Neben der theoretischen Grundlegung systemischen Wissens und Handelns werden wir uns in diesem Buch mit dem Thema befassen, wie diese Grundlagen an Berufsleute aus Sozialarbeit, Psychologie und Medizin vermittelt werden können, die beratend und therapeutisch arbeiten. Schließlich werden wir unsere Überlegungen zu einer angemessenen Forschung im Bereich systemischen Handelns darlegen.

Unsere Auseinandersetzung mit systemtherapeutischem Handeln in den Bereichen theoretische Grundlegung, Ausbildung und Forschung verfolgt zwei Ziele. Das inhaltliche Ziel richtet sich darauf, die Qualität therapeutischen Handelns dadurch zu sichern, daß die Grundlagen der Arbeit mit Menschen, die Beratung und Therapie benötigen, ausgearbeitet und vermittelbar gemacht werden. Das berufsständische Ziel ist darauf gerichtet, außenstehenden Beurteilern von Therapie deutlich zu machen, daß es sich bei der systemischen Therapie um ein wirksames Verfahren handelt, welches positive Veränderungen bei den Klientinnen und Klienten ermöglicht.

Wenn wir in das Zentrum dieses Buches den Ablauf einer therapeutischen Arbeit mit einer Familie stellen, beabsichtigen wir, den Leserinnen und Lesern einen Blick hinter die Tür einer systemisch arbeitenden Therapeutin (Rosmarie Welter-Enderlin) zu ermöglichen und damit deren Arbeit transparent zu machen. Dabei ist, das sei hier schon betont, der Persönlichkeitsschutz der betreffenden Familie durch Anonymisierung von Personen, Orten und Ereignissen gewahrt. Indem wir diesen therapeutischen Prozeß in den uns wesentlich erscheinenden Details rekonstruieren und nicht nur selektiv die spektakulären Passagen vorführen, sollen die Leserinnen und Leser in die Lage versetzt werden, diesen Prozeß selbst einzuschätzen.

I
Therapeutisches Handeln als professionelles Handeln

1.
Einige vorbereitende Bemerkungen zum Begriff professionellen Handelns

Im Zentrum von Teil I steht das Konzept therapeutischen Handelns, das uns bei unserer Arbeit in Therapie und Beratung wie auch in der Ausbildung leitet.

Der Vorstellung dieses Konzept (ab S. 18), werden wir einige Bemerkungen zu den grundlegenden Merkmalen professionellen Handelns vorausschicken. Wir befassen uns insbesondere mit der Rolle von Professionen in modernen Gesellschaften sowie mit dem zentralen Merkmal professionellen Handelns, seiner Widersprüchlichkeit. Diese Widersprüchlichkeit stellt sich bei genauerer Betrachtung als der wesentliche Faktor seiner Effizienz, gleichzeitig aber auch als wichtige Ursache des Scheiterns im professionellen Handeln heraus.

Zur Stellung von Professionen in modernen Gesellschaften

Die gesellschaftliche Funktion von Professionen besteht darin, die Integration von Gesellschaften auf der Wertebene zu leisten und deren Bestand gegen alle Tendenzen zur Selbstdestruktion zu sichern, die von einzelnen oder von gesellschaftlichen Gruppen ausgehen können. *Professionen* sind demnach gemeinwohlorientiert und auf den Erhalt der zentralen Werte einer Gesellschaft bezogen. Dies unterscheidet sie von den Berufen, die durch Streben nach individueller Gewinnmaximierung gekennzeichnet sind.[2]

---

[2] Vgl. zur begrifflichen Klärung Luckmann und Sprondel 1972. Zur neueren Diskussion vgl. Gildemeister 1992.

Geht es um therapeutisches Handeln als Profession, dann ist der interessierende Zentralwert[3] die Gesundheit, genauer die Ermöglichung der biopsychosozialen Integrität, welche die Voraussetzung für die autonome Bewältigung der Lebenspraxis ist. Kurz: Ziel therapeutischer Verfahren ist die Sicherung der Autonomie der Lebenspraxis in einer Situation, in der diese bedroht oder beschädigt ist.

Mit der Betonung von *Praxis* möchten wir deutlich machen, daß für uns die Handlungs- bzw. Bewältigungskompetenz die zentrale Kategorie ist. Damit grenzen wir uns ab von anderen Definitionen von Gesundheit, die z. B. das individuelle Wohlbefinden zum therapeutischen Ziel machen.

Aktuelle Gesellschaftsanalysen legen den Schluß nahe, daß mit der Veränderung moderner Gesellschaften ein erhöhter Bedarf an autonomiesichernden therapeutischen Angeboten entsteht, und zwar nicht nur im Interesse der Gesellschaftsmitglieder, sondern auch im Interesse der Gesellschaften selbst (Brose und Hildenbrand 1988).

Moderne Gesellschaften sind im wesentlichen dadurch charakterisiert, daß das Verhältnis zwischen Individuum und Gesellschaft gewissermaßen kurzgeschlossen ist. Traditionale soziale Milieus als Puffer zwischen dem einzelnen und der Gesamtgesellschaft haben ihre Bedeutung verloren, so daß der einzelne direkt mit gesellschaftlichen Veränderungsprozessen konfrontiert ist und der Umgang mit Unsicherheit zu einer zentralen biographischen Anforderung wird:

> „Chancen, Gefahren, Unsicherheiten der Biographie, die früher im Familienverband, in der dörflichen Gemeinschaft, im Rückgriff auf ständische Regeln oder soziale Klassen vordefiniert waren, müssen nun vom einzelnen selbst wahrgenommen, interpretiert, entschieden und bearbeitet werden. Die Folgen – Chancen oder Lasten – verlagern sich auf die Individuen, wobei diese freilich,

[3] Andere Zentralwerte und die entsprechenden Professionen sind: Konsens, d. h. der Interessenausgleich zwischen gesellschaftlichen Gruppen (Politiker); Moral, d. h. das Angebot eines Sinngefüges, welches das Einzeldasein transzendiert und dem einzelnen Orientierung bei der Bewältigung grundlegender menschlicher Fragen wie z. B. der Endlichkeit des Lebens bietet (Pfarrer); Wahrheit, anzustreben durch interesseloses, nur der Fragestellung verpflichtetes wissenschaftliches Handeln (Wissenschaftler); Recht als Gefüge, das die Beziehung von Gesellschaftsmitgliedern untereinander sowie zu den öffentlichen Verwaltungsträgern regelt (Juristen). Vgl. Parsons 1965, Schaeffer 1990.

angesichts der hohen Komplexität der gesellschaftlichen Zusammenhänge, vielfach kaum in der Lage sind, die notwendig werdenden Entscheidungen fundiert treffen zu können, in Abwägung von Interesse, Moral und Folgen" (Beck und Beck-Gernsheim 1993: 179).

In welchem Maße sich Individuen aus traditionalen Gesellschaften gelöst haben, variiert je nach sozialem und kulturellem Umfeld erheblich (Burkart und Kohli 1992). Daher sollte man das vorstehende Zitat nicht als Beschreibung *der* modernen Gesellschaft nehmen, sondern als eine These, die den Vereinzelungsaspekt („post")moderner Gesellschaften betont und Gegenbefunde wie die Bedeutung von Verwandtschaftsnetzwerken gerade in Krisenzeiten (Segalen 1990: 112ff.) weitgehend ignoriert.

Für unser Thema hat die Individualisierungsthese folgende Bedeutung: In modernen Gesellschaften ist der einzelne im psychosozialen Bereich immer stärker auf Selbststeuerungsleistungen angewiesen, denn traditionale Milieus stellen ihm immer weniger Identitätsentwürfe, Lebensverlaufsvorstellungen und Deutungen zur Ortsbestimmung des Individuums in seiner Gesellschaft zur Verfügung.

Man kann in dieser Entwicklung ein hohes Autonomiepotential für das Individuum sehen und die „De-Institutionalisierung des Lebenslaufs" (Kohli 1988) begrüßen, vor allem dann, wenn man traditionale Milieus nur als Fessel für die individuelle autonome Entwicklung betrachtet. Anerkennt man jedoch, daß traditionale Orientierungen auch eine notwendige Ressource für das Individuum darstellen, kann man in der gestiegenen Notwendigkeit eigener Orientierung und Selbststeuerung auch die Gefahr ständiger Überlastung vermuten.

Aus dieser Lagebeschreibung wird deutlich, daß den als Experten für Identität in der „Risikogesellschaft" betrachteten Therapeuten nicht nur quantitativ, sondern auch qualitativ wachsende Bedeutung zukommt. Schon in den siebziger Jahren war davon die Rede, daß ca. ein Drittel der Bevölkerung der Bundesrepublik Deutschland „bereits einmal in seinem Leben irgendeine psychische Krankheit durchgemacht (hat) oder (...) noch daran (leidet)" (Bericht ... S. 7).

Therapeutinnen und Therapeuten mögen diesen Ausführungen insofern Interesse entgegenbringen, als damit bewiesen scheint, daß sie für den Bestand der Gesellschaft wichtig sind. Jedoch hat diese Entwicklung zur „Psychiatrisierung der Gesellschaft" (Castel u. a. 1982) eine Kehrseite. Diese Kehrseite läßt sich mit der Frage formulieren, ob therapeutisches Handeln einzig und allein dem Interesse der Klienten dient oder ob sich dahinter nicht noch ein anderes Interesse verbirgt: das der Gesellschaft, die zum Überleben auf reibungslos funktionierende, ständig veränderungsbereite und dabei noch erwartbar („normal") funktionierende Individuen angewiesen ist.

Wir sprechen hier eine in den Sozialwissenschaften der sechziger Jahre begonnene Diskussion an, die inzwischen etwas in Vergessenheit geraten ist, seit therapeutische Dienstleistungen fraglos zum Leistungsangebot moderner Industriegesellschaften gehören.[4] In seiner Rekonstruktion der Geschichte der Psychiatrie insbesondere im 19. Jahrhundert zählt Castel (1979: 12f.) alle Merkmale auf, die die Psychiatrie als System politischer Kontrolle ausweisen:

> „Ein theoretischer Code (z. B. im 19. Jahrhundert die klassischen Krankheitsbilder), eine Eingriffstechnologie (z. B. die ‚moralische Behandlung'), ein institutionelles Dispositif (z. B. das Asyl), ein Korpus von Fachleuten (z. B. die Chefärzte) und ein Benutzerstatus (z. B. der Irre, den das Gesetz von 1838 als bevormundeten Minderjährigen definiert)."

Heute hat sich der Inhalt dieser Merkmale insofern geändert, als die Bandbreite der Merkmalsbeschreibungen größer geworden ist. Die Merkmale selbst haben jedoch ihre Bedeutung beibehalten:

Auf der Ebene des theoretischen Codes streitet man sich heute darüber, ob man eine Diagnose als Zuschreibung von Wesensmerkmalen, als symptomatologisch-deskriptive Beschreibung oder aber als gemeinsam zwischen Therapeuten und Klienten ausgehandelte Problemdefinition betrachten will, und wenn man sich für letzteres entscheidet, dann muß die Frage beantwortet werden, wie man diese gemeinsam ausgehandelte Problemdefinition der Kranken- und Rentenversicherung plausibel machen will. Hier findet dann doch wieder (notgedrungen) der

---

[4] Es gilt heute zumindest in den Mittelschichten nicht mehr als Schande, teils sogar als Muß, lebenspraktische Probleme psychotherapeutisch zu bearbeiten. Auch werden in den Massenmedien alltags- und lebenspraktische Problemstellungen zunehmend unter psychotherapeutischen Vorzeichen verhandelt.

Rückgriff auf die bewährte diagnostische Terminologie statt, die je nach psychiatrischer Ideologie durch das DSM IIIff. oder die ICD-Klassifikation vertreten wird.

Auf der Ebene der Eingriffstechnologie läßt sich ein Streit zwischen Vertretern der Medikamentenbehandlung einerseits und Vertretern psychotherapeutischer Verfahren andererseits beobachten. Innerhalb letzterer ist das jeweilige Verhältnis, beispielsweise das zwischen Psychoanalyse und systemischen Verfahren, oft noch durch wechselseitige Disqualifikation oder durch Ignoranz gekennzeichnet. Andererseits läßt sich auch beobachten, daß mit wachsender therapeutischer Kompetenz das Interesse an Grenzüberschreitungen wächst und die Begeisterung am Aufreißen von Gräben schwindet.

Auf der Ebene des institutionellen Dispositifs ist das „Asyl" durch gemeindepsychiatrische Tendenzen unter Druck geraten. Dies gilt auch für den „Korpus der Fachleute", weil das ärztliche Monopol aufgebrochen wird und nichtärztliche Berufsgruppen wie Sozialarbeit und Psychologie, um nur die wichtigsten zu nennen, ihren Anspruch auf Beteiligung erheben.

Und auf der Ebene des „Benutzerstatus" spricht man heute nicht mehr von den Irren, sondern von Klienten oder Patienten. Aber dies ändert nichts an der Tatsache, daß auch im ausgehenden 20. Jahrhundert Situationen der Eigen- und Fremdgefährdung auftreten, die den Freiheitsentzug und damit die (vorübergehende) Entmündigung nach sich ziehen. Die Frage, wem dies in erster Linie nützt – dem Klienten, dessen Freiheitsentzug der Freiheitsverlust im Sinne beschädigter Autonomie vorangeht, oder seiner sozialen Umgebung –, ist nach wie vor von Bedeutung.

Ein Konzept professionellen therapeutischen Handelns muß sich diesen Fragen stellen. Systemisches Handeln kann nicht am Leitbild der psychologischen Privatpraxis entwickelt werden, die sich vornehm aus der Verantwortung zieht und die Polizei ruft, wenn die therapeutische Beziehung in Richtung Eigen- oder Fremdgefährdung beim Klienten zu entgleisen droht.

Heißt dies für die systemische Therapie,

> „daß auch sie Teil des modernen Normierungs- und Normalisierungsdispositifs ist, das seine Machtwirkungen immer infamer verschleiert, indem sie treuherzig behauptet, der Klient wisse die

Lösung selbst, der Therapeut habe kein privilegiertes Wissen, und Therapie habe nichts mit Heilung zu tun, sondern sei ‚ein alle Seiten einbeziehendes, kooperatives, in Zusammenarbeit geführtes Gespräch' (de Shazer)?" (Brühmann in Fischer, Retzer und Schweitzer 1992: 79)

Wer diese Frage mit Ja beantwortet, kann dieses Buch getrost zuschlagen und sich anderen Beschäftigungen zuwenden. Wer sie mit Nein beantwortet, muß sich mit der Frage auseinandersetzen, wie der gesellschaftliche Ort der systemischen Therapie im Spannungsfeld zwischen Hilfe und Kontrolle zu definieren ist, ohne sie – in radikaler Foucaultscher Manier – dem Polizeidepartement zu unterstellen.

Wir werden auf diesen Punkt in Teil II zurückkommen und am konkreten Fall zeigen, welchen Weg wir für die systemische Therapie zwischen Hilfe-Kontrolle-Problematik einerseits und Normierungs- und Normalisierungsdispositif andererseits sehen. An dieser Stelle soll bereits betont werden, daß wir von professionellem Handeln nur dann sprechen, wenn es sich selbst kontrolliert, wenn es von Kontrollen sowohl durch die Organisationen, in denen Professionelle tätig sind, als auch von staatlichen Instanzen unabhängig ist und sich von diesen nicht in Dienst nehmen läßt: Professionen sind primär dem Klienten und seinem Wohl einerseits, der Professionsethik andererseits verantwortlich.

Gerade das Beispiel professionellen Handelns in Organisationen zeigt aber, wie gefährdet diese Autonomie ist. Als Illustration kann der Krankenhausarzt bzw. die Krankenhausärztin dienen, von denen erwartet werden kann, daß sie ihre therapeutischen Entscheidungen am Wohle des Patienten und nicht am Wohle des Krankenhausträgers (etwa bei der Frage von Entlassungen von Patienten) orientieren. Hat aber schon das ärztliche Personal Mühe, sich im Interessenkonflikt zwischen Klinikwohl und Patientenwohl standesethisch adäquat, und das heißt für das Wohl des Patienten, zu entscheiden, so gilt dies um so mehr für die Sozialarbeit und die Psychologie.

Professionelles Handeln als widersprüchliche Einheit

Professionelles Handeln ist durch eine notwendige, nicht aufhebbare Widersprüchlichkeit gekennzeichnet. Auf der *Wissensebene* drückt sich diese Widersprüchlichkeit dadurch aus, daß Professionelle auf der einen Seite über einen Bestand an systematischem Wissen verfügen, mit denen sie die Probleme ihrer Klienten angehen. Dabei handelt es sich vor allem um wissenschaftliches Wissen, das allgemeine Gültigkeit beansprucht. Auf der anderen Seite jedoch wird dieses allgemeine Wissen nicht dem individuellen Fall übergestülpt. Statt dessen tritt zum allgemeinen Wissen das fallverstehende Wissen hinzu. Dieses dient der Entschlüsselung des einzelnen Falles in seiner Eigenart und ist nicht auf Allgemeines, sondern auf Spezifisches gerichtet. Es steht damit immer in einem Spannungsverhältnis zum allgemeinen Wissensbestand, obwohl es sich auf diesen stützt.

Die Widersprüchlichkeit auf der *Interaktionsebene* drückt sich dadurch aus, daß Professionelle einerseits zu den individuellen Problemlagen ihrer Klienten nur dann einen angemessenen Zugang finden, wenn sie sich von diesen anrühren lassen, wenn sie also über Empathie verfügen. Andererseits aber muß zur Empathie die Distanz treten und damit die Fähigkeit, nüchtern die Problematik der Klienten zu betrachten und den Überblick über diese zu gewinnen. Diesen Überblick haben die Klienten verloren, sonst wären sie nicht zur Therapie oder Beratung gekommen.

Um diese Widersprüchlichkeit zu fassen und in einem ständigen Balanceakt zu verflüssigen, sprechen wir von „Fallverstehen in der Begegnung". Mit dem Begriff „Begegnung" betonen wir den Aspekt der Nähe in der therapeutischen Beziehung, mit dem Begriff „Fallverstehen" fassen wir die distanzierenden Momente. Wir werden diese Begriffe nun erläutern.

Begegnung. Der Begriff „Begegnung", ursprünglich in Pädagogik, Theologie und Anthropologie gebraucht, hat nach dem Zweiten Weltkrieg auch im therapeutischen Diskurs Einzug gehalten. „Begegnung" in der Definition W. v. Baeyers (1978: 36ff.) legt die Betonung auf den Dialog und auf das, was sich im Dialog zwischen Menschen ereignet. Baeyer betont damit das Wir gegenüber dem jeweils einzelnen Ich im therapeutischen Gespräch. Für die Psychiatrie – wir dehnen dies auf therapeutische Handlungsfelder allgemein aus – ist „Begegnung" nach Ansicht v. Baeyers vor allem deshalb bedeutsam, weil sie eine Leistung im therapeutischen Gespräch darstellt, welche modellhaft eine Alternative zu problematischen Interaktionsformen bei psychischen Störungen bietet.

Kurz gefaßt, heißt dies, daß psychosoziale Störungen Störungen des Begegnenkönnens darstellen (typisch in der Psychose) und daß Heilung als „Heilung durch Begegnung“ zu verstehen ist.

Baeyer setzt damit für psychiatrisch Tätige (wir möchten die Perspektive auf alle Berufsgruppen erweitern, die mit psychisch Kranken arbeiten) einen hohen Anspruch: Begegnende sollen aus ihrer Rollenhaftigkeit heraustreten und als ganze Personen sich öffnen. Außerdem, darauf weist v. Uslar (1991–94) hin, soll sich die Begegnung nicht im Hier und Jetzt erschöpfen, sondern sie soll auch ein Versprechen auf Kontinuität und Verläßlichkeit beinhalten.

„Begegnung“ in dem beschriebenen Sinne stellt v. Baeyer jedem methodenbestimmten Zugang gegenüber. Methoden stellen für ihn ein Problem dar, denn methodisches Vorgehen entpersönliche, springe also aus dem Wesen von Begegnung heraus und sei mithin Technokratie. Werde Begegnung technokratisch inszeniert, verkomme sie zur Distanzlosigkeit, während Begegnung doch immer „die Distanz sich je und je frei öffnender oder verschließender Partner“ (Baeyer: 37) voraussetze.

Medium der Begegnung ist das Gespräch, und zwar im Sinne des „Ins-Gespräch-Kommens“. Gadamer (1993: 149–175), von dessen Vorstellungen hierzu nun die Rede sein soll, meint damit eine Form von Begegnung, in der Arzt und Patient folgendes ermöglichen können: 1. Sie gewinnen einen gemeinsamen Boden, auf dem sie sich verstehen; 2. Sie können beide aus der Differenz von Ich und Du in ein Wir eintreten und erreichen dadurch, daß das Gespräch sie trägt und daß hier modellhaft jene Balance wiedergewonnen werden kann, die in der Krankheit verlorengegangen ist.

Darüber hinaus aber steht Gadamer hier auch der sokratische Dialog vor Augen, in welchem der andere im Gespräch zum eigenen Sehen geführt werden soll. Damit fügt er dem Begegnungsbegriff v. Baeyers einen neuen Aspekt hinzu: Durch das Stellen der „richtigen“, den anderen speziell betreffenden Fragen kann dieser in die Lage versetzt werden, selbst neue Handlungsmöglichkeiten zu erschließen und selbst das verlorengegangene Gleichgewicht wiederherzustellen.

Einen gemeinsamen Boden gewinnen und im Wir sich vom Gespräch leiten lassen ist demzufolge eine Sache; hinzu kommt nun bei Gadamer die „phronesis", „jene situationsangemessene Wachheit, in der sich Diagnose und Behandlung und Gespräch und das ‚Mitmachen' des Patienten zusammenschließen" (a.a.O.: 173).

Mit der aufmerksamen Wachheit des bzw. der Professionellen haben wir nun jenen Aspekt der therapeutischen Beziehung erreicht, der die distanzierenden Momente umfaßt. Hier sprechen wir, wie erwähnt, von „Fallverstehen" in der Begegnung.

Die systemische Familientherapie der Mailänder Schule betont in besonderer Weise die distanzierenden Momente im therapeutischen Prozeß. In deren „Richtlinien für den Leiter der Sitzung" (Selvini Palazzoli u.a. 1981) sind die zentralen Stichworte „Hypothetisieren, Zirkularität und Neutralität" enthalten, später wurde der Begriff „Neugier" (Cecchin 1988) hinzugefügt. Übergreifendes Merkmal aller dieser Begriffe ist Distanz zwischen Therapeuten und Klienten: „Hypothetisieren" ist der Wissenschaftssprache entlehnt und trägt deren Bedeutungsgehalt, „Zirkularität" spielt sich ab zwischen den Personen der zu beratenden Familie, während der Therapeut draußen bleibt. „Neutralität" als Gebot für den Therapeuten soll diesen in die Lage versetzen, eine gleichmäßige und frei schwebende Aufmerksamkeit hinsichtlich der Klienten, der von ihnen präsentierten Probleme und der Dynamik, in der die Probleme präsentiert werden, zu erreichen und sich nicht in Koalitionen mit einzelnen Familienmitgliedern verstricken zu lassen. Aus einer solchen Position resultiert leicht eine Haltung des Auf-der-Hut-Seins vor Klienten bis hin zu deren Stilisierung als Feinde oder Verfolger.

„Neugier" schließlich meint ein Interesse an der Sinnstruktur[5], wie sie die zu beratende Familie entwickelt hat – wobei allerdings die Gefahr besteht, daß sich hier ein Interesse von der Art ent-

[5] Andere Begriffe wären: Familienmuster; kognitive Landkarten, mit deren Hilfe ein System sich in seiner Wirklichkeit orientiert. Wichtig ist, daß Strukturen nicht nur die kognitive Ebene betreffen, sondern gleichermaßen emotionale sowie vor-kognitive Muster alltagsweltlicher Orientierung.

wickeln kann, das der Naturforscher dem Kopffüßler entgegenbringt.[6]

Therapeutisches Handeln hat, wie erwähnt, beschädigte Lebenspraxis zur Voraussetzung. Ziel des Handelns ist die Transformation von Sinn- und Handlungsmustern bzw. -strukturen, also Neuorientierung der Lebenspraxis. Die Aufgabe des Therapeuten besteht dabei zum einen darin, problematische Handlungsmuster beim Klienten zu erkennen. Hierzu muß er zunächst eine distanzierende Haltung einnehmen. Zum Erkennen problematischer Handlungsmuster tritt die Aufgabe, Phantasien zu entwickeln für das Entdecken neuer, lebenspraktisch angemessener Muster beim Klienten. Allerdings soll der Therapeut dafür nicht die Verantwortung übernehmen in dem Sinne, daß er selbst solche Muster entwickelt und dem Klienten aufdrängt. Steht der Gesichtspunkt der Autonomie in der Arbeit mit den Klienten im Vordergrund, dann liegt die Verantwortung für das Entstehen von Neuem auf beiden Seiten. Dabei hat die Therapeutin die Aufgabe, einen Deutungsrahmen zu schaffen, der das Auftreten neuer Handlungsmuster ermöglicht und begünstigt. Die geeignete Interventionsform hierfür ist, wie erwähnt, der sokratische Dialog: In Anlehnung an Sokrates hat der Therapeut „nicht selbst Weisheit zu gebären, sondern nur anderen zur Geburt ihrer Ideen zu verhelfen" (Störig 1955: 21). Sokratische Fragen sind mithin darauf gerichtet, den Patienten einzuladen, neue Perspektiven einzunehmen.

Wie werden Gespräche im Rahmen von Begegnung gestaltet? Der Therapeut stellt Fragen, die den Patienten dazu einladen, seine Situation in einem anderen Licht, d. h. aus einer anderen Perspektive zu sehen. Etwas Neues geschieht – die (problematische) Routine ist unterbrochen. Die Situation muß neu bestimmt werden. Man kann es auch so sagen: Der Heilungsprozeß besteht darin, daß die alte Routine, deren Problematik in einer Stagnation des Werdens besteht, aus dem Gleichgewicht gebracht wird, damit eine neue, der gegenwärtigen Lebenspraxis angemessenere Routine sich etablieren kann.

---

[6] Als Beispiel für das Leiden an der Neutralität aus der Sicht der Patientin eines Psychoanalytikers vgl. Natalia Ginzburg 1995.

Wir haben eingangs erwähnt, daß Begegnung und Fallverstehen nicht als unversöhnliche Widersprüche, sondern als widersprüchliche Einheit zu betrachten sind, die gerade in ihrer Widersprüchlichkeit den therapeutischen Prozeß voranbringen.[7] Vorausgesetzt ist dabei ein Menschenbild, in welchem Klienten nicht entweder als gesund oder als krank, handlungsfähig oder hilflos definiert werden, sondern in dem hinter der Einschränkung die Autonomie und hinter der Autonomie die Einschränkung gesehen wird. Wir nennen dies das *Konzept der beschädigten Autonomie.* Die Kunst therapeutischen Handelns besteht demnach darin, die spezifische Beschädigung der individuellen Autonomie eines Menschen oder einer Gruppe von Menschen zu erfassen, ohne die ihm bzw. ihnen noch verbliebenen Autonomiespielräume zu übersehen. Wir lehnen damit Tendenzen von systemischen Therapeuten ab, auf Biegen und Brechen alles Handeln von Klienten positiv zu deuten und sich damit den Blick in die Abgründe der menschlichen Existenz zu verstellen. Geburtshilfe zu leisten und nicht Expertenlösungen vorzugeben ist die Aufgabe beim Fallverstehen in der Begegnung.

Damit haben wir nun die Voraussetzungen geschaffen, um unser Konzept therapeutischen Handelns im Zusammenhang darstellen zu können.

---

[7] Wir folgen hier über weite Strecken dem Oevermannschen Professionalisierungskonzept. Vgl. Oevermann 1981.

2.
Fallverstehen in der Begegnung: Skizze eines Konzepts professionellen Handelns

Übersicht über das Konzept

In unserem Konzept professionellen Handelns werden die beiden widersprüchlichen Momente von Distanz und Nähe im Begriff „Fallverstehen in der Begegnung“ zusammengeführt.[8]

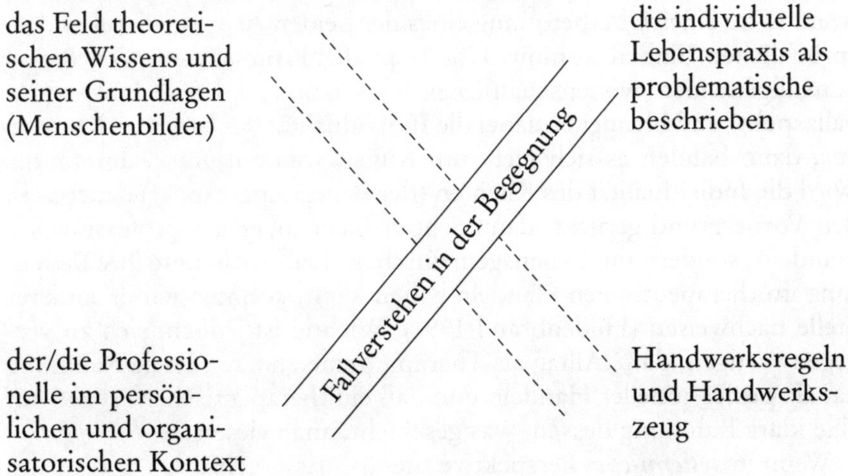

---

[8] Einer von uns wurde von einem Klienten wegen eines Rehabilitationsantrags um Rat gefragt. Er begann seine Antwort mit „In Ihrem Fall ...“. Der Klient unterbrach ihn und sprach: „Ich bin nicht Ihr Fall!“ Diese Begebenheit macht deutlich, daß Klienten mit dem Wort „Fall“ eine Disqualifikation verbinden können. Man sollte sich dessen bewußt sein, wenn man von „Fall“ spricht. Für uns verbindet sich „Fall“ immer mit „Begegnung“, also mit der Frage: „Was ist bei Ihnen der Fall?“

„Begegnung“ meint hier die Kontaktaufnahme mit dem Klienten in seiner Individualität. In dieser Form der Beziehung wird es dem Professionellen möglich, die Individualität des Klienten auf der Ebene der Mitmenschlichkeit wahrzunehmen. Mitmenschlichkeit wird jedoch im professionellen Handeln durchzogen von einem distanzierenden Fallverstehen. Hierbei sind die erwähnten zwei Aspekte zu beachten: (a) Professionelles Handeln ist Rollenhandeln und damit von vornherein durch Distanz charakterisiert. Es muß jedoch im therapeutischen Handeln Mitmenschlichkeit einbeziehen, um einen Zugang zur beschädigten Autonomie der Lebenspraxis zu ermöglichen, der auf Verstehen im hermeneutischen Sinne[9] gegründet ist. (b) Professionelles Handeln gründet auf Wissenschaft. Wissenschaftliches Wissen ist jedoch dadurch bestimmt, daß es anonym und unabgeschlossen ist. Es kann nicht einfach auf einen spezifischen Fall angewandt werden, sondern es bedarf der Transformation in praktische Urteilskraft. Beide Aspekte in ihrer Widersprüchlichkeit gleichzeitig in der Schwebe zu halten ist Kern der therapeutischen Kunstlehre. Von Deprofessionalisierung sprechen wir, wenn es zu einer Überbetonung eines der beiden Aspekte dieser widersprüchlichen Einheit kommt. Überhöht der Professionelle den Bezug zum allgemeinen, wissenschaftlichen Wissen und zu den Techniken (der Fallaspekt) und blendet er dabei die Individualität des bzw. der Klienten aus, dann handelt es sich nicht um Kunst, sondern um Technokratie. Wird die Individualität des Klienten (der Begegnungsaspekt) dauernd in den Vordergrund gerückt, dann geht es nicht mehr um professionelles Handeln, sondern um Lebensgemeinschaft. Daß auch diese ihre Bedeutung im therapeutischen Handeln haben kann, konnten wir an anderer Stelle nachweisen (Hildenbrand 1991). Wichtig ist jedoch, sich zu vergegenwärtigen, daß „Alltag als Therapie“ eine andere soziale Rahmung hat als professionelles Handeln und daß ein therapeutischer Prozeß auf eine klare Rahmung dessen, was geschieht, angewiesen ist.

Wenn in *systemischer* Perspektive therapeutisch gehandelt wird, dann heißt dies für den Begriff „Begegnung“, daß die Individuen, die in the-

---

[9] Unter Hermeneutik verstehen wir mit Gadamer (1989: Sp. 1061) ganz allgemein die Leistung, „einen Sinnzusammenhang aus einer anderen ‚Welt‘ in die eigene zu übertragen“. In der Wissenschaftstradition der Neuzeit tritt neben die theologisch-philologische und die juristische Hermeneutik die sozialwissenschaftliche und die therapeutische Hermeneutik. Die letzteren beiden haben wir hier im Blick.

rapeutischen Zusammenhängen aufeinandertreffen, Individuen in sozialen Kontexten sind. Klienten leben in sozialen Zusammenhängen, die unterschiedliche Grade von Intimität und Anonymität aufweisen (Familie, Arbeitsplatz, Nachbarschaft, Gemeinde). Sie sind von diesen geprägt und prägen diese. Dasselbe gilt für Therapeuten. Deren prägende soziale Kontexte sind die Organisation, in der sie arbeiten, die Berufsgruppe, der sie angehören, welche in der Hierarchie der jeweiligen Organisationen eine spezifische Position hat, die fachliche Schule, der sie angehören, sowie die eigene berufliche und private Geschichte. Diese Kontexte werden von den Beteiligten in Begegnungssituationen hineingebracht und stellen bedeutungsstiftende Rahmenbedingungen für die jeweilige Situation dar. In diesen Kontexten werden die Sinnzusammenhänge erzeugt, in denen Therapeutinnen und Therapeuten ihre Welt in Sprache und Handlung interpretieren. Wir werden später auf diesen Punkt zurückkommen.

Der Achse „Fallverstehen in der Begegnung" ist die Wissensachse zugeordnet. Diese Achse umfaßt sowohl das Feld theoretischen Wissens und seiner philosophischen Grundlagen als auch den Bereich der Techniken, die in der jeweiligen Profession eingesetzt werden. Unter „Techniken" verstehen wir jedoch nicht jene, die v. Baeyer zu Recht als technokratisch kritisiert, sondern eine Form praktischen Wissens, welche dazu dient, „die von der Natur offengelassenen Möglichkeiten weiterer Formung" zu entwickeln, wie Gadamer (1993: 18) dies in Anlehnung an Aristoteles formuliert.

Zwischen der Begegnungsachse und der Wissensachse besteht ein dynamisches Verhältnis, das als Verhältnis zwischen Figur und Grund oder Thema und Horizont gedacht werden kann. Je nach Situation kann die Begegnungsachse in den Vordergrund, die Wissensachse in den Hintergrund rücken und umgekehrt. Weil das vorrangige Bemühen professionellen Handelns auf Fallverstehen in der Begegnung mit dem Ziel des Wandels gerichtet ist, wird die Begegnungsachse üblicherweise im Vordergrund stehen.

Die Wissensachse tritt dann in den Vordergrund, wenn der therapeutische Routinefall zum besonderen Fall wird, wenn es also in der Therapie nicht weitergeht oder wenn der Klient Probleme vorträgt, die dem Therapeuten unvertraut sind. Hier drängen sich dann Fragen der Gestaltung einer bestimmten Situation (Handwerksregeln, Techniken) oder Fragen der Einschätzung der von den Klienten vorgetragenen bzw.

gezeigten Probleme auf. Dieser Wechsel von der Begegnungsachse zur Wissensachse geschieht aber immer im Dienste der Begegnung und verselbständigt sich nicht.[10] Er erfolgt in der Regel (also so lange, wie keine handlungsblockierenden Probleme auftauchen) „unbemerkt“, habituell. In diesem Wechsel liegt die genuine Leistung professionellen Handelns und die Berechtigung, diese Leistung als Kunst zu bezeichnen.

Wir haben nun einen weiteren Begriff eingeführt, indem wir von professionellem Handeln als habituellem Handeln gesprochen haben. Dies soll nun erläutert werden. Der Begriff „therapeutischer Routinefall“ gibt insofern zu Mißverständnissen Anlaß, als man darunter verstehen könnte, es gäbe Problemsysteme, bei denen gewissermaßen Fließbandarbeit möglich ist: „You have seen one, you have seen all.“ Eine solchermaßen verstandene Routine würde gerade der Einzigartigkeit, die Klienten im Zuge ihrer lebenspraktischen Bewältigung entwickelt haben, nicht gerecht werden. Wir hätten es in einem solchen Fall mit dem zu tun, was David Reiss (1981: 81ff.) in anderem Zusammenhang als „premature closure“ beschrieben hat, als vorzeitiges Schließen eines Problemdefinitionsprozesses. Oder in den Worten von Robert Walser, die wir diesem Buch als Motto vorangestellt haben: „Sie haben nicht das Recht zu tun, als ob Sie mich kennten.“

Mit „Routine“ meinen wir etwas anderes, nämlich jene genuine Leistung, die professionelles Handeln von jedem anderen Handeln unterscheidet und die mit dem Begriff der Habitualität bezeichnet wird. Routine verstehen wir im Kontext des therapeutischen Habitus, jener Fähigkeit zum „unvoreingenommenen Blick“, die es Professionellen erlaubt, selbst in Situationen von Handlungsdruck Sinnstrukturen zu erkennen und entsprechend diesen Strukturen zu handeln, und zwar im Vertrauen darauf, im nachhinein dieses Handeln begründen zu können. Diese Fähigkeit ist – wie gesagt – eine Kunst, verglichen mit der bloßen Anwendung von Wissen oder von Techniken, welche der Einzigartigkeit von Klienten ja gerade nicht gerecht werden.

Wir lassen an dieser Stelle einen Künstler selbst zu Wort kommen: Cézanne zum Beispiel schreibt: „Die Malerei ist zuerst eine Sache der Sichtbarkeit. Der Inhalt unserer Kunst liegt darin, in dem, was unsere

---

[10] Eine Verselbständigung tritt jedoch dann ein, wenn der Fall zum Fall für die Forschung wird. Dann kommt aber eine andere Logik professionellen Handelns ins Spiel.

Augen denken ... Die Natur ordnet sich immer und gibt zu erkennen, was sie bedeutet, wenn man sie achtet" (Vollard 1960: 82). Und an anderer Stelle heißt es: „Wie schwer ist es doch, unbefangen an die Wiedergabe der Natur zu gehen ... Man sollte sehen können wie ein Neugeborener" (a.a.O.: 81). Hier kommen zwei Momente des künstlerischen wie des therapeutischen Prozesses zum Ausdruck, die widersprüchlich scheinen, aber zusammengenommen den Schaffensprozeß bei der Herstellung eines Kunstwerks wie auch bei der Durchführung einer Therapie ausmachen: der unvoreingenommene Blick auf die Wirklichkeit einerseits, das Gestalten dieser Wirklichkeit andererseits. Das *Finden* der Sinnstruktur und das *Erfinden* alternativer Möglichkeiten der Lebenspraxis verschränken sich im therapeutischen Prozeß.

Wir fassen zusammen: Therapeutisches Handeln ist durch eine Habitualität gekennzeichnet, aufgrund derer Professionelle in die Lage versetzt werden, im Problemlösungsprozeß ständig und flexibel zwischen Begegnungsachse und Wissensachse zu wechseln. Sie gestalten so einen therapeutischen Prozeß, der drei wesentlichen Momenten gerecht wird: 1. dem Respekt vor der Einzigartigkeit der Klienten unter Berücksichtigung ihrer Sinnstrukturen; 2. dem Erkennen der Veränderungspotentiale hinsichtlich der Sinnstrukturen von Klienten; 3. der Gestaltung eines Begegnungsprozesses in der Weise, daß die Klienten selbständig ihre Sinnstrukturen und entsprechend ihr Handeln verändern können.

Nachdem wir nun unser Konzept professionellen Handelns in der Übersicht dargestellt haben, befassen wir uns nun mit den Achsen im einzelnen. Wir beginnen mit der Begegnungsachse.

Die Begegnungsachse aus der Sicht des Klienten- und des Therapeutensystems

Fallverstehen in der Begegnung beinhaltet zunächst drei Aspekte, mit denen wir uns nun befassen wollen und die zusammengefaßt unser Menschenbild ausmachen. Diese Aspekte sind: 1. Was ist normal? 2. Sind die Klientinnen und Klienten für ihren Zustand verantwortlich zu machen oder als Invaliden zu behandeln? 3. Welche Zukunftsszenarien lassen sich im therapeutischen Prozeß mit den Klientinnen und Klienten entwickeln?

In einem heteronomieorientierten Menschenbild wird angenommen, daß Menschen Ergebnis prägender konstitutioneller und umweltlicher Rahmenbedingungen sind und daß sie sich innerhalb dieser verhalten. In diesem Falle gelten sie als „normal". Als „pathologisch" gilt in dieser Denkweise jenes Verhalten, das von den vorgegebenen, als für alle Menschen gültig angenommenen Rahmenbedingungen abweicht bzw. jemandem als abweichend auffällt. Zu diesen Rahmenbedingungen gehören die genetische Ausstattung, naturwissenschaftlich ermittelte Normwerte im körperlichen Bereich wie Körpergröße, Gewicht, Blutdruck, Blutwerte etc. sowie Generationenlage, Familiensituation, soziale Schicht etc.

Ein autonomieorientiertes Menschenbild könnte nun als das genaue Gegenteil des soeben skizzierten heteronomieorientierten Menschenbildes formuliert werden. Der Mensch würde dann als ein solcher angesehen werden, der seine Wirklichkeit selbst schafft[11] und sich damit über die vorgegebenen Rahmenbedingungen hinwegsetzt.

Wir vertreten diesen beiden Extrempositionen gegenüber ein Konzept der dialektischen Beziehung von Heteronomie und Autonomie in der Gestaltung des Lebens. Dieses Konzept soll nun entwickelt werden. Zunächst stellen wir das menschliche Dasein unter den Aspekt seiner Geschichtlichkeit. In individuellen Biographien ist diese Geschichtlichkeit unterschiedlich ausgeprägt. Menschen (immer verstanden als Menschen in spezifischen sozialen Kontexten) unterscheiden sich in ihrem Vermögen, vorgegebene Rahmenbedingungen zu überschreiten, um sich so zu individuieren. (Psychische) Krankheit wird in diesem theoretischen Entwurf dann nicht verstanden als Defizienz. Wir verstehen sie nicht als Zeichen dafür, daß das kranke Individuum es verfehlt habe, seinem Dasein eine Eigenständigkeit und damit eine geschichtliche Dimension zu verleihen. Statt dessen betrachten wir Krankheit als ein Ereignis, das

---

[11] Diese radikale Konzeption hat zuletzt der mit Recht sich so nennende radikale Konstruktivismus vertreten, aber seine Vertreter haben sich nicht mit der Frage befaßt, wie „Normalität" sich als soziales Konstrukt entwickelt. Statt dessen wird angenommen, daß Individuen beliebig ihre Wirklichkeit konstruieren. Zur Kritik vgl. Hildenbrand 1990: 223f.

> „in eine zuvor bestehende, durch mangelnde Geschichtlichkeit gekennzeichnete Pseudo-Gesundheit einbricht und damit einer drohenden oder bereits eingetretenen Stagnation des Werdens (v. Gebsattel) ein Ende bereitet" (Blankenburg 1985: 67).

Diese Position der anthropologischen Medizin hat durchaus ihre soziale und damit an systemisches Denken anschließbare Komponente. Lassen wir Blankenburg noch einmal zu Wort kommen:

> „Das eigentliche ‚Haus', das ein Mensch bewohnt, ist – und es sollte eben nicht nur ‚räumlich' verstanden werden – seine Biographie. Zu ihr gehört – das versteht sich eigentlich von selbst – nicht nur er selbst, sondern auch sein Umfeld. Das heißt, in erster Linie gehören die Menschen seines Umfeldes dazu: die Familie und die nächsten Bezugspersonen; aber nicht nur in ihrem Hier und Jetzt, sondern mitsamt ihrer Geschichte: Familiengeschichte" (1984: 81).

Unser Menschenbild ist mithin dadurch gekennzeichnet, daß wir einerseits das Bestehen prägender und damit heteronomer Rahmenbedingungen von Konstitution und Umwelt anerkennen, andererseits jedoch voraussetzen, daß Menschen diese Rahmenbedingungen gestalten können. Diese sind ihnen nicht nur *vor-*, sondern auch als gestaltbar *aufgegeben.* Individuen weichen voneinander nicht nur in dem Maße ab, wie sie von unterschiedlichen Rahmenbedingungen geprägt sind, sondern auch in dem Maße, wie sie sich die jeweils vorgegebenen Rahmenbedingungen aneignen und gestalten. Hier ist das angesprochen, was Goethe mit dem ständigen „Stirb und werde" im menschlichen Leben gemeint hat: Das Aneignen sozialer Wirklichkeit geschieht in einem beständigen Prozeß autonomer Gestaltung vorgefundener Rahmenbedingungen. Dieser Prozeß heißt, wenn er im gesamten betrachtet wird, Biographie. Bei diesem die Autonomie betonenden Menschenbild handelt es sich aber nicht um das Kontrastmodell zum heteronomieorientierten Menschenbild, mit dessen Skizze wir diesen Abschnitt begonnen haben. Eine Biographie entwickelt sich immer in der Dialektik von Fremdbestimmung und Selbstbestimmung, so daß es sinnvoll ist, von einer Autonomie-Heteronomie-Relation zu sprechen. Wird der Spielraum autonomer Handlungsmöglichkeiten – aus welchen Gründen auch immer – in einer Weise nicht ausgeschöpft, daß die Lebenspraxis bedroht ist, sprechen wir von beschädigter Autonomie.

Diese allgemeinen Überlegungen zu einem Menschenbild, das in der Frage Sartres: Was macht der Mensch aus dem, was die Verhältnisse aus ihm gemacht haben? auf den Punkt gebracht werden kann, werden wir nun weiter verdeutlichen.[12]

Am Beispiel der Genogramm-Analyse wollen wir nun zeigen, wie dieses Menschenbild in einer ressourcenorientierten therapeutischen Grundhaltung zum Ausdruck kommt.

In unserer biographisch orientierten therapeutischen Arbeit hat die Genogrammanalyse einen wichtigen Stellenwert. Als Technik ist sie in unserem Schema professionellen Handelns auf der Wissensachse angesiedelt und damit nicht für sich genommen professionelles Handeln, sondern hat die Aufgabe, dieses zu unterstützen. Die Genogrammanalyse dient uns in der Anfangsphase der therapeutischen Arbeit mit Klienten dazu, Hypothesen über die Muster herauszuarbeiten, die sie entwickelt haben und die ihre autonome Lebenspraxis einschränken und damit Entwicklung behindern, vielleicht sogar einfrieren.

Hinter der Arbeit mit Genogrammen stecken verschiedene Grundsatzüberlegungen. Eine besteht darin, anzunehmen, daß aktuelle Probleme von Klienten über längere Zeiträume hinweg entstanden sind. Aufgrund unserer Erfahrung teilen wir die Auffassung verschiedener familientherapeutischer Ansätze (z. B. Boszormenyi-Nagy, Lidz, Bowen, Sperling), daß häufig Zeiträume von mindestens drei Generationen überschaut werden müssen, um ein Verständnis für die Probleme zu bekommen, mit denen Menschen in Therapie kommen. Dieses Verständnis ist methodisch am sparsamsten über die Genogrammanalyse zu erreichen.

---

[12] Das Originalzitat lautet: „Für uns ist der Mensch vor allem durch das Überschreiten einer Situation gekennzeichnet, durch das, was ihm aus dem zu machen gelingt, was man aus ihm gemacht hat, selbst wenn er sich niemals in seiner Vergegenständlichung erkennt" (Jean-Paul Sartre 1964: 75).

Die zweite Grundannahme besteht darin, daß wir – wie erwähnt – Biographie in einem Spannungsverhältnis zwischen Vorgegebenem und Aufgegebenem sehen. Vor dem Hintergrund *allgemeine*r soziokultureller Rahmenbedingungen entwickelt sich die *Einmaligkeit* des individuellen Lebens bzw. einer Familie. Diese Einmaligkeit erschöpft sich – hier greifen wir kurz vor auf die dritte Grundannahme – nicht in einmaligen kreativen Reaktionen der Klienten auf ein objektiv Vorgegebenes. Sie bildet selbst ein Muster, das die individuelle Biographie und ihre Entscheidungsprozesse übergreifend kennzeichnet. Die Frage bei der Rekonstruktion der jeweiligen Biographie ist damit immer eine prospektive, also auf Zukunft und Veränderung gerichtete Frage: Wir gehen von einem in der Vergangenheit liegenden Punkt aus, konstruieren in Gedanken experimentell die damaligen spezifischen Rahmenbedingungen und fragen, welche möglichen Entscheidungsmuster den Handelnden damals zur Verfügung gestanden hätten. Dann vergleichen wir diese möglichen Handlungsmuster damit, wie die Handelnden tatsächlich auf diese Vorbedingungen reagiert und sie damit von einem Vorgegebenem zu einem Aufgegebenen gemacht haben. Uns interessieren also nicht, um Begriffe von Alfred Schütz (1971) zu verwenden, die in der Rückschau zu erkundenden „Weil-Motive" menschlichen Handelns, sondern wir schauen zurück und von dort aus in die Zukunft und damit auf die „Um-zu-Motive". Dies soll erläutert werden.

Um-zu-Motive beziehen sich darauf, wie Menschen in einem gegebenen Handlungsrahmen Handlungsentwürfe (insbesondere: biographische Entwürfe) entwickeln und diese gegen andere, konkurrierende Möglichkeiten von Entwürfen stellen. Nach Schütz

> „gibt es die Vorstellung eines Sachverhalts, der erst durch eine Handlung verwirklicht werden muß, durch welche Vorstellung wir aber überhaupt zum Handeln bewegt werden. Wir phantasieren diesen zukünftigen Sachverhalt, das entworfene und durch unser nachfolgendes Handeln anzustrebende Ziel, bevor wir zu handeln beginnen. Das ist die ‚Vorstellung', die uns zum Handeln ‚bewegt', unser Motiv, weiter zu machen. Das heißt, wir handeln, um den Sachverhalt zu verwirklichen. Wir nennen dieses Motiv das ‚Um-zu-Motiv' unseres Handelns" (a.a.O. 1971: 81f.).

In unserem Verfahren der sequentiell orientierten Genogrammanalyse versetzen wir uns also „künstlich“ an eine Schnittstelle von Entscheidungen des Problemsystems, die in der Vergangenheit liegt (wie gesagt: mindestens drei Generationen zurück), und fragen nach damals möglichen Handlungsentwürfen. Diese vergleichen wir im nächsten Schritt mit den tatsächlich realisierten Handlungen. Nun erkunden wir, ausgehend von dieser neuen Schnittstelle von Entscheidungen, die nun möglichen Handlungsentwürfe etc. Haben wir das *Muster* herausgefunden, welches das Problemsystem beim Entwerfen von Problemlösungen bisher leitete, verfügen wir über eine Fallstrukturhypothese, die uns rückschauend verstehen läßt, warum es zu der vorliegenden, spezifischen Ausgestaltung der Biographie der Klienten gekommen ist. Damit können wir im nachhinein die „Weil-Motive“ formulieren.

Die dritte Grundannahme besteht darin, daß es bei dem, was es im Problemsystem heute (von seinen Mitgliedern selbst) zu verändern gilt, nicht um Schwierigkeiten von Interaktion und Weltauffassung geht, die auf der Oberfläche zutage liegen und die der Therapeut beschreibt. Statt dessen geht es um historisch gewachsene Muster, d. h. Sinnstrukturen, die der Therapeut *rekonstruiert.* Diese Muster werden im Problemsystem ständig reproduziert, sie sind die Melodie, nach der das System tanzt, und sie bringen, sofern es sich um problematische Muster handelt, immer wieder dieselbe Einschränkung der Autonomie alltäglicher Lebenspraxis hervor.

Ein in der systemischen Therapie geläufiger Ansatz der Genogrammarbeit ist der von McGoldrick und Gerson (1990). Die Autorin und der Autor äußern sich programmatisch zur Genogrammanalyse wie folgt:

> „Genogramme zeichnen in graphischer Form Informationen über eine Familie auf, ermöglichen einen raschen Überblick über komplexe Familienstrukturen und bilden eine reichhaltige Quelle zur Hypothesenbildung sowohl über die Verknüpfung eines klinischen Problems mit der Familienstruktur als auch über die historische

Entwicklung dieser Struktur und der mit ihr verbundenen Probleme" (a.a.O.: 1).

Als Vorzüge des Genogramms sehen die Autorin und der Autor, daß mit seiner Hilfe eine Familienstruktur überschaubar zusammengefaßt werden kann und Strukturen und Ereignisse in Erinnerung behalten werden können. McGoldrick und Gerson schränken die Bedeutung des Genogramms jedoch auf die eines „subjektiven, interpretatorischen Hilfsmittels" (a.a.O.: 2) ein, das nur eine Bedeutung hat, „wenn es in die gesamte Familientherapie integriert wird" (a.a.O.: 9).

Weitere Stärken des Genogramms sehen sie darin, daß es den Familienmitgliedern ermögliche, sich und ihre Eingebundenheit in den weiteren, auch geschichtlichen Familienkontext neu zu sehen und damit problematische Themen zu „entgiften" und zu „normalisieren" (a.a.O.: 3). Dies helfe auch dem Therapeuten, einen konstruktiven Zugang zur Familie zu finden. Des weiteren ermögliche das Genogramm, Strukturen der Familie in ihrer Repetition über Generationen hinweg zu sehen.

Im großen und ganzen ist uns dieser Ansatz sympathisch. Jedoch möchten wir einige Kritikpunkte formulieren, bevor wir unser eigenes Konzept der Technik der Genogrammanalyse allgemein wie auch an einem Beispiel vorstellen.

Zunächst halten wir fest, daß wir trennen zwischen dem Genogramm als graphischer Darstellungsform einerseits und der sich daran anschließenden Genogrammanalyse andererseits. Das Genogramm an sich expliziert nichts, sondern es wird in Deutungsakten erschlossen.

Bei der Analyse selbst trennen wir zwischen praktischen Vorzügen und grundsätzlichen Überlegungen. Die praktischen Vorzüge sehen wir ähnlich wie McGoldrick und Gerson. Insbesondere wenn man zwischen Diagnose und Therapie nicht trennt, sondern die Biographiearbeit (in Form der Technik der Genogrammarbeit beispielsweise) als therapeutischen Prozeß selbst ansieht, wird deutlich, wie sehr diese Arbeit „entgiftet" und „normalisiert" und damit bei den Klienten den Weg für neue Möglichkeiten öffnet, die eigene Situation und deren Entwicklungsmöglichkeiten einzuschätzen.

Unsere besonderen Schwierigkeiten mit diesem Ansatz liegen dort, wo es um die theoretischen Grundlagen dieser Technik und deren Umsetzung in den therapeutischen Prozeß geht. Beispielsweise sind wir der Auffassung, daß das Genogramm in der Regel erst dann „einen raschen Überblick über komplexe Familienstrukturen" (s. o.) ermöglicht, wenn man es vorher analysiert. (Über das „Wie" siehe weiter unten.) Wir sind auch nicht der Ansicht, daß diese Analyse an vorgefaßten Kategorien (a.a.O.: 164f.) orientiert werden sollte.[13] Mit Robert Walser („Sie haben nicht das Recht zu tun, als ob Sie mich kennten") halten wir daran fest, daß Hypothesen über das jeweilige Problemsystem nicht mit Hilfe von Kategorien in dieses hineingelesen werden sollten. Statt dessen sind Hypothesen aus dem Genogramm in ständiger Auseinandersetzung zwischen allgemeinem therapeutischen Wissen einerseits und der Eigenheit und Individualität von Klienten andererseits zu generieren.

Wir nähern uns damit der Darstellung unserer eigenen Position hinsichtlich der Praxis der Genogrammarbeit. Uns interessiert, wie bei Klienten ein spezifisches Entwurfshandeln immer wieder einerseits problematische, das heißt die Lebenspraxis einengende, andererseits aber auch kreative, die Lebenspraxis erweiternde Entscheidungen hervorbringt. McGoldrick und Gerson können dagegen mit ihrer immer ganze Genogramme überblickenden und auf sequentielles Vorgehen verzichtenden Herangehensweise jeweils nur retrospektiv angeben, was ist, und das obendrein aus dem Blickwinkel ihrer eigenen Kategorienliste. Wenn aber Therapie verstanden wird als zukunftsorientierte Veränderung von Handlungsmustern und mithin als Erkunden neuer Möglichkeiten von Handlungsentwürfen von Klienten in ihrer Eigenart, dann sind nicht rückwärtsgewandte Weil-Motive das Thema, sondern nach vorne im Entwurfshandeln gerichtete Um-zu-Motive. Kurzum: Therapeutinnen und Therapeuten lernen die in der Vergangenheit liegende Logik des Entwurfshandelns der Mitglieder eines Problemsystems kennen, um daran zukunftsorientiert mit ihnen zu arbeiten. Hierzu ein Beispiel:

Zur Beratung kommt ein Ehepaar wegen der einzigen Tochter, die sich, wie ihre behandelnde Ärztin sagt, in einer psychotisch gefärbten Ablösekrise befinde. Die Tochter ist in einer entfernt gelegenen Universitätsstadt, wo sie Sozialpädagogik im ersten Semester studiert, psychiatrisch hospitalisiert worden, und die Eltern möchten

---

[13] Z. B.: „Kategorie 3: Generationenübergreifende, repetitive Muster. A. Funktionalität; B. Beziehungen; C. Repetitive Strukturmuster".

von der Beraterin ihr Vorhaben bestätigt bekommen, die Tochter wieder nach Hause zu holen.

Im Erstgespräch schildert das Ehepaar zunächst seine aktuellen Sorgen und erklärt sich dann bereit, zusammen mit der Beraterin die Familiengeschichte zu rekonstruieren. Für die Zwecke unseres Beispiels nehmen wir an, daß das Paar die Daten präsent hat, was oft nicht der Fall ist. Häufiger kommt es vor, daß die Klienten ihre familiengeschichtlichen Daten erst zusammensuchen müssen. Sie begeben sich damit in einen Prozeß, der für sich genommen schon ein großes therapeutisches Potential birgt, weil sie dabei auf Informationen und Bewertungen stoßen, die sie veranlassen, ihre bisherige Sicht der Familie umzuschreiben bzw. an manchen Stellen zu korrigieren und damit einen Anfang für neue Entwicklungen zu setzen. Biographiearbeit *ist* therapeutischer Prozeß.[14]

Das Genogramm, das am Ende der ersten Sitzung zustande kommt, sieht folgendermaßen aus:

Die dazu gehörende Geschichte könnte so erzählt werden:

Franz Keller, der drittgeborene Sohn einer Vollerwerbsbauernfamilie, die einen Hof in einer klimatisch benachteiligten Bergregion mit Wald- und Viehwirtschaft besitzt, ist 1954 16 Jahre alt, und es stellt sich für ihn die Frage nach seiner beruflichen Orientierung. Welche objektiven Entscheidungsmöglichkeiten hinsichtlich seiner biographischen Entwicklung hat er? 1. Er kann als Knecht bei seinem ältesten Bruder bleiben, der den Hof erben wird. 2. Er kann als Betriebshelfer auf anderen Höfen arbeiten und Ausschau nach einem Hof halten, auf dem ein Bauer gesucht wird, um dort einzuheiraten. 3. Er kann in die Stadt gehen und Arbeiter werden. 4. Wenn wir als Zusatzinformation hinzunehmen, daß die Gegend, in der dieser Mann aufwächst, traditionell das ca. 100 km entfernt

---

14 Diese Variante der Genogrammarbeit haben jüngst Peggy Papp und Evan Imber-Black ausführlich vorgestellt und an Beispielen verdeutlicht (1996). Sie führen die Genogrammarbeit im laufenden Therapieprozeß durch und zielen im wesentlichen auf die *Geschichten* ab, die in diesem Prozeß von den Klienten erzählt werden, um aus diesen ihre Hypothesen zu den zentralen *Themen* der Klienten zu entwickeln. Andere Möglichkeiten der Genogrammarbeit sind: 1. vor einem therapeutischen Erstgespräch, was bedingt, daß die erforderlichen Daten vorher eingeholt werden; 2. nach einem therapeutischen Erstgespräch, in welchem die Genogrammdaten erhoben wurden. Wir werden weiter unten diese Version vorstellen.

gelegene Bergbaugebiet mit Grubenholz versorgt hat und daher ein reger Transportverkehr zwischen diesen Regionen besteht, erscheint auch eine Tätigkeit im Transportgeschäft als sinnvoll. Hinter jeder dieser Entscheidungsmöglichkeiten steht ein anderes biographisches Konzept: 1. Wenn er Knecht wird, handelt es sich um eine biographische Organisation, die durch eine geringe Bereitschaft zu autonomer Lebensgestaltung gekennzeichnet ist, zumal in der Zeit um 1950, in der aufgrund der Technisierung in der Landwirtschaft und der höheren attraktiveren Löhne in der Industrie Knechte in der bäuerlichen Wirtschaft schon lange nicht mehr beschäftigt wurden. 2. Wenn er den Weg des Einheiratens wählt, verfolgt er ein traditionales Autonomiekonzept, denn sein Ziel ist dann, die traditionale Rolle des Bauern einzunehmen, der im Rahmen des ihm von der Rolle Vorgeschriebenen sein eigener Herr ist. 3. Wenn er in die Stadt geht, ist seine biographische Organisation von Veränderungsbereitschaft gekennzeichnet. Er ist bereit, den angestammten, überschaubaren, gemeinschaftsförmigen dörflichen Kontext zu verlassen und in einen sozialen Kontext überzuwechseln, der von gegensätzlichen sozialen Verkehrsformen bestimmt ist: Der Intimität des Dorfes steht die Anonymität der Stadt gegenüber. Auch im Bereich der Arbeitsinhalte muß er bereit sein, völlig Neues zu erlernen, denn mit dem Wissen, das er in seiner bäuerlichen Sozialisation mitbekommen hat, kann er in der Stadt wenig anfangen. Immerhin herrscht um 1954 ein industrieller Aufschwung, der Arbeitskräfte vermehrt vom Land in die Stadt zieht. 4. Wird er LKW-Fahrer, dann vermuten wir eine biographische Organisation, die zwischen Bleiben und Gehen angesiedelt ist und einen Mann zeigt, der zunächst ein Moratorium gewählt hat, um vorsichtig zu erkunden, welche Optionen ihm die Stadt zu bieten vermag. Das Wissen, das er dazu braucht, hat er als Bauernjunge gelernt, denn Transportarbeiten stehen im Kern bäuerlichen Wirtschaftens.

Erst nachdem diese vier typischen Möglichkeiten erkundet und die ihnen jeweils zugrundeliegenden biographischen Muster skizziert sind, wird im Genogramm nachgesehen, wie dieser Mann tatsächlich entschieden hat.

Der Blick in die Notizen zum Genogramm zeigt nun, daß er in eine ca. 120 km von seinem Dorf entfernt gelegene Industriestadt gezogen ist. Diese Information gibt Anlaß für weitere Explikationen objektiver Möglichkeiten: 1. In der Stadt schließt er sich einer Gruppe von Menschen an, die ebenfalls aus seiner Region dorthin gewandert sind, mit denen er lebt und die er als Kollegen in der Fabrik hat. (Wir kennen dieses Muster von Arbeitsmigranten aus Südeuropa.) 2. Er geht auf die Abendschule und bildet sich zum Techniker fort.

Während der ersten Option ein Muster zugrunde läge, das auf geographische Mobilität einerseits, Erhaltung eines vertrauten sozialen Milieus andererseits verweist, würde die zweite Version einen Mann zeigen, der seine traditionalen Wurzeln abstreift.

Wir schauen nun in die Notizen zum Genogramm und stellen fest: Er hat tatsächlich einen sozialen Aufstieg über Bildung gemacht, er wurde Lehrer für Deutsch und Geschichte. Diese Fächerkombination läßt sich nun so deuten, daß es sich hier um eine Bewältigungsleistung seiner Wanderungssituation handelt: Die Sprache, welche bekanntlich eine Bildungsbarriere darstellt und die ihm als Bauernsohn im bildungsbürgerlichen Milieu der Stadt vermutlich große Mühe bereitet hat, macht er – so vermuten wir – nun zum vorrangigen Inhalt seiner Aufstiegsbemühungen, er macht sie zum Beruf. Und die Vertiefung in die Geschichte steht dann – wiederum unserer Vermutung zufolge – für die reflexive Beschäftigung mit der eigenen Geschichte und damit mit seinen eigenen Wurzeln, die ihm abhanden gekommen sind, als er in die Stadt zog. Die Alternative wäre gewesen, diesen Übergang hinter sich zu bringen und sich dem Neuen (beispielsweise: ein dem Industrierevier, in das er gezogen ist, angemessenes Fach wie Maschinenbau) zu widmen. Das Neue ist für ihn statt dessen der Übergang; er wird zum Lebensthema, die Übergangssituation wird auf Dauer gestellt, vielleicht sogar eingefroren.

Die nächste Frage lautet: Wen wird er heiraten? (Daß er heiraten wird, ist zu vermuten, denn in den sechziger Jahren zeichnete sich erst allmählich eine Tendenz zu Single-Haushalten ab.) Diese Frage sehen wir wiederum, nachdem wir die Hypothese vom Übergang als Dauerthema formuliert haben, im Kontext von Bewältigungsleistungen von Mobilität. Eine Option wäre demnach, im privaten Bereich die Veränderungsbewegung gering zu halten, z. B. eine Schulfreundin aus seinem Dorf zu heiraten. Die Ehe könnte dann die nötige Stabilität bringen, um die geographische und berufliche Veränderung abzusichern. Eine weitere Option wäre, eine Kommilitonin zu heiraten, die er an der Pädagogischen Hochschule kennengelernt hat. Dieser Option läge die Motivation zugrunde, gezielt in ein Milieu städtischen Bildungsbürgertums einzuheiraten, um so auch im Familienmilieu sich jene Welt zu erschließen, die ihm als Bauernjunge nicht zugänglich war.

Wenn man berücksichtigt, daß wir es hier gewissermaßen mit einem „Dauerthematisierer des Übergangs" zu tun haben, läge zunächst die erstgenannte Option nahe: Die Mobilität beschäftigt ihn dermaßen in seinem Leben, daß er Bereiche braucht, in denen er den Streß, den Neues mit sich bringt, reduzieren kann. Andererseits könnte sich der Übergang in seinem Leben so in den Vordergrund geschoben haben, daß er auch im Familienbereich die Situation in der Schwebe halten will.

Bevor wir im Genogramm nachsehen, um diese Vermutungen zu überprüfen, fragen wir nach der sinnlogisch entsprechenden Geschwisterkonstellation der künftigen Partnerin. Franz Keller ist jüngster von drei Söhnen – ihnen gegenüber mußte er sich durchsetzen, aber als Jüngstem wurden ihm Freiheitsgrade zugestanden, die gerade der älteste Bruder (als Hofnachfolger) nicht hatte. Es folgt ihm auch kein jüngeres Geschwister nach, das ihn von seiner Position verdrängt und gegen das er sich hätte individuieren müssen. Weibliche Personen hat er in seiner Kindheit und Jugend im unmittelbaren Familienumfeld ausschließlich als mütterlich-pflegende Personen erfahren.

So gesehen, brächte für die Entwicklung einer gemeinsamen Konstruktion ehelicher und familialer Wirklichkeit die Heirat einer älteren Schwester von Brüdern die vergleichsweise geringste Gestaltungsnotwendigkeit mit sich.

Ein Blick in die Notizen zum Genogramm zeigt nun zum einen, daß Keller die Musiklehrerin an seiner Schule, zum anderen die jüngste von drei Kindern heiratet, die zwei ältere Brüder hat.

Damit (wir kürzen etwas ab) ist Keller in einer mehrfach gestaltungs- und bewältigungsbedürftigen Situation: 1. Er ist vom Land in die Stadt gewandert. 2. Er hat das soziale Milieu gewechselt. 3. In der Gestaltung seiner Paarbeziehung kann er nicht auf Vertrautheiten zurückgreifen, weder vom familialen Hintergrund noch von der

Geschwisterkonstellation her. Beide müssen voneinander und miteinander lernen. Und schließlich 4. Zumindest beruflich hat er sich in einer Situation der Dauerthematisierung des Übergangs eingerichtet.

Nun betrachten wir die Familie von Frau Keller. Ihr Vater stammt aus einer Industriellenfamilie. Er hat zwei ältere Brüder sowie eine ältere und eine jüngere Schwester, studierte Musik und schlägt sich seither mit kleineren Engagements sowie mit Geigenunterricht durch, während seine Ehefrau, die sieben Jahre älter ist als er, als Sekretärin für das regelmäßige Einkommen der Familie sorgt. Dieses Paar hat zwei Töchter, von denen die jüngere Musik im Lehramt studiert und in der Schule unterrichtet. Diese Frau, die später Herrn Keller heiratet, verbindet damit das Lebensmotiv ihres Vaters (die Kreativität des Künstlers, der soziale Konventionen gering achtet) mit dem der Mutter (Sicherung der ökonomischen Basis). Aber für sie als Jüngste wird möglicherweise das Spielerische, Kreative im Vordergrund stehen und ihre Partnerwahl bestimmen.

Möglicherweise hat sie in Herrn Keller jenen veränderungsbereiten, Traditionen verlassenden und kreativ-distanziert seiner Umgebung gegenüberstehenden Mann gesehen, für den ihr Vater das Vorbild darstellt. Herr Keller jedoch mag ein Mensch sein, für den der Übergang zum Dauerthema geworden ist und der in seiner Frau Stabilität und Orientierung in einer fremden Welt sucht. Damit wäre diese Ehe durch ein grundlegendes Mißverständnis gekennzeichnet: Der Wanderer zwischen den Welten sucht Stabilität, die er bei seiner künftigen Frau vermutet, für die aber gerade die Flüchtigkeit im Vordergrund steht, und sie, die diese Flüchtigkeit an ihrem Vater so geschätzt hat, erwartet sie auch bei ihrem Mann, ohne daß dieser sie so unbeschwert leben kann, wie dies bei ihrem Vater (mit seinem Hintergrund eines sozial und ökonomisch gesicherten Milieus) der Fall war.

Nun richtet sich die nächste Frage auf die Entwicklung dieser Ehebeziehung: Können beide sich über ihre wechselseitigen Erwartungen verständigen? Wie kommen sie damit zurecht, daß diese Erwartungen enttäuscht werden? Finden sie trotz der Enttäuschung eine gemeinsame Basis?

Anzeichen für ein Scheitern wären Trennung und Scheidung, Entwicklung körperlicher Krankheiten etc. Wenn sie aber zusammenbleiben (wir können ja nicht von der Tatsache abstrahieren, daß beide als Ehepaar zur Beratung kommen): Was hält sie zusammen?

Hierzu schauen wir in das Genogramm und stellen fest: 1975 läßt sich Herr Keller in das Gymnasium der seinem Heimatdorf nächstgelegenen Kreisstadt versetzen. Seine Frau scheidet aus dem Schuldienst aus, die Familie zieht in ein eigenes Haus im Heimatdorf von Herrn Keller.

Jetzt können wir folgende Arbeitshypothese formulieren: Es handelt sich hier um eine Familie, die gegenüber ihrer dörflichen Umwelt abgeschlossen ist („mit diesen einfältigen Dörflern kann man sich nicht recht unterhalten") und auf Bereiche orientiert ist, die weit jenseits des Dorfes liegen („die Welt der Bildung und der Kultur"). Diese Familie lebt in einem Bereich zwischen Dorf und Stadt, in einer Übergangswirklichkeit, die keine realen Anschlüsse an die angrenzenden Wirklichkeiten zuläßt. Damit wird vermutlich der Übergang der Kinder aus dieser Familie zum Problem, das sich vor allem dann manifestieren wird, wenn es um ihre Ablösung aus der Familie geht. Dabei könnte besonders die Tochter gefährdet sein, denn sie ist drei Jahre alt, als die Familie umzieht, und damit noch sehr der Familie verbunden, während ihr vier Jahre älterer Bruder bereits Erfahrungen mit Gleichaltrigen in der Schule und im Kindergarten des Dorfes machen konnte und es wohl einfacher hatte, Kontakt mit den Gleichaltrigen im Dorf aufzunehmen.

Diese Überlegungen anhand des Genogramms der Familie Keller werden nun im zweiten Familiengespräch in Fragen formuliert und dem Paar vorgelegt mit dem Ziel, an der Frage zu arbeiten, ob die psychotische Krise der Tochter in der Universitätsstadt unter dem Vorzeichen eines „mißglückten Ausbruchsversuchs" zu betrachten sei und ob die Lösung des Problems darin liegen kann, daß die Eltern zu einem „Mehr desselben" greifen und die Tochter, nun noch mehr abgekapselt von der Umgebung der Familie, zu Hause beschützen. Im Sinne des erwähnten „sokratischen Dialogs" müßte aber das Ziel dieser Gespräche sein, den Eltern diese Einsicht nicht zu vermitteln, sondern ihnen die Gelegenheit zu geben, durch die eigene, von den Therapeuten unterstützte Suche nach den biographischen Wurzeln und Entwicklungen selbst auf diese Fragen zu kommen.

Es braucht natürlich keine Genogrammanalyse, um herauszufinden, daß die psychotische Krise der Tochter dieses Ehepaars einen mißlungenen Ablöseprozeß darstellt. Wenn wir aber verstehen wollen, welche Lebensthemen sich in der Problematik dieses Ablöseversuchs verdichten, dann lohnt sich der vorgestellte Blick in die Familiengeschichte. Von hier aus werden die Schlüsselthemen der jungen Frau und ihrer Eltern deutlich: die Sehnsucht nach Zugehörigkeit bei gleichzeitigem Auftrag der eigenständigen Entwicklung. Diese Themen werden in einer Situation zur Sprache gebracht, die von affektivem und kognitivem Verständnis getragen ist.

Wir fassen unsere Überlegungen zur Genogrammarbeit zusammen: 1. Es geht um Sinnstrukturen. 2. Diese Sinnstrukturen werden als Hypothesen herausgearbeitet. Sie stellen keine Aussage der Art „Dieses Paar ist ..." dar, sondern erleichtern den Einstieg in das Herausarbeiten von zentralen Themen der Klienten, an welchen die Problemlösung ansetzen könnte. 3. Die in der Genogrammanalyse herausgearbeitete Hypothese ist im weiteren Verlauf der Arbeit mit den Klienten nicht zu verifizieren, sondern zu falsifizieren, das heißt, daß die Hypothese nur so lange als plausibel angesehen wird, wie sich dafür keine Gegenbelege finden lassen, nach denen freilich immer wieder zu suchen ist, damit die Hypothesen nicht zu Hypotheken werden. Bei dieser Suche wird vor allem die Erzähldynamik, also die Art und Weise, wie die Klienten ihre Geschichten erzählen, betrachtet, denn sie geht ja in der künstlichen Schematisierung der Genogrammdarstellung zunächst unter. Hier stellen wir Fragen wie: Wer bringt Geschichten auf, und wer beteiligt sich wie am Erzählen dieser Geschichten? Dienen die Geschichten der Selbstthematisierung von Individuen in der Familie oder der Selbstthematisierung der Familie? Für welche Sinnstrukturen stehen die Geschichten, welche Lösungsmöglichkeiten deuten sie an? Wovon werden keine Geschichten erzählt, obwohl sie auf der Hand liegen?[15] 4. Oft wird gegen dieses Konzept eingewandt, möglich sei schließlich alles. Franz Keller aus unserem Beispiel hätte beispielsweise ein religiöses Erweckungserlebnis haben

---

[15] Vgl. hierzu die Beiträge in *System Familie,* Heft 4 (1990) mit dem Thema: „Familiengeschichte(n) und therapeutischer Prozeß" sowie Hildenbrand und Jahn 1988. Auf das Thema Geschichtenerzählen werden wir in diesem Kapitel noch einmal zurückkommen.

und in ein Kloster eintreten können. In diesem Fall wären die aufgeführten Überlegungen umsonst, und man hätte sich diese Arbeit sparen können. Gegen dieses konkretistische Mißverständnis ist zu sagen: Uns interessiert zunächst nicht der ganze Horizont beliebiger Möglichkeiten, sondern nur jene, die den Erfahrungsregeln darüber entsprechen, „wie Menschen auf gegebene Situationen zu reagieren pflegen“ (Weber 1988[7]: 269ff.). Das Erweckungserlebnis hätte demgegenüber den Status einer beliebigen Möglichkeit, über die auf der Basis der Hypothesenbildung nichts ausgesagt werden kann, denn im Prinzip ist „alles möglich“. Wir erkunden demgegenüber die den Erfahrungsregeln entsprechenden *typischen* Möglichkeiten. Dies sind jene, die in einem gegebenen historischen Zeitraum, in einer gegebenen Region, Familiengeschichte und Individualgeschichte als typische biographische Verläufe erwartbar sind. Wir interpretieren also zunächst auf der Basis des Typischen. Wenn wir dann feststellen (*nachdem* wir interpretiert haben), daß sich, gegenläufig zum Typischen, bevorzugte Handlungsmuster als fallspezifische Eigenheiten bzw. Abweichungen zeigen, können wir mit einer neuen Interpretationsrunde beginnen. Aber auch dann bewegen wir uns immer noch auf der Ebene des sozial Typischen, weil auch Abweichungen davon immer auf der Grundlage typischer „gesellschaftlicher Konstruktionen von Wirklichkeit“ (Berger und Luckmann 1970) erfolgen.

Es entspricht unserem Konzept systemischen Arbeitens, daß wir Individuen auf unterschiedlichen Ebenen in ihren sozialen Rahmen sehen: Generationenlage, Familiengeschichte, Geschichte der Region, des Berufsfeldes etc. Für die Erarbeitung einer Fallstrukturhypothese erfordert dies, daß man mit den entsprechenden Gegebenheiten des Problemsystems so weit vertraut sein muß, daß man den Horizont typischer biographischer Verläufe erkunden kann. Einfach gesprochen: Man muß wissen, wo die Klienten herkommen, und von einer Grundhaltung der Neugier getragen sein. Nützlich sind dabei Tageszeitung, Film, Romane, historische Literatur, Museumsausstellungen, Landkarten, Gespräche mit Kollegen und anderen Bekannten, die die Region kennen, etc. Ideal ist es natürlich, wenn systemisch arbeitende Menschen in die Region, aus der ihre Klienten kommen, eingebettet sind, dies ist jedoch keine unabdingbare Voraussetzung. Unverzichtbar ist für uns, daß Therapeutinnen und Therapeuten als „gutinformierte Bürgerinnen und Bürger“ (Schütz 1971a) leben, d. h. an der Entwicklung ihrer Gesellschaft Anteil nehmen und bereit sind, die Lebenswelten ihrer Klienten interessant zu finden, d. h. dafür die nötige Neugier (zu der, wir sprachen schon davon, auch Empathie treten muß) aufbringen. Ganz konkret und vielleicht sogar banal gesprochen: Eine sonntägliche Wanderung durch das Tal, aus dem die Familie im Beispiel stammt, das eigene Erleben der sozialräumlichen Gegebenheiten dieser Landschaft, das Belauschen der Gespräche am Nebentisch in der Gastwirtschaft erleichtern die Bildung von Hypothesen. Damit wird vermieden, daß dieses reduziert wird auf das im Hier und Jetzt des therapeutischen Gesprächs beobachtbare Interagieren.

Wir ziehen eine Zwischenbilanz unserer Auffassung zur Biographieorientierung im systemischen Arbeiten:

Menschen werden in eine spezifische Gesellschaftsschicht, Region, Familiengeschichte, Generationenlage hineingeboren, und sie sind durch eine spezifische konstitutionelle Verfassung gekennzeichnet. Ihre Autonomie zeigt sich nun darin, daß sie aus dem etwas machen, was die Verhältnisse aus ihnen gemacht haben, um noch einmal Sartre zu zitieren. Die Frage ist also, welche Gestaltungsspielräume Menschen in ihrem Leben vorfinden und welche Anstrengungen sie unternehmen, um diese Gestaltungsspielräume auszufüllen bzw. auszuweiten.

Unser Menschenbild läßt sich mit einem absoluten Normalitätsbegriff, wie er für das heteronomieorientierte Menschenbild typisch ist, nicht vereinbaren. Wir sprechen, wenn überhaupt, von einer „relativen Norm“ und wollen damit ausdrücken, daß, wenn Normalitätsfragen thematisiert werden, es nicht therapeutische Aufgabe ist, das Abweichen eines Verhaltens von einer als allgemeingültig angenommenen Norm zu *messen.* Statt dessen besteht in unserer Sicht die Aufgabe darin, das in bezug auf eine bestimmte Biographie in einem bestimmten Milieu *Angemessene* herauszuarbeiten. Dieses Angemessene ist wiederum nicht statisch vorgegeben, sondern Ergebnis eines kontinuierlichen Aushandlungsprozesses im jeweiligen Milieu.

Sind die Klienten für ihren Zustand verantwortlich zu machen oder als Invaliden zu behandeln?

Folgt man einem autonomieorientierten Menschenbild, dann ergibt sich als Aufgabe im therapeutischen Prozeß, gemeinsam mit dem Klientensystem an der Gestaltung und Erweiterung von Handlungsspielräumen zu arbeiten. Psychosoziale Störungen oder Krankheiten betrachten wir als Situationen, in denen Gestaltungsspielräume im Leben *unter-*, *über-* oder *fehl*bestimmt sind. Ein Beispiel für unterbestimmte Gestaltungsspielräume ist die „endogene Depression", für überbestimmte Gestaltungsspielräume ist ein Beispiel die „Manie", für *fehl*bestimmte Handlungsspielräume die „Schizophrenie".[16] In jedem Fall zielt unser Konzept therapeutischen Handelns nicht darauf ab, daß Therapeuten grundsätzlich dem Klientensystem Verantwortung abnehmen (die eher seltenen Extremsituationen, in denen bei Klienten Situationen des Freiheitsverlustes eingetreten sind und Therapeuten vorübergehend stellvertretend für Klienten handeln müssen, einmal ausgenommen), sondern darauf, den Klienten Verantwortung zuzuschreiben in Hinblick auf die Gestaltung angemessener Handlungsspielräume. Dabei besteht die besondere therapeutische Kunst darin, zusammen mit dem jeweils relevanten Klientensystem das jeweils rechte Maß an Über- bzw. Unterforderung hinsichtlich des Grades an Ausgestaltung und Entwicklung der bestehenden Handlungsspielräume auszuhandeln.

Diese Auffassung erfordert einen spezifischen Gebrauch des Begriffs „Diagnostik". Wir lehnen Krankheitsbegrifflichkeiten in dem Maße ab, wie sie das Eröffnen neuer Gestaltungsmöglichkeiten verschließen, anders gesprochen: einfrieren. Wenn man dieser Auffassung folgt, kann, wie erwähnt, Diagnostik nicht von Therapie getrennt werden – beide Prozesse finden in unserem Konzept im Prozeß der Begegnung zwischen Problemsystem und Therapeutensystem statt. Dies soll nun erläutert werden.

Wir haben, wie erinnerlich, menschliches Leben als einen Prozeß beschrieben, den wir retrospektiv und prospektiv begrifflich als Biographie fassen. Therapie ist damit Arbeit an der Biographie als geschehener und künftiger Lebenslauf.

Nun gibt es aber nicht „die" Biographie, wie Therapeuten sie rekonstruieren, um daraus eine Diagnose zu entwickeln, die den Fall als „so und so problematisch" klassifiziert und zu einer therapeutischen Handlungsanweisung führt. Die Praxis der Genogrammarbeit, die wir weiter oben skizziert haben, dient uns ja auch nicht dazu, die Biographie eines Problemsystems als ursächliche Erklärung des Gegenwärtigen auf den Punkt zu bringen. Sie soll vielmehr den Einstieg in einen therapeutischen

[16] Hier besteht eine gewisse Nähe zu Binswanger 1992.

Prozeß erleichtern, indem erste Strukturhypothesen entwickelt werden. Therapeutisches Handeln unter die Überschrift „Fallverstehen durch Begegnung“ zu stellen heißt also, biographische Rekonstruktion zum Gegenstand des Dialogs zu machen mit dem Ziel, vielfältige Perspektiven auf die individuelle und gemeinsame Geschichte und Zukunft des Klientensystems zu entwickeln.

Dabei kommt dem Geschichtenerzählen ein wichtiger Stellenwert zu. Wer mit Klienten zusammen Genogramme erarbeitet, wird die Erfahrung machen, daß diese Arbeit die Klienten immer wieder anregt, Geschichten zu erzählen, die mit ihrer Biographie verbunden sind. Diese Geschichten haben in unserer Erfahrung einen wichtigen Stellenwert, indem sie Metaphern für die Strukturprobleme des Systems bieten.

In Anlehnung an die Ergebnisse der Erzählforschung (Schapp 1976[2], Stierle 1979) gehen wir davon aus, daß Sinnzusammenhänge des menschlichen Lebens in Geschichten organisiert sind und daß sie eine doppelte Struktur enthalten: Sie bewahren, indem sie Erlebtes in einen sinnhaften Zusammenhang bringen, und sie schaffen Neues, indem sie die Tendenz haben, über das Bewahrende hinauszuweisen.[17]

Vor dem Erfinden einer neuen Geschichte müssen jedoch erst einmal die alten Geschichten gefunden werden, in die ein Problemsystem verstrickt ist. Diese „alten“ Geschichten bilden die Metaphern für die Familienmuster, auf deren Erkennen es im therapeutischen Prozeß zunächst ankommt, damit man von hier aus alternative Möglichkeiten entwickeln kann.

Die vergangene Biographie hat in unserem Verständnis die doppelte Qualität des „So war es“ (das Unabänderliche) und zugleich des Veränderbaren in der Weise, daß jede Biographie ständigen Umschreibungen unterworfen ist. In dieser Tendenz, die Vergangenheit aus der Perspektive der biographischen Gegenwart ständig zu rekonstruieren, liegt der Sinn des Kierkegaardschen Satzes begründet, demzufolge „nichts schwieriger vorherzusagen ist als die Vergangenheit“. Der Rahmen der biographischen Rekonstruktion ist damit geschlossen und offen zugleich. Er ist geschlossen, weil vergangene Ereignisse nicht mehr zum Verschwinden gebracht werden können, und er ist offen, weil der Interpretationsrahmen, innerhalb dessen die vergangenen Ereignisse bewer-

[17] Ein Beispiel für eine solche Geschichte findet sich in Hildenbrand 1990.

tet werden, offen ist. Diese Offenheit in der biographischen Rekonstruktion macht es den Klienten möglich, ihre Vergangenheit nicht als Käfig zu sehen, in welchem ihre Zukunft gefangen ist, sondern als einen Ort von Möglichkeiten, die noch zu realisieren sind. Anders gesprochen: Im biographischen Rückblick kann man auf „Skelette im Keller und Schätze auf dem Dachboden“ (Welter-Enderlin 1990) gleichermaßen stoßen.

Welche Zukunftsszenarien kann man im therapeutischen Prozeß mit den Klienten entwickeln?

Die spezifische Gegenwart (eines therapeutischen Prozesses) hat nicht nur Bezüge zur Vergangenheit einer spezifischen, problematischen Geschichte, sondern auch zur Zukunft: schließlich hat das therapeutische Handeln ein Ziel, nämlich den Wandel auf der Ebene der Sinnstruktur eines Problemsystems. Ebenso wie die biographische Vergangenheit gleichzeitig den Charakter des Offenen und Geschlossenen hat, können biographische Entwicklungen auf die Zukunft hin auch bei einengenden Rahmenbedingungen angestoßen werden. Die zentrale Frage, die den therapeutischen Prozeß voranbringt, lautet: „Was wäre, wenn ... ?“

Damit kommen wir zu einer für den therapeutischen Prozeß entscheidenden Frage: Was sind die Bedingungen für das Entstehen von Neuem? Therapeutisch ausgedrückt: Woran können wir erkennen, daß Klienten fähig sind, neue Handlungsmöglichkeiten zu entwickeln, die im Vergleich zum früheren Zustand einen Fortschritt im Sinne erweiterter Handlungsspielräume darstellen?

Wir werden diese Thematik in zwei Punkten entwickeln: 1. Wenn wir von Veränderungen sprechen, dann meinen wir solche, die auf der Ebene der Regeln bzw. der typischen Orientierungsmuster angelegt sind, die Handlungen und Sinnkonstruktionen von Klienten täglich hervorbringen. Um dies an einem einfachen Beispiel zu erläutern: Eine Paarkrise wird nicht dadurch zu beheben sein, daß der Mann sich zur Gewohnheit macht, seiner Frau von jeder Dienstreise einen Blumenstrauß mitzubringen. Veränderungen spielen sich auf der grundlegenden Ebene der Veränderung von Gewohnheitsmustern ab, seien dies nun kognitive Muster, die im Lebenszyklus immer wieder neu entworfen werden müssen[18], emotionale Muster der Einschätzung von Situationen oder Muster der räumlichen Orientierung, beispielsweise der Aufteilung der Wohnung. 2. Die Vorstellung radikaler Veränderung, von Neuem, das gleichsam prometheisch von den Schlacken der Vergangenheit gereinigt ist, ist im Prozeß einer systemisch orientierten Therapie wenig nützlich. Wenn wir Menschen als geschichtliche Wesen begreifen, müssen wir anerkennen, daß Menschen (wie Gesellschaften auch) aus ihrer Geschichte nicht aussteigen können, aber auch, daß ihre Vergangenheit nicht nur Problematisches enthält, sondern auch Ressourcen im Blick auf die Lösung von Problemen. Theoretisch können wir dies als Dialektik von Determination (durch die vorgegebene Biographie) und Emergenz (das Auftauchen neuer Muster) fassen. Einfacher ausgedrückt: „Das Neue, wenn es in Erscheinung tritt, folgt immer aus der Vergangenheit. Doch bevor es in Erscheinung tritt, folgt es per definitionem nicht aus der Vergangenheit" (Mead 1969: 230).

Für diese Form der Verbindung von Vergangenem und Neuem im therapeutischen Prozeß steht methodisch das Geschichtenerzählen einerseits und das Umschreiben von Geschichten andererseits zur Verfügung, worauf wir bereits hingewiesen haben. Eine weitere Möglichkeit der Entwicklung von Neuem im Kontext des Vergangenen besteht darin, mit den Klienten Rituale des Übergangs zu entwickeln (Evan Imber-Black u. a. 1993). Rituale stellen Muster dar, welche auf einer grundlegenden, nicht weiter befragten Ebene z. B. „Rollenzuschreibungen, Grenzziehungen und Regelhaftigkeiten" (Imber-Black 1990: 237) in Familien definieren. Untersuchungen von Ethnologen zeigen, daß Rituale eine besondere Bedeutung dort haben, wo es um Übergänge im Entwicklungszyklus von Individuen und sozialen Systemen geht, und daß es sich um kulturelle Universalien handelt: Jede Kultur hat ihre Übergangsrituale, beispielsweise an der Schwelle von der Kindheit zum Erwachsenenleben. Es liegt daher nahe, im therapeutischen Handeln, das vor allem Übergänge voranbringen soll, Rituale einzusetzen.

Für die Gestaltung des therapeutischen Prozesses bedeuten diese Überlegungen zur Entwicklung von Zukunftsszenarien, daß dem Individuum, dem Paar, der Familie, wie beschädigt ihre Lebenspraxis auch immer sein mag, Autonomie und damit Verantwortlichkeit für ihr Leben zugeschrieben werden. Vorstellungen möglichen Wandels oder gar von

---

[18] Vgl. hierzu als Beispiel Rosmarie Welter-Enderlin 1992, insbes. S. 166ff.

fertigen Lösungen können dann nicht von der Therapeutin oder vom Therapeuten entwickelt und „verschrieben" werden. Dies ist Aufgabe der Klienten selbst, Therapeutinnen und Therapeuten stellen dafür die angemessenen Rahmenbedingungen zur Verfügung. Autonomiezuschreibung erwächst aus einer therapeutischen Grundhaltung, welche die Interventionen des Therapeuten auf gemeinsames Entwickeln neuer Perspektiven und Handlungsmöglichkeiten beschränkt.

Organisatorischer Rahmen und persönlicher Rahmen der Therapeuten

Wir befassen uns nun mit dem Thema der sozialen Rahmung von Fallverstehen in der Begegnung. Die Begegnung auf der Station eines psychiatrischen Krankenhauses hat eine andere Gestalt als die Begegnung in der Privatpraxis; Begegnung im auf Langfristigkeit angelegten Betreuungsangebot eines sozialpsychiatrischen Dienstes hat eine andere Gestalt als in der akuten Krise. Und weiter: Wie der Therapeut in seiner Begegnungsfähigkeit mitbestimmt wird durch den sozialen Kontext der Organisation, in der er oder sie tätig ist, und durch seine eigene biographische Situation geprägt ist, so stehen auch Klienten in sozialen Kontexten (Familie, Arbeitsplatz etc.), die sie in ihrem Denken und Handeln bewegen. Diese Kontexte können explizit (wie in der systemischen Therapie) oder implizit (wie in der psychoanalytischen Therapie) präsent sein. Isolieren lassen sie sich nicht, und daher ist es sinnvoller, die soziale Rahmung der Begegnung jeweils mitzuthematisieren und nicht von der Chimäre einer Begegnung zwischen Therapeut und Patient auszugehen, die in künstlicher Isolation vom sozialen Umfeld gedacht wird.

Als erstes betrachten wir die Begegnungsachse aus der Perspektive der Therapeutin bzw. des Therapeuten und fragen insbesondere, welches die organisatorischen, persönlichen und berufsbiographischen Rahmen sind, in denen Begegnungen geschehen.

Die Theorie professionellen Handelns, an der wir uns orientieren, wurde historisch an klassischen Freiberuflern entwickelt. Dem entspricht die Wirklichkeit therapeutischen Handelns in der Regel selten. Meist bilden wir nicht Familientherapeuten aus, die anschließend in freier Praxis tätig werden, sondern wir bilden Ärzte, Psychologen und Sozialarbeiter aus, die in Organisationen des Gesundheitswesens tätig sind und ihre Möglichkeiten beruflichen Wissens und Handelns erweitern möchten. Damit treten folgende Probleme auf, die in einem Modell professionellen Handelns zu berücksichtigen und in der Ausbildung von systemischen Therapeuten zu thematisieren sind: 1. Wenn Professionelle in Organisationen, z. B. in Kliniken, tätig werden, ist es oft unklar, wer der Klient ist: der Eingewiesene selbst, sein Arbeitgeber, die Versicherungsgesellschaft, das Krankenhaus. Dazu gehört auch die Klärung der Frage, ob von den Therapeuten offene oder verdeckte Kontrollen gegenüber dem Klienten erwartet werden. Wichtig ist, daß die Therapeuten und Therapeutinnen Möglichkeiten haben, Widersprüche zwischen Hilfe und Kontrolle wahrzunehmen und zwischen ihren Verpflichtungen gegenüber den Klienten und gegenüber der Organisation zu unterscheiden. 2. In Organisationen findet Kontrolle professionellen Handelns oft nicht innerhalb der Profession statt, sondern sie wird durch professionsfremde Instanzen wahrgenommen, beispielsweise durch die Verwaltung, durch einen Stiftungsrat etc. Während freiberufliche Therapeuten hinsichtlich der Wahl der therapeutischen Schule, der sie angehören möchten, frei sind[19], stellen Organisationen oft ein Feld dar, das von einer Schule beherrscht wird. Konkurrierende therapeutische Schulen sind dann nicht zugelassen. Wie Therapeutinnen und Therapeuten in einer solchen Situation die Begegnung mit ihren Klienten gestalten, verantworten sie nicht gegenüber ihrem professionellen Gewissen, sondern gegenüber einer ideologischen Definitionsmacht.

Begegnung spielt sich des weiteren ab zwischen Menschen, von denen die eine Seite, nämlich die Therapeutin bzw. der Therapeut, in einer Rolle bleibt. Dies heißt aber nicht, daß sie bzw. er „im Professionellen“ verharrt. Der professionelle Therapeut begegnet dem Klienten *als Mensch,* im Rahmen seiner Rolle. Die Freudsche Psychoanalyse hält für diesen Sachverhalt den Begriff der Gegenübertragung bereit. Gegenübertragung wurde bekanntlich zunächst als Hindernis, dann aber als Ressource für therapeutisches Handeln verstanden. Ein systemisches Konzept der Begegnung mit Klienten lenkt die Aufmerksamkeit darauf, daß Therapeuten ihre eigenen, durch biographische Erfahrung geprägten Bilder von Individuen, Paaren und Familien mitbringen, die von

[19] Dies gilt auch nur eingeschränkt, seit nur noch zwei therapeutische Richtungen, nämlich die Psychoanalyse und die Verhaltenstherapie, krankenkassenabrechnungsfähig sind!

ihnen selbst gelebt werden und ihre Wahrnehmung leiten. Wenn verhindert werden soll, daß diese Bilder den Klienten übergestülpt werden, dann müssen die Therapeuten über sich und ihre eigene Biographie Bescheid wissen. Unserem Menschenbild entsprechend findet diese Reflexion in der Ausbildung statt.

Diese Arbeit an der eigenen Geschichte und der Geschichte der eigenen Herkunftsfamilie ist im systemischen bzw. familientherapeutischen Feld nicht unumstritten. Haley (1977: 186) zum Beispiel äußerte in der für ihn typischen Distanz zur Psychoanalyse, daß die Beschäftigung mit dem persönlichen Leben eines Ausbildungskandidaten nur bei Ausbildern üblich sei, die nichts davon verstünden, Therapie zu lehren. Später (berichtet in McDaniel und Landau-Stanton 1991: 460) fügte er hinzu, daß die Thematisierung der eigenen Herkunftsfamilie in der Ausbildung dazu verführen könne, Material aus der Lebensgeschichte der Klienten gegenüber den aktuellen Problemen überzubetonen.

Bowen (1971/72: 531f) auf der anderen Seite berichtet aus seiner Erfahrung mit familienbiographischer Arbeit in der Ausbildung, daß die Ausbildungskandidaten dabei im wesentlichen drei Vorzüge nennen: 1. Familientherapie werde praktisch erfahrbar, wenn man sehe, daß sie in der eigenen Familie funktioniert; 2. die Erfahrung mit der eigenen Familie mache es möglich, Klientenfamilien besser zu verstehen und zu ihnen eine Beziehung aufzunehmen; 3. die Beschäftigung mit der eigenen Familie ermögliche es, Klientenfamilien zu helfen, Fehler zu vermeiden, die man aus der eigenen Familie kennt.

Wir wollen unsere eigene Position hinsichtlich der Reflexion der eigenen Familiengeschichte in der systemischen Ausbildung in Abgrenzung zu Haleys Position einerseits, Bowens Position andererseits konturieren. Zunächst zu Haley. Die systemische Therapie ist inzwischen so weit gereift, daß sie eine Abgrenzung zu anderen therapeutischen Schulen um jeden Preis nicht mehr nötig hat, sondern dort von ihnen lernen kann, wo es gelingt, sie an die Logik der systemischen Therapie anzuschließen. Dies gilt auch für die Frage der Reflexion der eigenen Person und ihrer Geschichte, die in den entscheidenden Phasen der Identitätsbildung eben Familiengeschichte ist. Der Unterschied zwischen dem, was wir in der Ausbildung zur systemischen Therapie machen, und der Psychoanalyse im allgemeinen sowie zur Lehranalyse im besonderen ist klar zu benennen: Der Fokus ist jeweils ein anderer – dort die Lebensgeschichte mit besonderer Betonung des Individuellen, hier die Lebensgeschichte mit besonderer

Betonung der Familiendynamik. Des weiteren können wir Haleys Polarisierung von historischem Material und aktuellen Problemen nicht teilen, denn wir haben einen Begriff von Geschichte, der den gesamten Spannungsbogen von Vergangenheit, Gegenwart und Zukunft umfaßt.

Andererseits, und damit kommen wir zu Bowens Position, kann nach unserer Auffassung die Beschäftigung mit der eigenen Familiengeschichte nicht dazu führen, die eigene Familie unter therapeutischen Kategorien zu sehen, es sei denn, es bestünde dazu ein therapeutisch begründbarer Anlaß, d. h. es läge eine professioneller Unterstützung bedürfende Problematik vor. Das aber wäre etwas ganz anderes, und schließlich können die Schwierigkeiten, die man aus der eigenen Familie kennt, nicht einfach auf Klientenfamilien übertragen werden.

Wir werden in Teil III dieses Buches zeigen, daß die Rekonstruktion der Familiengeschichte des künftigen Therapeuten in unserer Ausbildungspraxis dazu dient, die Person des Therapeuten zum Thema zu machen. Dabei fokussieren wir seine habituelle, familiengeschichtlich gewachsene Weise, Interaktionsmuster zwischen Menschen zu sehen und zu deuten, das heißt, diese Arbeit soll es dem Therapeuten ermöglichen, die eigene Person in ihrer Geschichtlichkeit zu reflektieren und damit auch Distanz zu ihr zu gewinnen. Wer die eigenen Stärken und Schwächen kennt, wird auch Abstand nehmen von der Einstellung, Therapeuten seien die „besseren Menschen".

Die „Begegnungsachse" aus der Perspektive des Therapeuten zu betrachten heißt also, sowohl den äußeren, organisatorischen Rahmen therapeutischen Handelns als auch die private und wissenschaftliche Biographie des Therapeuten kritisch zu reflektieren.

Die Wissensachse: Zur Bedeutung von Philosophie, Wissenschaft und Technik im therapeutischen Prozeß

In diesem Kapitel geht es uns um das weithin offene Thema des Verhältnisses von Theorie und Praxis. Wir werden dieses Problem hier gewiß nicht lösen. Worum es uns geht, ist eine Standortbestimmung: Welcher Stellenwert kommt Theorie, Technik und Praxis im therapeutischen Prozeß jeweils zu? Welche philosophischen und wissenschaftlichen Entwürfe „passen" zu welcher Praxis? Welche Techniken „passen" zu welcher Praxis?

Praxis als dynamisches Verhältnis von Begegnungs- und Wissensachse

Wir haben bereits weiter oben anklingen lassen, wie wir das Verhältnis von Theorie und Praxis verstehen. Dort haben wir die Wissensachse der Achse „Fallverstehen in der Begegnung" *zu*geordnet und zum Ausdruck gebracht, daß für uns die Praxis im Vordergrund steht.

Allerdings haben wir auch deutlich gemacht, daß sich in bestimmten Situationen das Verhältnis zwischen beiden Achsen umkehren kann, und zwar dann, wenn der Fall vom Routinefall zum problematischen Fall wird. Wenn wir die Forschung einmal außer acht lassen – wo die Wissensachse per definitionem im Vordergrund steht -, kommt dies in zwei Situationen vor:

1. Der Routinefall wird dann zum problematischen Fall, wenn sich im therapeutischen Prozeß herausstellt, daß das Wissen und die aus der Erfahrung abgeleiteten Regeln des Therapeuten nicht ausreichen, um voranzukommen.

2. In der Ausbildungssituation ist jeder Fall ein problematischer Fall insofern, als der Prozeß von Wissens- und Erfahrungsbildung sich noch im Anfangsstadium befindet. In gewissem Sinne gilt dies auch später, wenn die Therapeuten Wissen und Erfahrung gewonnen haben, oder, wie wir sagen, wenn sie in ihrer Habitusformation vorangeschritten sind; auch dann noch sollte jeder Fall problematisiert und so die Ausbildung des therapeutischen Berufs (Tellenbach 1987) kontrolliert werden. Wissen ist immer im Fluß, und die Entwicklung von Routine kann nicht nur die positive Konsequenz der Entlastung von Handlungsdruck haben, sondern auch die negative Konsequenz, daß Neues nicht mehr wahrgenommen wird.[20] Jede Begegnung mit neuen Klienten, neuen Familien sollte sich in einem Spannungsfeld ereignen zwischen dem Neuen, das diese Familie oder dieses Paar als einzigartig mit sich bringt, und dem Typischen, in welches die Routine therapeutischen Handelns den besonderen Fall immer wieder stellt. Berufsbegleitende Supervision hat die Aufgabe, zu überprüfen, ob dieses Spannungsfeld noch lebendig oder ob es aufgehoben ist in einer – nunmehr dem therapeutischen Prozeß abträglichen – Routine. Sowohl in der Erstausbildung als auch in der berufsbegleitenden Supervision, verstanden als Fortbildung, ist Refle-

---

[20] Hier bietet es sich an, einmal auf Luhmann zu verweisen: vgl. Luhmann 1973.

xion unter Entlastung von Handlungsdruck erforderlich, wird also die Wissensachse in den Vordergrund gerückt. Hier wird nicht nur das eigene Verhalten und Erleben, sondern auch der eigene Bezug zum theoretischen Wissen und zu den therapeutischen Techniken thematisiert, und neue Entwicklungen im Feld werden zur Kenntnis genommen.

In welchem Verhältnis also steht die Wissensachse – Philosophie und Wissenschaft auf der einen, Techniken auf der anderen Seite – zu dem, was wir Fallverstehen in der Begegnung nennen? Beginnen wir mit Philosophie und Wissenschaft, im folgenden der Einfachheit halber kurz Theorie genannt.

Zur Bestimmung des Verhältnisses von Theorie, Technik und Praxis

Das Problem ist recht einfach zu formulieren: Lassen sich aus Theorien Folgerungen ableiten für die Praxis in dem Sinne, daß die Theorie der Praxis vorschreiben kann, was zu tun ist, oder stellt die Theorie ein Wissen bereit, dessen praktische Konsequenzen offen bleiben müssen? William B. Lederer hat dieses Problem einmal so beschrieben[21]: Es gibt Menschen, die können wunderbare Gedichte schreiben, aber sie haben Mühe, darüber zu reden, welchen Regeln sie dabei folgen. Und es gibt Menschen, die wissen alles über die Regeln, nach welchen Gedichte erschaffen werden, aber ein gutes Gedicht schreiben sie selten. Jede Theorie, die auf Therapie bezogen ist, steht vor demselben Dilemma; in besonderer Weise gilt dies für die herkömmlichen systemischen Theorierichtungen, die – im Gegensatz zu anderen, wie die der Psychoanalyse – weitgehend von „oben nach unten“ entwickelt worden sind. Wir meinen damit, daß die explizite Anlehnung der systemischen Therapie an die allgemeine Systemtheorie in Technik und Naturwissenschaften einen relativ hohen Abstraktionsgrad der Begriffsbildung zur Folge hat. Mit anderen Worten: Die Begrifflichkeit der systemischen Therapie gibt eher Auskunft über den allgemeinen Orientierungsrahmen, an dem diese Theorie gebildet worden ist, als daß sie etwas zum Verständnis menschlicher Konflikte beitrüge. So hat es die Einführung systemischen Denkens in die Familientherapie zwar erleichtert, in Mustern und Bezie-

[21] Mündliche Mitteilung.

hungen zu denken und von Inhalten zu abstrahieren. Der Übergang vom systemtheoretischen Denken zur therapeutischen Praxis ist jedoch weithin nicht geleistet worden; entweder laufen Systemtheorie und therapeutische Praxis unverbunden nebeneinander her, oder aber es wird nicht zwischen systemtheoretischer Grundlagentheorie und therapeutischer Praxis unterschieden.

Wir möchten hier deutlich machen, daß wir, wenn von einem geistigen Modell der Welt die Rede ist, nicht von der Welt selbst sprechen, in der wir uns bewegen. Tatsächlich wird es dann schwierig, wenn wir dieses geistige Modell mit alltäglichen Orientierungsmustern verwechseln, und noch schwieriger, wenn die Begriffe für das Modell der Welt und die alltäglichen Orientierungsmuster in einen Topf geworfen werden.

Daß die Theorie Praxis bestimme, ist Leitmotiv eines neuzeitlichen naturwissenschaftlichen Theoriebegriffs, in dessen Vordergrund das Beherrschbarmachen natürlicher und menschlicher Prozesse steht.

Jedoch führt die Vorstellung, Theorie könne auf Praxis angewandt werden, zu einer fremdbestimmten Konzeption von Praxis.[22] Ihre Autonomie behält die Praxis dann, wenn sie zur Theorie auf Distanz bleibt und wenn die Theorie sich davor hütet, in die Praxis bestimmend einwirken zu wollen.

Bisher haben wir nur bestimmt, was Theorie nicht soll: der Praxis vorschreiben, was sie zu tun und zu lassen hat. Wir haben auch davor gewarnt, theoretische Beschreibungen, therapeutische Hypothesen und alltagsweltliche Interpretationen menschlichen Handelns zu vermischen. Theorie, therapeutische Praxis und Lebenspraxis liegen auf unterschiedlichen Ebenen. Dieser Unterschied kann so beschrieben werden: Für den Alltagsmenschen sind problematisch gewordene Aspekte seiner Lebenspraxis nur so lange fragwürdig, bis er Wege gefunden hat, sein Handlungsproblem zu bewältigen. Wissenschaftler hingegen halten die Gegebenheiten der Lebenswelt grundsätzlich für fragwürdig, und sie dehnen die Horizonte der Explikation immer weiter aus. Therapeuten wiederum geben sich im Regelfall nicht mit der Bewältigung eines Symptoms, das die lebenspraktische Autonomie einschränkt, zufrieden; sie erschließen die Bedeutung, die dieses Symptom für das Selbst- und Welt-

---

22 Im Kinderreim wird diese Haltung schön ironisiert: Die Wissenschaft hat festgestellt/daß Margarine Fett enthält/drum essen wir auf jeder Reise/Margarine zentnerweise.

verhältnis von Klienten hat. Aber sie begrenzen diesen Prozeß auf den therapeutischen Auftrag, der da lautet, Klienten bei der Bewältigung ihres Lebens zu unterstützen.

Somit unterscheiden sich Therapeuten einerseits von Alltagshandelnden, die dazu neigen, die Explikation von Alltagsproblemen abzukürzen und damit aufzuhören, wenn die Routine wieder hergestellt ist. Sie unterscheiden sich andererseits von Wissenschaftlern, für die die Lebenswelt prinzipiell problematisch ist.[23]

Aus alldem sollte nun freilich nicht der Schluß gezogen werden, Theorie habe in der Praxis überhaupt nichts zu suchen – haben die Wissenschaften doch in vielen Lebensbereichen nicht nur zur Aufklärung, sondern auch zur Verbesserung der Lebensverhältnisse beigetragen. Problematisiert haben wir vielmehr ein Verhältnis von Theorie und Praxis, das die Autonomie der Praxis gefährdet.

Wir fragen nun nach adäquaten Konzeptionen des Verhältnisses von Theorie und therapeutischer Praxis, die unerläßlich sind, wenn wir nicht Gefahr laufen wollen, einer theorielosen Praxis und damit, wie man so sagt, einer „aus dem Bauch heraus“ geborenen therapeutischen Praxis das Wort zu reden.

Zunächst ist zu betonen, daß die Fähigkeit, zu sich und zu seiner Situation in Distanz zu treten und sich damit theoretisch im weitesten Sinne zu verhalten, zur Grundverfassung des Menschen gehört. Theoretische Distanz ist eine Sache; in der therapeutischen Praxis tritt die Urteilskraft hinzu (Gadamer 1993: 31), mit deren Hilfe allgemeines Wissen und besondere Fallsituation in einen Zusammenhang gebracht werden. Diese zentrale Komponente professionellen therapeutischen Handelns läßt sich aus keiner Theorie ableiten. Statt dessen gehört zur Urteilskraft eine „gesunde Respektlosigkeit“ (Cecchin u. a. 1992) gegenüber der Theorie, weil deren unkritische Anwendung auf den Fall „die therapeutische Manövrierfähigkeit und Kreativität einschränkt“ (a.a.O: 9) und, so möchten wir hinzufügen, das Fallverstehen behindert.

Für die Techniken gilt dasselbe wie für die Theorie: Auch sie können Urteilskraft nicht ersetzen, nur unterstützen:

---

23 Zum Verhältnis von wissenschaftlicher Interpretation und Alltagsverständnis menschlichen Handelns vgl. Schütz 1971a: 3–54.

> „Denn verwendet man die von ihm (Freud – die Verf.) eingerichtete Technik unabhängig von der Erfahrung, der sie verbunden ist, handelt man ebenso stupid wie einer, der hechelnd die Ruder schwingt in einem Schiff, das auf dem Sand liegt" (Lacan 1991: 117).

Techniken sind anonym, sie sind nicht am konkreten Fall orientiert.[24] Wenn man sie wirksam im therapeutischen Prozeß einsetzen will, müssen sie der therapeutischen Urteilskraft als Mittel zum Zweck dienstbar gemacht werden. In der Konsequenz heißt das, daß der therapeutische Zweck die Wahl der Mittel (also der Techniken) bestimmt, und nicht umgekehrt. Dies heißt auch, daß Therapeuten sich die Freiheit erarbeiten sollten, je nach Stadium des therapeutischen Prozesses mit unterschiedlichen Techniken zu arbeiten.[25] Dies würde zu einer fortschreitenden Auflösung der Schulorientierungen führen und die Entwicklung einer „allgemeinen Psychotherapie" fördern.

Fassen wir zusammen: Im therapeutischen Prozeß fließen Theorie und Technik in einer spezifischen Praxis zusammen, deren Hauptmerkmal die Urteilskraft ist. Diese Urteilskraft wird im Verlauf der therapeutischen Erfahrung gebildet, und sie gewinnt um so mehr Freiheitsgrade, je differenzierter die theoretischen Entwürfe und technischen Verfahren sind, deren sie sich autonom bedient. Die Urteilskraft wird jedoch nicht dadurch gesteigert, daß der Therapeut eine Technik nach der anderen und einen theoretischen Diskurs nach dem anderen übernimmt. Die praktische Urteilskraft wird dadurch gestärkt, daß der Therapeut einen therapeutischen Habitus entwickelt, der es ihm ermöglicht, Theorien und Techniken so einzusetzen, daß sie den therapeutischen Prozeß fördern, ihn aber nicht beherrschen.

Ist diese Fähigkeit ausgebildet, sprechen wir von „therapeutischer Kunst". Sie wird in langen Jahren der Erfahrung entwickelt, und wenn Anfänger einen in dieser Weise professionell arbeitenden Therapeuten in live-Supervisionen oder beim Anschauen von Videos erleben, haben sie

---

[24] Woody Allen sagte zu diesem Thema in einem Interview: „Mit der Technik kann man phantastische Sachen machen, aber die neue Technik ist zum eigentlichen Zweck der Filme geworden, statt daß sie ihnen dient. Spezialeffekte ersetzen die Story. Aber wie soll man den Figuren ohne eine Story Wirklichkeit verschaffen?"

[25] Der alte therapeutische Kalauer „Wer nur einen Hammer hat, für den ist jedes Problem ein Nagel" beschreibt gut, was wir hier meinen.

oft das verzweifelte Gefühl: „Das schaffe ich nie." Wenn wir so den Kunst-Charakter therapeutischen Handelns betonen, möchten wir Anfänger jedoch nicht entmutigen, sondern wir wollen sie ermuntern, dies als Ziel vor Augen zu haben. Grundlage allen therapeutischen Handelns ist, neben den verschiedenen Regeln therapeutischer Technik, die der angehende Therapeut erlernen muß, seine Begegnungsfähigkeit.

Das system- bzw. familientherapeutische Feld ist, was Wissen und Handwerkszeug anbelangt, derzeit vorwiegend dadurch bestimmt, daß eine Theorie- bzw. Technikmode der anderen folgt. Einmal entwickeltes Wissen wird nicht ausgebaut, sondern ständig entwertet. Auch wird im systemtherapeutischen Feld dem, was kategorial über Wissen und Handwerk steht, nämlich dem therapeutischen Habitus, nur wenig Aufmerksamkeit geschenkt, sofern man sich überhaupt einen Begriff davon gebildet hat.[26]

Ist es, wenn man in der Praxis erfolgreich sein will, egal, welcher philosophischen und wissenschaftlichen Entwürfe man sich bedient? Ein scharfsichtiger Beobachter des systemtherapeutischen Feldes, das sich derzeit in den aktuellen Varianten von Radikalem Konstruktivismus und Dekonstruktivismus präsentiert, kommt hinsichtlich dieser Frage zu folgendem Schluß:

> „Theorie und therapeutische Praxis sind gegeneinander völlig unterbestimmt. Die Praxis ist nicht die Praxis dieser Theorie. Die Theorie ist nicht die Theorie dieser Praxis. Die angeblich so kreativen therapeutischen Innovationen erweisen sich als derart vage, daß sie auch mit anderen Theorien, Ideologemen oder Mythen ‚begründbar' wären (und begründet werden!)" (Brühmann in Fischer und Schweitzer 1992: 78).

Im folgenden werden wir unseren Entwurf der theoretischen Grundlagen systemtherapeutischen Wissens und Handelns vorstellen. Wir wollen dabei möglichst den Fehler vermeiden, der darin besteht, sich auf die Suche nach der ganz neuen, besseren Theorie zu machen und als neuen

26 Hinzuzufügen wäre, daß die Teilnahme am modischen Tanz der Theorien und Techniken mehr öffentliche Anerkennung verspricht als das geduldige Bohren am dicken Brett systemischer Grundlagen.

großen Entwurf das *Ende der großen Entwürfe* (Fischer, Retzer und Schweitzer 1992) auszugeben. Unsere Alternative besteht darin, daß wir uns die „ewige Jugendlichkeit“ (Max Weber 1988[7]: 206) und damit die ständige Revisionsbedürftigkeit theoretischer Entwürfe stets bewußt machen. Wir überlassen den innerphilosophischen Diskurs denen, die dazu berufen sind: den Philosophen. Wir vergewissern uns statt dessen der theoretischen Grundlagen unseres therapeutischen Handelns und überprüfen unsere Praxis immer wieder aus unterschiedlichen theoretischen Perspektiven. Wir konzentrieren uns auf jene theoretischen Perspektiven, die in einem Verhältnis der Wahlverwandtschaft zu dem von uns als angemessen betrachteten therapeutischen Habitus stehen.

Zu den Wahlverwandtschaften unserer therapeutischen Praxis mit theoretischen Positionen

Systemisches Denken bestimmt seit vielen Jahren die familientherapeutische Praxis; auch wir haben ein „Ausbildungsinstitut für systemische Therapie und Beratung“ gegründet. Die Frage nach den Wahlverwandtschaften scheint damit vorab schon beantwortet: Es sind die systemtheoretischen Ansätze, die uns eine Verständigungsbasis im therapeutischen Feld bieten.

Der Schein trügt dann, wenn man den Begriff „System“ wörtlich nimmt, wenn man anstatt von Paaren, Familien etc. von „Systemen“ spricht. Für uns ist „System“ eine Metapher, die ein hohes Maß an Anschlußmöglichkeiten für die Verständigung mit Kollegen bietet, vor allem mit denen, die in Kontexten (v.a. Medizin und Psychologie) studiert haben und/oder dort arbeiten, die vom naturwissenschaftlichen Denken geprägt sind. Über den Begriff „System“ kann man Überlegungen gewissermaßen einschmuggeln, die aus geisteswissenschaftlichen Denktraditionen stammen. Ist die Brücke erst einmal geschlagen, wird dieser Begriff nach und nach entbehrlich.

Zunächst aber müssen wir einen Blick auf die Geschichte des systemischen Denkens in therapeutischen Handlungsfeldern werfen.[27] Die Übertragung von Erkenntnissen der Kybernetik (z. B. Wiener 1961) und

[27] Vgl. zum folgenden Welter-Enderlin 1988: 176–178.

der allgemeinen Systemtheorie (z. B. v. Bertalanffy 1968) auf die Humanwissenschaften wurde von Forschern und Psychotherapeuten (z. B. den Gruppen des Mental Research Institute in Palo Alto) in einer Zeit unternommen, als die Familie als Studienobjekt erneut entdeckt wurde. Es waren die Jahre nach dem Zweiten Weltkrieg, als die Männer in die Arbeitswelt und die Frauen ins Haus zurückkehrten, was nicht ohne Schwierigkeiten vonstatten ging, denn die Frauen hatten in den männerlosen Kriegsjahren ihre Handlungsspielräume ausgeweitet und waren vielerorts in Männerdomänen vorgedrungen. Dies sollte nun wieder rückgängig gemacht werden. Mythen von romantischer Liebe und heiler Familie, wie sie schon im 19. Jahrhundert die Rollenaufteilung zwischen Mann und Frau in instrumentelle und affektive Bereiche begleitet hatten, wurden neu belebt. Prinzipien der Kybernetik und der allgemeinen Systemtheorie wurden also auch in einem Kontext zunehmenden Interesses für „die" Familie auf menschliche Probleme übertragen (Bernal und Ysern 1986). Die Bezeichnung „Familientherapie" spiegelte diese Einengung wider. Der Begriff „systemische Therapie" wurde unseres Wissens erst eingeführt, als in den siebziger Jahren Forschern und Therapeuten klar wurde, wie wenig die Einschränkung des Bereichs auf die Familien der Komplexität menschlicher Probleme gerecht wurde bzw. wie sehr der alleinige Fokus auf „die" Familie die Sicht auf den soziokulturellen und politischen Kontext behinderte.

Desgleichen kann man aus der Geschichte erklären, warum es „den" Systembegriff nicht gibt. Wie Sluzki (1985) in einem Überblick, den wir im folgenden wiedergeben, über die Entwicklung von Kybernetik und allgemeiner Systemtheorie darstellt, ist diese in Sprüngen vor sich gegangen. Noch sprunghafter und entsprechend problematisch geschah die Übertragung systemischen Denkens auf die Humanwissenschaften und die Therapie. Verwirrung bei den Praktikern entstand aufgrund der Vermischung verschiedener Abstraktionsebenen, wie sie für die eingeführten Bereiche charakteristisch waren, sowie aus der meist ungeklärten Frage, ob die zahlreichen Begriffe aus den Naturwissenschaften in der ursprünglichen Bedeutung, die ihnen in Physik, Chemie und Biologie zukam, oder aber metaphorisch verwendet wurden.

Seit einiger Zeit zeichnet sich eine gewisse Polarisierung systemischer Theorien bzw. ihrer Übertragung auf die Praxis ab, die in den Begriffen „erste und zweite kybernetische Revolution" (Hoffman 1982) bzw. „Kybernetik erster und zweiter Ordnung" enthalten ist. Dabei wird automatisch impliziert, daß die Kybernetik zweiter Ordnung jene der ersten Ordnung überwunden habe und damit auch alle therapeutischen Handlungsmodelle, die auf ihr basierten, überholt oder „schlecht" seien. Sluzki gibt zu dieser Entwicklung die folgende Übersicht (Übersetzung von R. Welter-Enderlin):

Kybernetik 1. Ordnung (Kybernetik wird hier mit allgemeiner Systemtheorie gleichgesetzt)	– basiert auf der Annahme, das beobachtete System könnte vom Beobachter getrennt betrachtet werden: – eine erste „Welle" konzentriert sich auf die Frage, wie Systeme *aufrechterhalten* werden können (Homöostase); – eine zweite „Welle" konzentriert sich auf die Frage, wie Systeme ihre Organisation *ändern* (Morphogenese).
Kybernetik 2. Ordnung (die „neue" Kybernetik)	– schließt die Situation des Beobachters in der *Konstruktion* der beobachteten Wirklichkeit ein (und befaßt sich v. a. mit der Frage, wie Erkenntnis gewonnen wird).

In einem so jungen Fachgebiet wie der systemischen Therapie konnte es nicht ausbleiben, daß die skizzierte scheinbare Überwindung der ersten durch die zweite „kybernetische Revolution" zu gewissen Spaltungen führte, was durch die oft unpräzise Verwendung bestimmter Begriffe noch verschärft wurde. Solche Entwicklungen sind verständlich als Phänomene des Übergangs; sie dienen der Identitätsfindung von Praktikern in noch wenig erforschten Gebieten sowie der Machtgewinnung von Ausbildungsstätten, die sich mit ihrem „Modell" jeweils von anderen abzugrenzen versuchen. Zur Verwirrung der Praktiker trägt bei, daß der Begriff „systemisch" in allen Modellen gebraucht wird, die in den letzten Jahren entwickelt wurden, manchmal exklusiv, manchmal in Verbindung mit vorher in diesen Institutionen praktizierten Therapieformen. Die Gefahr, daß „systemisch" als modisches Etikett gebraucht wird, ist nicht zu übersehen. Einerseits nennen sich solche Praktiker und Forscher „systemorientiert“, welche insbesondere Prozesse der Aufrechterhaltung und des Wandels in der Organisation menschlicher Probleme beschreiben. Andere beanspruchen dasselbe Etikett, die sich zunehmend dem Kognitivismus oder Radikalen Konstruktivismus und damit der Frage zuwenden, *wie* Erkenntnis gewonnen und Wirklichkeit beschrieben wird. Darüber hinaus könnte man vereinfachend vielleicht auch sagen, daß letztere sich weniger um die Prozesse kümmern, die ein menschliches System organisieren, als um die Inhalte, die diese Prozesse stimulieren.

Als neueste „Entwicklung“ ist nun, wie bereits erwähnt, der Dekonstruktivismus hinzugekommen. In der philosophischen Diskussion bezeichnet man damit „ein Niederreißen des Mauerwerks abendländischen Geistes nicht in der Absicht, es zu zerstören, sondern die Baupläne desselben freizulegen und angesichts seiner Krise eventuell neu und anders wieder aufzubauen“ (Frank 1986: 8). Diese philosophische Strömung fand auch Eingang in die systemtherapeutische Theoriediskussion; inzwischen ist schon von „Therapie als Dekonstruktion“ (White 1992) die Rede. Dies zeigt, daß Therapeuten in unserem Feld eine Tendenz haben, von der Abstraktionsebene der Begriffe des Erkennens und Beschreibens sofort auf die Handlungsebene zu springen und damit die kategorialen Ebenen zu vermischen.

Wir beenden an dieser Stelle unseren Überblick über die unendliche Geschichte des Bemühens, therapeutischem Handeln eine angemessene systemtheoretische Grundlage zu geben, und kommen zu unserer eigenen Position. Hier steht nicht eine Theorie, sondern die Professionalität therapeutischen Handelns als Ort der Vermittlung von Theorie und Praxis, von Allgemeinem und Besonderem im Vordergrund.

Es sind folgende Aspekte, die unter dem Dach einer „systemischen Therapie“ vereinigt werden können und die auch unser Verständnis therapeutischen Handelns bestimmen:

1. Das Klientensystem, das Therapeutensystem, der gemeinsame Kontext und die Begegnung zwischen Klienten und Therapeuten sind die wesentlichen Komponenten eines therapeutischen Systems.

2. Im therapeutischen Prozeß wird die jeweilige Welt von Individuen bzw. ihren Familien (d. h. Beziehungs-, Deutungs- und Interaktionsmuster) mit diesen gemeinsam rekonstruiert (Bezug zur Vergangenheit) und neu konstruiert (Bezug zur Zukunft). Dies bedingt eine Abkehr von

der Verdinglichung des Konstrukts „Familie“ oder „Familiensystem“ – Familie ist, was die Klienten für Familie halten.[28]

3. Menschliche Probleme drängen dazu, versprachlicht zu werden. Sie gewinnen beispielsweise in Geschichten anschauliche Gestalt. Aufgabe der Therapeutin bzw. des Therapeuten ist es, im Gespräch Sinn- und Handlungsspielräume zu erweitern und zu differenzieren. Dies geschieht a) durch die Verständigung über mögliche Bedeutungen von Symptomen als Code für Anliegen, die bisher anders nicht ausgedrückt werden konnten, b) durch das Angebot alternativer Sichtweisen von Problemen, c) durch konkrete Schritte, also Verhaltensveränderungen im Alltag auf der Grundlage von Versuch und Irrtum. Ziel dieser gemeinsamen Entwicklung von Klienten und Therapeuten ist es, jene Beschreibung des Problems zu finden, die neue Freiräume des Erkennens und Handelns eröffnet. Dazu gehört auf seiten des Therapeuten das Beherrschen der verbalen und der nonverbalen Sprache.

4. Die Therapeutin nimmt aktiv am therapeutischen Prozeß teil und ist nicht außenstehende Expertin. Als professionell Handelnde ist sie in besonderem Maße für den therapeutischen Prozeß verantwortlich, indem sie ihn einer kontinuierlichen Reflexion unterzieht. Therapeutische Annahmen über die Probleme der Klienten stellen Hypothesen dar, die sich so lange als nützlich erweisen, bis vielleicht eine adäquatere Alternative erarbeitet worden ist. Eine skeptische Haltung gegenüber allen Theorien und Ablehnung jeglichen missionarischen Eifers sind die Voraussetzung dafür.

5. Das Bild des Menschen als selbstverantwortlich Handelnder, der seine Umwelt gestalten kann (wenn auch der Grad der Freiheit bei dem einzelnen Menschen sehr unterschiedlich ist), führt zu einem Therapiemodell, bei dem die am therapeutischen Prozeß Beteiligten als aktive Mitspieler gleichermaßen und in gleicher Verantwortung den Therapieprozeß bestimmen. Therapieanliegen und Erwartungen beider Seiten werden offen besprochen. Dies gilt auch für die Erwartungen von Dritten, z. B. Überweisern, sowie für den organisatorischen Kontext von Therapie. Diese Haltung entspricht einer demokratischen Utopie vom menschlichen Zusammenleben, die uns nicht nur als Therapeuten, sondern auch als verantwortliche Bürger in dieser Gesellschaft leitet. Sie

[28] Vgl. das Thomas-Axiom: Wenn Menschen eine Situation als real definieren, dann ist sie real in ihren Konsequenzen (W. I. Thomas 1965).

bewahrt uns davor, Therapie als Kontrollinstanz im Dienste therapiefremder Interessen zu mißbrauchen.

6. Wenn differenziertes Fallverstehen und die Entwicklung neuer Möglichkeiten eng miteinander verbunden sind, liegt der Fokus mehr auf den Ressourcen als auf den Defiziten der Lebenspraxis. Daraus resultiert auch eine spezifische Distanz zur herkömmlichen medizinischen und psychologischen Diagnostik. Unsere Ressourcenorientierung schließt immer auch solche Möglichkeiten der Unterstützung ein, die außerhalb vom einzelnen und der Familie liegen (Nachbarschaftshilfe, Ressourcen der Region etc.).

Anhand dieser für uns zentralen Aussagen werden wissenschaftlich und philosophisch Kundige rasch feststellen, daß hier unter der Überschrift „systemisch“ Aspekte zusammengefaßt werden, die auch unter Begriffen anderer wissenschaftlicher und philosophischer Provenienz subsumiert werden könnten. Auch hier wird deutlich, wie wenig trennscharf der Systembegriff heute gebraucht wird:

- Die historisch-biographische Herangehensweise ist für die anthropologische Medizin (im Sinne Viktor v. Weizsäckers) wie auch für die Daseinsanalyse (Binswanger, Blankenburg) zentral.
- Die Betonung von Familienwelten als Sinnwelten und die Auffassung, daß die Wirklichkeit dieser Welten gemeinsam von den Beteiligten konstruiert wird, ist ein Kennzeichen einer Soziologie, die von der Phänomenologie Husserls geprägt ist (Schütz 1960², 1971a, Berger und Luckmann 1970, Grathoff 1989).
- Daß menschliche Systeme strukturiert sind und ihre Struktur eine dynamische ist, indem sie durch Prozesse der Reproduktion und Transformation erzeugt wird, lehrt der französische Strukturalismus im Umfeld von Lévi-Strauss. Vergleichbare Ideen finden wir in der Gestaltpsychologie (Köhler, Koffka) sowie in Positionen, die Phänomenologie, Gestaltpsychologie und Strukturalismus verbinden (Merleau-Ponty) und die deutlich machen, daß es beim Verstehen menschlichen Handelns nicht lediglich um das „Was“, sondern vor allem um das „Wie“ seiner Organisationsweise geht.
- Die Wirklichkeit von ihren Möglichkeiten her zu begreifen ist eine Forderung, die sich in der Philosophie u. a. bei Kierkegaard findet, der sagt, daß das Wirkliche erst dann verstanden wird, wenn seine Möglichkeiten verstanden worden sind (Kierkegaard 1994³: 26). Diese Auffassung bestimmt sowohl in den Geschichtswissenschaften als

auch in der an Max Weber orientierten Soziologie die Methodik. Und im *Mann ohne Eigenschaften* überschreibt Musil ein Kapitel mit „Wo es Wirklichkeitssinn gibt, muß es auch Möglichkeitssinn geben". Er weist damit die Richtung, die es einzuschlagen gilt: Das Wirkliche ist nicht wichtiger zu nehmen als das Mögliche.

- Daß menschliches Handeln prozessual organisiert ist und daß dies auch für therapeutisches Handeln gilt, lehrt der amerikanische Pragmatismus und dessen sozialwissenschaftliche Variante, der Symbolische Interaktionismus (G. H. Mead, A. Strauss).

All diese Positionen haben – und damit sollen ihre Unterschiede nicht verharmlost werden – eines gemeinsam: Sie verbindet ein Menschenbild, das so zusammengefaßt werden kann:

> „Verantwortung für die eigene Wirklichkeitskonstruktion und Toleranz für Wirklichkeitskonstruktionen des anderen sind die Pole, die der Vorstellung des unbegrenzt Machbaren einerseits und der Idee des den Umständen Ausgeliefert-Seins andererseits Grenzen setzen und den Raum eigenständigen Handelns für das Individuum definieren" (Rotthaus 1989: 13).

II
Therapeutisches Handeln in der Praxis: Der Verlauf der Therapie der Familie Brenner

In diesem Teil werden wir exemplarisch den Verlauf einer Familien- und Paartherapie vorstellen. Wir werden diese Darstellung schrittweise entfalten, um so den Leserinnen und Lesern die Möglichkeit zu geben, den Therapieprozeß selbst nachzuvollziehen und mit den theoretischen Prinzipien aus Kapitel I zu verbinden.

1. Das erste Familiengespräch: Die Eröffnung eines Prozesses von Fallverstehen in der Begegnung

Der Darstellung des ersten Familiengesprächs mitsamt seinem institutionellen Umfeld werden wir einen breiten Raum widmen. Dies ist erforderlich, weil im ersten Familiengespräch entscheidende Prozesse des Fallverstehens in Gang gesetzt werden, die dem weiteren Therapieverlauf die Richtung geben. Es wird sich zeigen, wie im Fallverstehen die entscheidenden Themen, die die Familie und damit auch die therapeutische Arbeit mit der Familie bestimmen, sich allmählich herausbilden und konkretisieren. Dieser Prozeß wird durch drei wesentliche Faktoren befördert: durch die Praxiserfahrung und Beziehungsbereitschaft der Therapeutin sowie durch ihren Rückgriff auf ein breites Repertoire theoretischen Wissens. Begegnungsachse und Wissensachse wirken also kontinuierlich zusammen.

Die Herausforderung bei der Darstellung eines solchen Prozesses besteht darin, daß das, was sich in der Rückschau als abgeschlossene Handlung zeigt, im Handeln selbst eine offene Suchbewegung ist. Erst im nachhinein läßt sich begründen, warum sich eine Intervention als vernünftig erwiesen hat. Wir werden im folgenden versuchen, beide Perspektiven zu repräsentieren, den Suchprozeß und die Wirksamkeit der daraus abgeleiteten Interventionen.

Eine Vorbemerkung scheint uns wichtig. In unseren Weiterbildungskursen haben wir die Erfahrung gemacht, daß Lernende gut beraten sind, wenn sie sich zunächst der Entwicklung ihrer persönlichen Fähigkeiten als Therapeutinnen und Therapeuten widmen und erst dann die Themen und Fallstrukturen entdecken lernen, die ein Klientensystem bestimmen. Bezogen auf unser Konzept des Fallverstehens in der Begegnung, heißt dies, daß die Lernenden zunächst das Schwergewicht auf die Art und Weise legen, wie sie als Person in einem Therapieprozeß ihren

Klientinnen und Klienten affektiv begegnen, um sich dann der rationalen Seite des Fallverstehens in Verbindung mit entsprechenden Fragetechniken zuzuwenden.

Wir werden zunächst den Überweisungskontext betrachten, dann die Aufnahmephase mit der vorläufigen Hypothesenbildung darstellen und den weiteren Verlauf des Familiengesprächs skizzieren. Dem folgen eine detaillierte Betrachtung der Abschlußintervention im ersten Familiengespräch sowie die Analyse des Genogramms der Familie, die im Zentrum steht und die wir Familie Brenner nennen.* Die in den unterschiedlichen Phasen des ersten Familiengesprächs entwickelten und immer wieder überprüften Hypothesen werden wir abschließend zusammenfassend als die unseres Erachtens zentralen Aspekte in der Therapie der Familie Brenner präsentieren.

Überweisungskontext

Magdalena Brenner ruft Anfang Mai 1990 in der Praxis von Rosmarie Welter-Enderlin an und fragt nach einem Termin für eine Familientherapie. Sie teilt mit, daß ihr Bruder Paul einen Suizidversuch gemacht und seine Psychiaterin ihm eine Familientherapie bei Rosmarie Welter-Enderlin empfohlen habe. Es wird ein Gesprächstermin am 27. 5. 90 vereinbart. Zur Familie ist zu erfahren, daß es sich um eine Bauernfamilie mit acht Kindern handelt, die in einiger Entfernung von Zürich lebt.

Bereits hier sei der äußere Rahmen der Therapie in den ersten neun Gesprächen genannt: Weil es sich bei der Familie Brenner um eine Bauernfamilie mit deren typischen Problemen handelt, lädt Rosmarie Welter-Enderlin ihren Kollegen Bruno Hildenbrand ein, mit seinen Kenntnissen über Probleme bäuerlicher Familien im Modernisierungsprozeß die Therapie hinter dem Einwegspiegel zu begleiten. Vor dem ersten Familiengespräch wurde die Familie hierzu um Erlaubnis gebeten, und Bruno Hildenbrand wurde den anwesenden Familienmitgliedern vorgestellt. Aus der zunächst einmaligen Einladung an Bruno Hildenbrand ergab sich dann seine kontinuierliche Begleitung des Prozesses. Als es

* Alle Namen von Personen und Ortschaften wurden abgeändert.

um konkrete Entscheidungen für die Hofübergabe ging, wurde ein weiterer Experte, Dr. Karl Friedrich Bohler von der Universität Frankfurt a. M., hinzugezogen. Die Mitarbeit von Bruno Hildenbrand endete, als die Familientherapie überging in eine Einzel- und Paartherapie bei einer Tochter der Familie Brenner und ihrem Partner.

Anhand der Anfrage zu einer Familientherapie können erste Annahmen gemacht werden (Selvini Palazzoli u. a. 1981). Damit wird der therapeutische Prozeß bereits in Gang gesetzt, bevor die Therapeutin die Familie überhaupt gesehen und gesprochen hat. Die bisher erhaltenen Informationen geben zu folgenden Überlegungen Anlaß:

Zunächst fällt die geographische und die Milieudifferenz auf. Wenn die Familie in einen Ort am rechten Ufer des Zürichsees zur Therapie reist (es wird ihr bekannt sein, daß man diese Reise nicht nur einmal wird machen müssen), dann hat sie hin und zurück mit dem Auto eine ca. fünfstündige Reise vor sich, mit dem Zug dürften es sechs Stunden sein. Dies bedeutet, zumal für eine Bauernfamilie, die sich in ihrer alltäglichen Zeitstrukturierung an den natürlichen Rhythmen des Bauernhofs orientieren muß und damit zeitlich eingeschränkt ist, daß sie bereit ist, erhebliche Belastungen auf sich zu nehmen. Je mehr Belastungen eine Familie auf sich zu nehmen bereit ist, um eine Therapie zu machen, desto größer muß der Problemdruck sein. Anders formuliert: Wenn diese Familie (bzw. zunächst einmal nur Magdalena, wir wissen ja nicht, wie weit sie ihr Vorgehen mit den Angehörigen abgesprochen hat) bereit ist, diese Strecke auf sich zu nehmen, dann muß ein gewaltiger Problemdruck auf ihr lasten.

Diese Vermutung wird erhärtet, wenn wir uns die Milieudifferenz zwischen ländlicher Familie und einem städtischen Problemlösungsmuster (Familientherapie) vor Augen führen. Bei der betreffenden Familie muß es sich um eine noch sehr traditionale Familie handeln, dies zeigt die angegebene Zahl von acht Kindern. Acht Kinder können wir heute nur in Familien erwarten, die sich entweder bewußt für eine Großfamiliensituation entscheiden, wobei eine solche traditionale Rückwendung bereits reflexiv gebrochen ist. Ansonsten finden wir eine vergleichbare Kinderzahl in Familienmilieus mit einem niedrigen Niveau der Lebensplanung und Lebensgestaltung, also in Unterschichtfamilien oder eben in ländlichen, auf die traditionale Haltung des „Es wird schon gehen" bauenden Familien. „Moderne" Bauernfamilien haben sich bei der Kinderzahl längst an städtische Familien angeglichen, zwei bis drei Kinder sind dann die Regel. Je traditionaler aber eine Familie ist, desto traditionaler sind ihre Problemlösungsmuster. Therapie, zumal Familientherapie, stellt ein modernes Problemlösungsmuster dar. Sie ist entstanden in einer historischen Epoche, in der alltägliche Problemlösungsmuster (im Verwandtschaftsmilieu, durch den Hausarzt, den Pfarrer) aufgrund der Auflösung traditionaler Milieus sukzessive fragwürdig wurden oder einfach von der Bildfläche verschwanden.

Was sagt dies über die anrufende Person Magdalena aus? Magdalena ist entweder von der Familie ausersehen, den Kontakt zur fremden Welt herzustellen, oder sie hat sich selbst zur Mittlerin gemacht. Magdalena muß demnach eine Person sein, die zwischen der bäuerlich-traditionalen Welt ihrer Familie und der modernen Welt steht, in der „eine Therapie machen" eher dazugehört. Sie ist andererseits wohl nicht so weit von der Familie abgelöst, um sich nicht mehr um deren Situation kümmern zu wollen. Denn erinnern wir uns: Magdalena fragt nicht nach einer Einzeltherapie für ihren Bruder Paul, sie fragt nach einer Familientherapie.

Nun könnte man einwenden, daß Magdalena möglicherweise von jemand anderem beauftragt wurde, daß vielleicht der Hausarzt ihr die Idee eingegeben hat, eine Familientherapie einzuleiten. Dieser Einwand ändert aber nichts daran, daß Magdalena diesen Schritt unternommen hat – sie hätte sich ja auch weigern können. Magdalena scheint also die Person in der Familie zu sein, die Verantwortung nach außen übernimmt, die eine Brücke zwischen Familie und außerfamilialer (in diesem Fall therapeutischer) Welt darstellt.

Dies läßt Vermutungen über die Beziehung zwischen Magdalena und ihrem suizidalen Bruder sowie über die Geschwisterkonstellation insgesamt zu. Im traditionalen bäuerlichen Familienmilieu übernehmen, zumal bei größeren Kinderzahlen, die älteren Geschwister Verantwortung für die jüngeren. Die Sozialisation findet zu einem beachtlichen Teil im Geschwistermilieu statt, während die Eltern durch die Verantwortung für den Hof gebunden sind. Magdalena wird älter sein als ihr Bruder, sie könnte ihr fürsorgliches Verhalten aus früherer Zeit auch noch in einer Zeit beibehalten haben, in der beide schon erwachsen und erwartungsgemäß von der Familie abgelöst sind.

Hinsichtlich der Stellung von Magdalena in der Geschwisterreihe vermuten wir, daß sie älter als ihr Bruder, aber nicht die älteste Tochter ist. Grund für diese Hypothese ist, daß sie als älteste Tochter wahrscheinlich zu stark an ihre Herkunft gebunden wäre, um die Aufgabe zu übernehmen, zwischen der Familie und der Welt außerhalb der Familie zu vermitteln. Als älteste Tochter hätte sie vermutlich schon früh der Mutter zur Hand gehen müssen, und wenn sie heiratet, dann in ihrem vertrauten Milieu – also zum Beispiel einen Bauernsohn. Als zweitälteste oder drittälteste Tochter jedoch nimmt sie vermutlich eine Zwischen- oder Windschattenstellung ein.[1] Sie hat die Möglichkeit, sich weniger belastet durch elterliche Aufträge nach außen zu orientieren. Dies disponiert sie zur Brückenfunktion.

Nun machen wir uns Gedanken über die Art des Auftrags, den Magdalena hier übernommen hat. Sie erbittet wegen ihres suizidalen Bruders eine Familientherapie. Dies setzt eine Akzeptanz des Bildes von psychosozialen Problemen bei ihr voraus, demzufolge die Suizidalität kein individuelles Problem ihres Bruders ist, sondern die gesamte Familie angeht. Das wäre ein recht modernes Konzept, zumindest aber eine spezifische, nicht gerade landläufige Vorstellung von persönlichen Problemen. Hat sie selbst die Initiative ergriffen, oder hat sie ihren Vorstoß bei Rosmarie Welter-Enderlin im Auftrag von Geschwistern oder Eltern oder dem Familienrat übernommen? Eine andere Möglichkeit wäre, daß die Suizidalität des Bruders der Tropfen ist, der das Faß zum Überlaufen bringt, daß also eine umfassende Familienproblematik vorliegt. Dann wissen wir aber immer noch nicht, wie breit der Konsens hinsichtlich Familientherapie bei der Familie ist. Teilt die Familie die Vorstellung von Magdalena, daß es sich um ein Familienproblem handelt, das es gemeinsam zu lösen gilt? Wir können davon ausgehen, daß zumindest ein Teil der Familie den Vorstoß von Magdalena unterstützt, ansonsten hätte sie sich mit der Anmeldung auf ein riskantes Unternehmen eingelassen: Sie hätte einen Termin für ein Familiengespräch vereinbart, ohne daß die dafür nötigen Personen zur Verfügung stehen. Wir können also davon ausgehen, daß zumindest ein Teil der Familie bereit ist, in ein therapeutisches Gespräch über Pauls Problematik im Familienrahmen einzutreten.

Fassen wir zusammen: Die Interpretation der Anmeldeinformationen hat drei vorläufige Hypothesen hinsichtlich dieser Familie erzeugt:

1. Die Familie, die durch eines ihrer erwachsenen Kinder zum Familiengespräch angemeldet wird, steht unter einem erheblichen Problemdruck, der sie veranlaßt, geographische und Milieugrenzen zu überwinden.

[1] Vgl. hierzu Toman 1991[5]

2. Die anmeldende Tochter Magdalena nimmt eine Brückenfunktion zwischen Familie und außerfamilialer Welt ein. Sie steht vermutlich zwischen Familie und Außenwelt, ist abgelöst, aber auch noch mit der Familie verbunden, indem sie sich für diese einsetzt. Gegenüber Paul hat sie eine behütende Funktion, ein mögliches Resultat der Geschwistersozialisation im traditionalen bäuerlichen Familienmilieu.

3. Zumindest bei einem Teil der Familie besteht die Bereitschaft, Pauls Problem als Familienproblem zu sehen.

In der systemischen Praxis ist das Formulieren solcher vorläufiger Überlegungen von Anfang an sehr hilfreich. Es hindert einen daran, von der Fülle der Eindrücke überwältigt, einer Familie gegenüberzusitzen und in den Strudel der Familiendynamik hineingezogen zu werden. Es ermöglicht professionelle Distanz und in der Distanz die persönliche Nähe, da man sich, hypothesengeleitet fragend, jedem Familienmitglied zuwenden und gleichzeitig aufmerksam die durch Fragen angestoßenen Interaktionsmuster unter den Anwesenden beobachten kann. Dabei sind wir ständig bereit, unsere Annahmen zu verwerfen, wenn sie sich nicht bestätigen.

Aufnahmephase

Am ersten Familiengespräch nehmen teil: Franz (30 J.), der älteste Sohn der Familie Brenner, sowie seine Frau Lisa (26 J.), Paul (25 J.), Magdalena (28 J.), Cécile (27 J.) und Rita (22 J.).

Diese Familienzusammensetzung im ersten Therapiegespräch wird uns als erstes beschäftigen. Die Abwesenheit der Eltern läßt die vorläufige Frage zu, wer an der Therapie interessiert ist. Es sind offenbar die Kinder, denen vor allem an der Veränderung der problematischen Situation der Familie liegt. Nun könnte man fragen, ob die Eltern fehlen, weil der Hof und vor allem die Tiere dort versorgt werden müssen. Diese Option würde sie aus der Gruppe der an Veränderung Interessierten nicht ausschließen. Möglicherweise ist aber nur ein Elternteil gegen das therapeutische Vorhaben eingestellt, das andere schließt sich ihm aus Loyalität an. Auch könnte die Familie in sich zerstritten sein, und die abwesenden Familienmitglieder formieren die „Gegenfraktion". Möglicherweise ist die Reise nach Meilen auch hinter dem Rücken der Eltern durchgeführt worden.

An diese Fragen lassen sich zwei Überlegungen anschließen. Die erste besagt, daß der anwesende Teil die Familie beim Familiengespräch vertritt, während der abwesende Teil die Hofkontinuität aufrechterhält. Dies wäre die „Arbeitsteilungshypothese". Die zweite Hypothese besagt, daß sich in der Zusammensetzung von Anwesenden und Abwesenden eine Familienspaltung reproduziert.

Betrachten wir nun die anderen abwesenden Personen. Kathrin, die älteste Tochter, fehlt. Bei ihr hatten wir aber bei der Interpretation der Anmeldeprozedur die größte Nähe zum Hof vermutet. Wenn sie nun fehlt, dann kann dies bedeuten, daß sie selbst als Bäuerin gebunden ist, daß sie die Eltern auf dem eigenen Hof unterstützt, oder aber: Die Ablösung von der Familie ist ihr so schwergefallen, daß diese nur durch einen radikalen Bruch mit der Familie zustande kommen konnte. Dann hätten wir es mit einer Familie zu tun, aus der die Ablösung schwierig ist. René, der Jüngste, fehlt ebenfalls. Eine Vermutung könnte sein, daß ihm als Jüngstem größere Handlungsspielräume beim Verfolgen eigener Interessen zugestanden werden und ihm eine Mitverantwortung für das weitere Geschick der Familie als Ganzes nicht zugemutet wird. Bleibt Toni. Hier greifen wir der Einfachheit halber kurz vor: Toni ist im 18. Lebensjahr mit dem Traktor umgestürzt und dabei ums Leben gekommen.

Die anwesenden Familienmitglieder[2] nehmen wie folgt Platz: Franz und Lisa setzen sich auf das Sofa, das den Raum beherrscht. Magdalena sitzt auf dem Stuhl links neben Lisa, Paul sitzt auf dem Stuhl rechts neben Franz. Neben Paul sitzt Cécile, dann kommt Rita, dann die Familientherapeutin, die damit zwischen Rita und Magdalena sitzt.

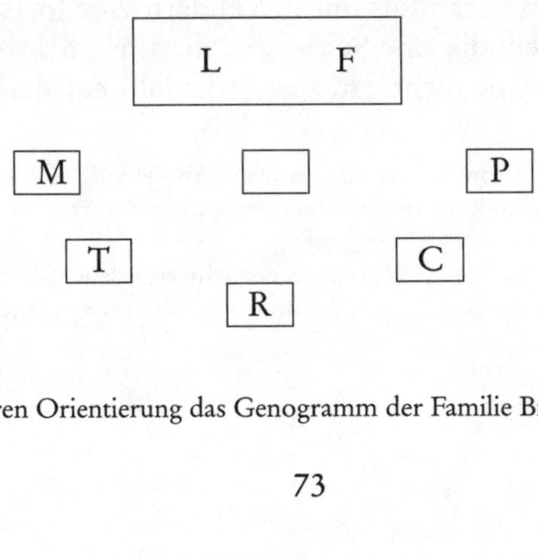

[2] Vgl. zur besseren Orientierung das Genogramm der Familie Brenner auf S. 103.

Franz und Lisa, so vermuten wir, präsentieren sich auf dem Sofa als das Paar, das das traditionale Hofzentrum bildet und damit die Familientradition fortsetzt. (Wir haben später diese Hypothese getestet, indem wir Teilnehmerinnen und Teilnehmer aus unserem Ausbildungskurs fragten, wo Franz und Lisa Platz nehmen müßten, um den Eindruck zu vermitteln, sie definierten sich als die künftigen Familienoberhäupter. Immer wurde das Sofa als der passende Platz genannt.) Künftiges Bauernpaar also auf dem Sofa, jetziges nicht anwesend. Wir haben es vermutlich mit einer Familie im Generationenwechsel zu tun und damit auch mit der Notwendigkeit der Klärung von Machtfragen. Paul sitzt nächst der dominanten Männerseite auf dem Hof, Magdalena nächst der dominanten Frauenseite. Beide können wir als „Veränderungsunterstützer" vermuten, während die beiden Geschwister Cécile und Rita vermutlich eher die Rolle von Statisten spielen.[3] Hier ergeben sich im übrigen interessante Parallelen zur Sitzordnung am Eßtisch auf traditionalen Bauernhöfen, die die jeweilige Machtstruktur widerspiegelt (vgl. Hildenbrand u. a. 1992: 164f.).

Der Anfang des Familiengesprächs nimmt folgenden Verlauf[4]:

Welter: Wie kommt es, daß Sie sich für eine Familientherapie angemeldet haben?

Magdalena: Ja, durch Paul, er war in einer Therapie und da ist er nach Hause gekommen und hat gesagt, der Vorschlag wäre, jetzt eine Familientherapie zu machen, weil das vielleicht etwas bringe. Und da hab ich gedacht: Doch, probieren wir das einmal.

Welter: Also haben Sie das übernommen?

Magdalena nickt.

Welter: Und im Einverständnis mit den andern Geschwistern?

Magdalena: Zum Teil, die eine Schwester, die ältere Schwester, Kathrin, ich weiß nicht, ob sie nicht dafür ist, jedenfalls hat sie sich nicht groß

---

[3] Dies wußten wir aber schon aus der telefonischen Anmeldung, bei der Magdalena, wie erinnerlich, nebenbei erwähnte, daß es in der Familie zur Zeit auch um die Hofübergabe gehe.

[4] Bei den hier abgedruckten Verschriftungen der in Schweizerdeutsch geführten Gespräche orientieren wir uns an der Schriftsprache. Sonderzeichen verwenden wir sehr sparsam, es handelt sich um folgende:
... Pause
-- rascher Wortwechsel

dazu geäußert. Sie hat gesagt, sie könne heute nicht kommen, aber eben, sie hat sich auch nicht groß dazu geäußert. Aber ich nehme an, das Interesse ist nicht sehr groß.

Welter: Sie haben aber mit ihr darüber gesprochen?

Magdalena: Ja, also, Mama hat das gemacht.

Welter: Also nicht Sie direkt?

Magdalena: Nein.

Welter: Und wo kommt denn diese Schwester in der Reihenfolge?

Franz: Nach mir, zwischen uns *(zeigt auf Magdalena).*

Welter: Können Sie mir doch noch sagen, wie sie heißt?

Magdalena: Kathrin. Geboren ist sie am 29. 4. 61.

Welter: Und wo lebt sie?

Magdalena: In D.

Welter: Auch verheiratet?

Magdalena: Ja.

Kurze Pause

Welter: Hat jemand Kinder?

Cécile: Ja, ich zwei, und Lisa eines.

Lisa nickt: Ja einen Sohn.

Welter: Ah – Sie haben einen Sohn – den Sie schon in die Ehe gebracht haben? Oder ist er jetzt gemacht worden?

Lachen allerseits.

Lisa: Ja.

Lachen allerseits.

Welter: Ja, das gibt es. Und wie alt ist Ihr Sohn?

Lisa: Ja, drei Monate und etwa zehn Tage.

Franz: Ja, etwa so.

Welter: Und wer schaut jetzt zu ihm?

Lisa: Die Mutter.

Franz und Magdalena lächeln dazu.

Welter: Wohnen Sie auf dem Hof wie die Eltern?

Franz: Ja.

Welter: Und dann ist es nicht kompliziert, den Jungen da zu lassen?

Franz und Lisa beginnen gleichzeitig zu sprechen.

Franz setzt sich durch: Nein, nein, im Moment ist er bei Lisas Eltern.

Lisa: Ja ja, das ist kein Problem. Also meine Eltern schauen zu ihm Montag und Dienstag und dann bringen sie ihn rüber.

Welter: Montag und Dienstag hüten also Ihre Eltern und den Rest der Woche hüten die Eltern von Franz?
Franz: Ja.
Welter: Oder ist es die Mutter? Hütet der Vater auch?
Lisa und Franz lachen.
Welter: Und wie heißt er?
Franz: Curdin.
Welter: Curdin?
Franz: Ja.
Welter: Ein schöner Name.
Franz: Ja, uns hat er auch gefallen.
Welter: Wie seid Ihr darauf gekommen?
Franz: Ja, das ist ein romanischer Name. Das gefällt uns einfach.
Welter: Schön, schön. Und geht es ihm gut?
Franz: Doch, doch.
Welter: Das ist jetzt also der erste Enkel.
Lisa und Franz weisen auf Cécile.
Cécile: Wir haben auch zwei, und Kathrin, die Schwester, hat auch ein Kind.
Welter: Ah ja, und wie alt ist es?
Cécile: Wie alt ist es?
Magdalena und Rita zusammen: Eineinhalbjährig.
Welter: Ein Junge oder ein Mädchen?
Cécile: Ein Mädchen, sie heißt Bellinda.
Pause.
Welter: Und wer kommt jetzt? Ich gehe jetzt einfach der Reihenfolge nach. Dann kommen Sie jetzt.
Cécile: Ja, dann bin ich dran. Ich heiße Lanz, getauft bin ich Cécile.
Welter Und wie nennt man Sie?
Cécile: Ceci.
Alle lachen.
Welter: Ceci? Und wann sind Sie geboren?
Cécile: Am 18. 8. 63.
Welter: Ja, da hat Ihre Mutter also jedes Jahr ... 60, 61, 62, 63.
Cécile: Ja, die ersten vier hat sie so bekommen.
Welter: Und seit wann sind Sie verheiratet?
Cécile: Seit 87.
Welter: Und Sie haben auch ein Kind?

Cécile: Zwei. Florian ist zweijährig geworden im Februar, und Natascha ist am 22. 12. 89 zur Welt gekommen.
Welter: Und ist jetzt also ein halbes Jahr alt. Und wo wohnen Sie?
Cécile: In R. *(Sie erklärt die genauere Lage.)*
Welter: Da muß ich mal auf der Landkarte schauen. Wir kommen nur ganz selten in das Rheintal und wenn, an andere Orte. Und was haben Sie gelernt?
Cécile: Kosmetikerin.

Pause

Welter: Also da wären schon vier Enkel. Sonst noch einer?

Gelächter, verschiedene Kommentare, unverständlich

Rita: Ja und Kathi.
Cécile: Ah ja, Kathrin ist auch schon wieder schwanger.
Welter: Sehen Sie, ich hab geahnt, daß da noch was ist.

Gelächter

Welter: Ja, und wer ist jetzt dran?

Kurze Pause

Welter: Paul?
Paul: Ja, ich.
Welter: Und wann haben Sie Geburtstag?
Paul: Am 14. 11. 65.
Welter: 65, da hat es einmal einen Sprung gegeben. Fast zwei Jahre.
Magdalena: Da kommt noch Toni dazwischen.

Die anderen protestieren.

Cécile: Nein, der kommt erst nach Paul.
Magdalena: Ach ja, stimmt.
Welter: Toni ist ...
Magdalena: Er ist gestorben. Er kommt eben nach Paul.
Franz: Ja, er hat einen Unfall gehabt.

Typisch für das Meilener Konzept ist, daß die Therapeutin sich zuerst über den Überweisungsmodus und die entsprechenden Anliegen bzw. Vorbehalte informiert. Es fällt auf, daß Paul nach drei Sitzungen einer ambulanten Einzeltherapie bereits den Vorschlag zu einer „ablösungsorientierten Familientherapie“ erhielt, in der Familie aber erst Bewegung nach seinem ernsthaften Suizidversuch entstand. Bei seinem anschließenden Aufenthalt in der stationären Psychiatrie wurde sein Problem ebenfalls als „noch nicht erfolgte Ablösung von der Familie“ definiert und eine Familientherapie vorgeschlagen[5]. Symptomatisch für die Familienstruktur Brenner scheint, daß Pauls ältere Schwester Magdalena, die von Beruf Schwesternhelferin ist und offenbar als „Familien-Krankenschwester" fungiert, die Initiative zur Anmeldung übernommen hat.

Es gibt einen interessanten Diskussionsbeitrag von Mara Selvini (1983) über die Bedeutung der Therapieanmeldung durch Geschwister. Die Autorin lehnt an das Konzept des Co-Alkoholismus an, indem sie die anmeldenden Geschwister als „mindestens ebenso krank wie der identifizierte Patient" beschreibt. Geschwister würden durch die Anmeldung zur Familientherapie verdeckte Hilfe für sich selbst suchen, ohne aber ihre hohe hierarchische Position als „Helfer" aufgeben zu wollen, heißt es bei der Autorin. Darin bestehe die „Falle" für Therapeuten, wenn diese ein solches Manöver nicht durchschauten. Im Kontext des Meilener Konzepts sind solche Überlegungen nur dann nützlich, wenn sie zu Hypothesen Anlaß geben und nicht apodiktisch aufgefaßt werden. Natürlich beschäftigte uns schon in der ersten Stunde die Helferrolle von Magdalena – aber nicht so sehr im Sinn ihrer „heimlichen Macht", sondern ihrer Ohnmacht. Wir behielten aber dieses Thema (Magdalena als hilflose Familienhelferin) im Hinterkopf, bis Magdalena es selbst als ihr Problem äußerte, nämlich im letzten, dem neunten Familiengespräch, das für sie der Anlaß wurde zu anschließenden Einzel- und zu Paargesprächen mit ihrem Mann. Wir meinen, daß eine gewisse „informierte Naivität" und wohlwollende Offenheit in der Interpretation von therapeutischen Beobachtungen Prozesse des Wandels eher unterstützen als generelle Annahmen, wie z. B. die allgemeine Hypothese über versteckte Machtspiele bei der Überweisung durch Geschwister.

Die Überweisung der Familie Brenner durch die uns nicht bekannte Oberärztin der Psychiatrischen Klinik verstanden wir im übrigen als respektvolles Angebot zur Kooperation, das wir erwiderten und das sich im Fallverlauf bewährte.

Typisch für unser Konzept ist auch die Art, wie die Therapeutin sich im Erstgespräch über das „Feld" orientiert, in dem die Familie Brenner lebt, und wie sie in leichtem, hin und wieder von Lachen begleitetem Stil ihr Interesse an jedem einzelnen und an der ganzen Situation zeigt. Ihre Neugier auf deren Bedeutungswelt schließt jene auf ihre konkrete

[5] Zu den „offiziellen" Diagnosen vgl. weiter unten, S. 87.

Lebenswelt ein (Ausbildung, Beruf, Interessen, soziale Schicht, regionale Vernetzung) und ergibt eine Vielfalt von Möglichkeiten, sich Bilder zu machen und sich einzufühlen in die Ressourcen und Stressoren, die zum speziellen Umfeld dieser Bauernfamilie gehören. Indem die Therapeutin sich durch anteilnehmend-neugierige Fragen der Familie anschließt und sie einlädt, sich ihr gegenüber zu öffnen – soweit dies einer Unbekannten gegenüber in diesem Stadium angezeigt ist –, gewinnt sie neben Informationen über ihre Lebenswelt auch einen ersten Eindruck davon, wer sich wie in der halböffentlichen Situation eines therapeutischen Gesprächs darstellt und wofür jedes Familienmitglied sich zuständig fühlt. Bereits an dieser Stelle zeigt sich ein wichtiges Anliegen des Meilener Konzepts bei der Erhebung der Daten, die dann später dazu dienen, ein Genogramm zu erstellen: Der Prozeß des gemeinsamen Erzählens, Erkennens und der Bedeutungsgebung ist uns ebenso wichtig wie die Fakten des Familien-Stammbaums. Auf unseren subjektiven Umgang mit „objektiven" Informationen wie z. B. Geburtsdaten („Ja, da hat Ihre Mutter also jedes Jahr ..."), das heißt auf die Frage nach der *fallspezifischen Bedeutung von Fakten,* werden wir bei unseren Kommentaren zum Fallverlauf zurückkommen. Bereits bei den Eintrittsfragen nach den Daten für das Genogramm kann durch die persönliche Anschlußfähigkeit eines Therapeuten bzw. einer Therapeutin Intimität in der therapeutischen Begegnung entstehen.[6] Dies geschieht nicht nur über die Art des Fragens, sondern über alle die Kommunikation begleitenden Mittel wie Stimmlage, Blickkontakte, Lächeln und Körperhaltung. Dazu gehört, daß affektive Kontakte auch zu den Nicht-Redenden laufend aufgenommen werden, damit die Therapeutin mit ihnen in Verbindung bleibt und ihre Reaktionen auf das Gespräch registriert. Auch andere Autoren wie z. B. Shulman (1992), der breit angelegte Untersuchungen des therapeutischen Prozesses durchgeführt hat, weisen darauf hin, wie wichtig Klienten für das Gelingen einer Therapie es einschätzen, daß das Persönliche bereits im Erstgespräch mit dem professionellen Habitus verknüpft wird.

Wir möchten nun noch ein Beispiel für den situationsspezifischen Umgang mit der Erhebung von Genogrammdaten geben: Nach Franz' Hinweis auf den tödlichen Unfall des Bruders Anton bringt die Therapeutin das Gespräch auf Paul zurück und schlägt vor, daß erst danach

[6] intimare bedeutet erkennen und erkannt werden

über Anton gesprochen wird. Vordergründig gesehen, bleibt sie im Prozeß der Erhebung der Genogrammdaten also bei den lebenden Geschwistern. Warum sie das an dieser Stelle tut, kann sie im nachhinein sachlich nicht begründen – wie denn die meisten therapeutischen Interventionen und vor allem ihr zeitlicher Rhythmus von der subjektiven Wahrnehmung des Augenblicks geleitet werden. Eine Begründung dafür könnte sein, daß das intensive „Bezogenbleiben" auf alle Anwesenden uns immer als wichtiger erscheint als eine logische, vorgeplante Vorgehensweise. Bezogen auf unser Konzept bedeutet dies, daß die Begegnungsachse Vorrang hat vor der Wissensachse, insbesondere vor den Techniken. Im vorliegenden Fall war Paul bereits als Patient identifiziert bzw. als „Eintrittskarte" für das Familiengespräch dargestellt worden – eine gleichzeitig negative und eine positive Konnotation. Da die Therapeutin an dieser Stelle *spürt* und gleichzeitig aus Theorien (Haley 1981) wie aufgrund ihres therapeutischen Habitus *weiß*, daß der identifizierte Patient als Signalgeber für die ganze Familie einen wichtigen Status hat (einerseits einen zu hohen und andererseits einen zu niedrigen), erteilt sie Paul an dieser Stelle als „Türöffner" das Wort.[7]

Welter: Ja, ich möchte jetzt aber doch zuerst Paul fragen und nachher über Toni reden.

Paul lächelt.

Welter: Also Sie sind am 14. 11. 65 geboren. Und was sind Sie von Beruf?

Paul: (sehr leise) Elektriker.

Welter: Und wo wohnen und arbeiten Sie?

Paul: Ich wohne noch zu Hause bei den Eltern und arbeite in ... mün..ch *(unverständlich)* als Elektriker.

Welter: Und in was für einem Betrieb?

Paul: Kleinbetrieb.

Welter: Und was machen Sie da? Ich habe keine Ahnung von Elektrik. Sie müssen mir etwas erzählen.

Paul: Sicher. Ich kann wahrscheinlich auch nicht viel erzählen. Ich bin noch nicht lange da und habe eigentlich auch nicht ... das sind Kabelbäume, die wir da machen. Für äh, verschiedene ... ja das hat mit Fahrzeugen zu tun. Also für Saurer oder so liefern wir Kabelbäume. Und die müssen dann x Abläufe in diesen Autos sichern.

[7] Dazu Lewin 1987: 91: „If you want any changes to succeed, get the gatekeepers in early."

Welter: Und worin besteht Ihre Arbeit genauer?
Paul: Ja, ich arbeite da mit Maschinen ... Ja – im Grunde genommen wäre das ... Es ist so weitläufig. Es ist einfach eine Arbeit und man macht da die Kabelbäume.
Welter: Und höre ich da richtig? Sie sind noch nicht ganz sicher, ob Ihnen diese Arbeit gefällt?
Paul: (murmelt etwas, lacht) Ja, das ist richtig, nach der Lehre wollte ich eigentlich mit Musik weiterarbeiten. Das ist dann aber nicht so, nicht so gutgegangen. Ich habe Probleme bekommen mit den Zähnen und so und jetzt mußte ich wieder zurück. Und arbeite jetzt da mal vorerst. *(Seine Stimme driftet ab.)*
Welter: Und was haben Sie denn da für Probleme mit den Zähnen?
Paul: Ich mußte eine Zahnkorrektur machen, ja, durch die Trompete und das Mundstück an den Zähnen, ja also, die Blutzirkulation war nicht mehr gewährleistet, weil, es hat mir durch das Spielen die Zähne nach hinten gedrückt und das mußte man dann korrigieren. Ja, und weil ich weiterkommen wollte, schnell weiterkommen wollte, hat das natürlich nicht gehalten, diese Zahnkorrektur, und da mußte man eine Platte reinmachen und so. Ja, das war so eine Geschichte. Jetzt hingegen sind die Zähne eigentlich fest, aber meine ganze Physiognomie ist jetzt nicht gut, ja, und ich habe gemerkt, daß diese Idee, diese fixe Idee, es ist ja eigentlich eine fixe Idee – vielleicht doch nicht zu mir paßt.
Welter: Also daß Sie ...?
Paul: Daß ich weitermache.
Welter: Daß Sie Berufsmusiker werden?
Paul: Jaja.
Welter: Spielen Sie noch Trompete?
Paul: Nein.
Welter: Da haben Sie es ganz aufgeben müssen?
Paul: Nein, ja, ich hab's aufgeben müssen. Das ist so: Das Ganze ist bei mir so extrem, daß ich nicht das Volle leisten könnte, und das genügt mir nicht. Da hab ich gesagt, entweder kann ich drei oder vier Stunden am Tag üben und komme weiter, oder ich laß das Ganze sein. Und jetzt: Ja, es sind andere Interessen aufgekommen. Ich habe verschiedenes gesehen und habe jetzt langsam das Gefühl, ich fange wirklich an zu leben. Es zeigt sich einfach verschiedenes.
Welter: Ah, schön, dann sind Sie jetzt also nicht mehr fixiert auf etwas?

Paul: Ja, ich bin jetzt eigentlich sehr zufrieden. *(Sagt es sehr schnell.)*
Welter: Und was haben Sie jetzt für andere Interessen?
Paul: Also für mich – für mich – ist nach wie vor einfach die Kunst im Vordergrund – äh – das Darstellen mit dem Bildlichen oder im Grunde genommen mit allem, aber wo ich mich genau, wo es mich genau hinführt, das muß ich fast so sagen, das weiß ich eigentlich nicht. Ich habe so Ideen und ich denke, daß ich einfach etwas am Wachsen bin, daß ich es vielleicht mit dem Reisen verbinden kann, was ich demnächst wieder tun möchte und daß sich das dann anfängt zu zeigen. Aber wo genau, weiß ich nicht.
Welter: Arbeiten Sie jetzt voll?
Paul: Ja.
Welter: Haben Sie denn noch Zeit, Ihren Hobbys nachzugehen?
Paul: Sehr wenig. Aber ich weiß, daß ich das Geld, das ich jetzt verdiene, gut brauchen kann. Das ist jetzt quasi eine Sparzeit.
Welter: Haben Sie denn schon einmal auswärts gelebt?
Peter: Ja – für kurze Zeit, etwa eineinhalb bis zwei Monate.
Welter: Wann denn?
Paul: Ja, wann war jetzt das?
Magdalena: Das war doch in G., oder? *(unverständlich)*

Pause

Welter: Wie alt waren Sie denn etwa?
Paul: 1988, also etwa 23.
Welter: Und dann ist diese Krise ...
Paul: Dann ist gleichzeitig auch diese Krise, ja, die hat sich, die hat angefangen während der Lehre und nachher ist sie extremer geworden, als ich gemerkt habe, daß es nicht ganz so geht, wie ich es will. Das war so ein erster Ausbruch. So etwas Neues. Dann bin ich dann einmal gegangen von zu Hause und dann wurde das Ganze noch verheerender.
Welter: Nachdem Sie ausgezogen sind?
Paul: Ja.
Welter: Ja?
Paul: Dann bin ich wieder zurückgegangen, das heißt, ich mußte wieder zurück ...
Welter: Das heißt also zurück zur Familie?
Paul: Ja – und da habe ich mich dann wieder erholen können, recht gut, ich habe dann auch wieder mit der Musik begonnen und das hat mir

dann gleich noch einmal den Bogen gegeben. Da bin ich dann wirklich in ein Loch gefallen.

Welter: Was heißt in ein Loch gefallen?

Paul: Ich habe wirklich quasi nicht mehr herausgesehen. Ich habe das lange Zeit nicht gemerkt, erst als ich dann die Anstrengung unternahm, etwas Neues zu haben, wieder etwas zu haben und nicht nur Elektriker zu bleiben, zu sein, in diesen blöden Werkstätten, habe ich dann gedacht, habe ich gefunden, Graphiker wäre etwas für mich. Ich habe dann auf diese Lehre hin gearbeitet und bin mich überall umschauen gegangen und habe dann gemerkt, daß ich unsicher bin und wie wahnsinnig ängstlich ich bin – einfach keine Kraft mehr. Dann habe ich es aber doch geschafft, bin reingekommen und konnte gleich anfangen.

Paul: Als Graphiker?

Paul: Ja, also, mmh, dann war ich eine Woche dort, und dann hat es mich völlig umgehauen. Ich habe dann einen Suizidversuch gemacht. *(Hat schnell, leise und mit zittriger Stimme gesprochen.)*

Pause

Paul: Ja.

Welter: Wer hat es denn sonst noch gemerkt, daß Sie in einer solchen Krise sind? Sie haben ja selber auch lange gebraucht, bis Sie gemerkt haben, wie schlecht es Ihnen geht, wie Sie vorhin gesagt haben.

Paul: Ja also, für mich war das halt einfach so das Leben, wie es so ist. Das – ich habe mir das auch immer so leicht ausgemalt und – ich bin schon immer also irgendwie – sie haben immer gewußt, daß ich schon wahnsinnig – auch während der Lehrzeit habe ich immer sehr viele depressive Phasen gehabt. Ich bin nach Hause gekommen und mit mir hat man wirklich nichts – es war natürlich auch die Pubertät – aber langsam ist das in die Familie reingegangen, daß ich ein leicht depressiver Typ *(korrigiert sich)* Mensch bin. Und einfach wahnsinnig ... *(Stimme driftet ab)* Ich denke, wir haben das schon alle gewußt, aber daß es gleich so extrem sein würde, das sicher nicht.

Welter: Ist das für alle überraschend gekommen, daß Paul einen Selbstmordversuch gemacht hat?

Magdalena und Rita nicken und sagen „ja".

Welter: Wie haben Sie es gemacht?

Paul: Ich habe Tabletten, also Schlaftabletten, mein Vater hatte welche. *(zu Magdalena gewandt)* Was war es eigentlich genau?

Magdalena: (unverständlich)
Welter: Mmh, und die haben Sie genommen?
Paul: Ja.
Welter: Viele?
Paul: Etwa 35 bis 40 Milliliter oder Milligramm? *(zu seiner Schwester Magdalena gewandt)*
Magdalena: Ich weiß nicht, wieviele Milligramm es waren, es waren einfach einige. Ja, also ...

Paul und Welter reden gleichzeitig.

Paul: Also ich habe das ...
Welter: Also hätte das genügt zum Sterben?
Magdalena: Ja, wenn wir es nicht ... *(an die anderen gewandt)* Wie lange hat es gedauert? Wir haben am Nachmittag, am Morgen hat er sie genommen und irgendwann am Nachmittag haben wir es realisiert. Also es hat schon etwa sechs Stunden gedauert.
Rita: Ja, etwa sechs Stunden.
Welter: Wart Ihr denn alle dabei, als das passierte?
Magdalena: Ja, ich war zu Hause und Cécile und Rita auch, oder?

Rita und Cécile nicken.

Magdalena: Ja und der kleinere Bruder, René, auch.
Welter: Ah ja, und der ist jetzt nicht da.

Pause

Welter: (zu Paul gewandt) Und dann – waren Sie bei sich im Zimmer?
Paul: Ja, also ich bin nach, es war früh am Sonntagmorgen, etwa sechs Uhr, da habe ich sie genommen und bin anschließend auf mein Zimmer gegangen – und habe geschlafen.
Magdalena: (zu Cécile) Meinst Du ...
Cécile: Ich zähle gerade, morgens um sechs haben wir ihn gehört und nachmittags um halb vier – oder vier haben wir ihn gefunden *(wird leiser)* ...
Magdalena: Wir haben ihn vorher schon – wir haben schon gewußt, daß er schläft, aber wir haben nicht realisiert, daß ... *(bricht ab)*
Welter: Und wer hatte dann die Idee, nach ihm schauen zu gehen?
Magdalena: Mama hat irgendwann gesagt, da muß irgend etwas sein, der schläft ja immer noch und er war dann vom Bett gefallen und da haben wir gemerkt, daß er bewußtlos ist und da haben wir sofort nach dem Krankenwagen telefoniert. Er ist dann schnell ins Spital gekommen.
Welter: Und man hat ihm den Magen ausgepumpt?

Magdalena: Ich nehme es an.

Paul (mit überschnappender Stimme): Wahrscheinlich, ich weiß nicht, was sie machten. Das hat mich an und für sich bis anhin gar nicht wundergenommen. Ich laß ... ich laß das mal weg.

Welter: Und wann sind Sie ins Spital gekommen? Sie waren da bereits in der Psychiatrie, ambulant, wenn ich das richtig verstanden habe?

Paul: Ja – ich bin ... ich bin im Herbst, im Dezember als ich gemerkt habe, daß ich so schwach bin bei der Aufnahme der neuen Lehre als Graphiker, bin ich zum erstenmal ins Spital gekommen. Frau Dr. M. ...

Welter: Das ist eine Psychiaterin?

Paul: Ja, da bin ich zwei- oder dreimal gegangen und ich habe mich dann wieder stark gefühlt, wie das ist, wenn man eine Person hat, wenn man sich verstanden fühlt. Und dann – ist dazwischen eben das passiert.

Welter: Da haben Sie das *gemacht?*

Paul: Ja, wir haben dann, ich habe dann dieses Zeugs, diese Therapie abgeschlossen gehabt und sie hat mir gesagt, ich solle noch einmal vorbeikommen, tja, und dann ist dann das zwischendrin passiert.

Welter: Und dann waren Sie in W. in der Klinik?

Paul: Nein, ich war dann in C., dort haben sie mich hingeschickt.

Paul und Welter reden gleichzeitig.

Paul: Oder abtransportiert.

Welter: Wie lange?

Paul: Eine Woche war ich dort.

Welter: Sind Sie im Moment noch in irgendeiner Therapie?

Paul: Nein.

Welter: Da wurde dann also einfach empfohlen, daß eine Familientherapie das beste wäre?

Magdalena: Ja, doch Frau Dr. M. hat dir doch ... *(bricht ab)*

Paul: Also nicht im Zusammenhang mit mir, also nicht im Zusammenhang mit mir, sondern mit dem Vater. *(Pause)* Also Vater ist Alkoholiker. Und ich habe auch heute noch das Gefühl, daß das sehr, sehr stark mitgewirkt hat, dadurch daß ich immer quasi – so – das ganze Verhältnis aufrechterhalten oder daß sich das verbessert.

Pause

Paul und Welter fangen gleichzeitig zu sprechen an.

Paul: Und so hat sich das – –

Welter: --Also das Verhältnis zwischen Ihnen und Ihrem Vater?

Paul: Ja oder überhaupt zur ganzen Familie. Für mich persönlich, das hat sicher alles stark mitgewirkt. Das geht nun schon eine sehr lange Zeit so. Und ich war sehr oft zu Hause. Das war als ich mit der Musik gearbeitet habe und ich habe dann sehr große Schuldgefühle bekommen, weil Vater sehr viel arbeiten mußte und ich für mich gearbeitet habe. So bin ich natürlich – im Sinn – „angestanden" und ich konnte das Problem einfach nicht rauslassen. Ich habe es einfach geschluckt.

Welter: Wer hat, wer, meinen Sie, hat am ehesten gewußt, daß es Ihnen so schlechtgeht? Oder sich Sorgen um Sie gemacht? In der Zeit, bevor Sie einen Selbstmordversuch gemacht haben?

Paul: Ja, also ganz konkret *(längere Pause, dann schaut er Magdalena an)* Also ich denke, Mägi hat mich am besten gekannt.

Magdalena: Ja.

Cécile: Ja, ich glaube auch.

Welter zu Magdalena: Also das sind Sie. Sie haben dann auch manchmal miteinander geredet?

Paul: Jaa.

Magdalena: Aber ... äh

Paul: Also Probleme an und für sich nicht, denn für mich, für mich war immer alles, für mich hat es das gegeben, das ist da und es wird wieder einmal gehen. Ich habe es mir ja auch nicht so angespürt, daß --

Magdalena: -- Ich habe ihm einfach immer gesagt, er solle eine Therapie machen.

Welter: Sie haben es gespürt, daß ...

Magdalena: Ja, Frau Dr. M. ... da habe ich durch eine Kollegin gewußt, daß sie gut wäre, und darum ist er dann auch zu ihr gegangen. Eigentlich mehr so, denn vom Gespräch her konnte ich ihm nicht helfen. Also ja, soweit ich das verstanden habe, eben, ich habe das einfach ein wenig gewußt, wie das ist, wenn man depressiv ist, und anhand von dem habe ich ihn dann vermitteln können, aber mehr habe ich auch nicht ... einfach vom Gespräch her.

Pause

Welter: Könnten wir jetzt hier, zu diesem Thema einfach einmal eine Pause machen? *(wendet sich Rita zu.)* Ich möchte nämlich zuerst einmal etwas mehr über die ganze Familie wissen. Ich habe Sie nämlich noch überhaupt nichts gefragt.

Im weiteren Verlauf des ersten Familiengesprächs standen folgende erkenntnis- und handlungsleitende Themen im Vordergrund, die wir nun genauer ausführen werden.

(Die Therapeutin fährt mit dem Gespräch über die Geschichte der anwesenden Geschwister fort.)

Erkenntnis- und handlungsleitende Themen

Therapeutischer Umgang mit Pauls vordefinierter Psychopathologie. In der Kantonalen Psychiatrischen Klinik hatte Paul die Diagnose einer *Entwicklungsstörung mit depressiven Phasen mit Verdacht auf eine Borderline-Persönlichkeit mit zyklothymen sowie schizoiden Zügen* bekommen, die der Therapeutin zur Zeit des ersten Familiengesprächs allerdings noch nicht bekannt war. Am Telefon hatte die behandelnde Psychiaterin den *Verdacht auf eine bipolare Depression im Zusammenhang mit einer Ablösekrise* geäußert, und diese Beschreibung verwendete auch Paul in der ersten Sitzung. Die Therapeutin ließ sich an dieser Stelle von folgenden Prinzipien leiten:

1. Eine *anteilnehmend-neugierige Art des Fragens nach alltäglichen Dingen* wie Pauls beruflicher Ausbildung, seinen bisherigen Ablöseversuchen von zu Hause und seinen (abgebrochenen) Höhenflügen in die Kunst ermöglicht ein vorläufiges Verständnis für die Sinnstrukturen, welche ihn bei seinem Handeln und besonders auch bei „verrücktem" Handeln wie seinem Suizidversuch leiten. Wichtig ist in solchen Situationen, daß der Dialog mit dem Patienten in Anwesenheit seiner Bezugspersonen geschieht, welche auf diese Weise oft zum erstenmal eine „Perspektive von innen" zu bisher unverstehbarem Verhalten ihres Bruders bekommen. Dadurch ergibt sich wie von selbst eine gewisse „respektvolle Banalisierung" des dramatischen Geschehens Suizidversuch, indem der Patient durch seine Geschichten allen Anwesenden vertrauter und sein Verhalten für sie einfühlbarer wird. Gleichzeitig ermöglicht Pauls Erzählen – als Antwort auf die anteilnehmenden, strukturierenden Fragen der Therapeutin – ihm die Erfahrung einer konkreten sprachlichen Ordnung, welche zu affektiver Entspannung führt, die sich auf alle Anwesenden auswirkt. Im zweiten Gespräch dann – dies sei vorgreifend bemerkt –, als Paul in einen psychotisch anmutenden Verwirrungszustand fällt, wird ihn die Erfahrung mit dieser gelassenen Vorgehensweise,

basierend auf alltäglicher, konkreter Sprache, rasch wieder auf den Boden der Realität zurückführen. Dies werten wir als gutes Zeichen für seine Lernfähigkeit unter der Bedingung klarer sprachlicher und affektiver „Rahmung“ (Fivaz u. a. 1994) anstelle des kommunikativen Gummizauns (Wynne u. a. 1970), der durch das hilflose Mitschwingen der Umgebung solcher Symptomträger verursacht wird. „Halt vermitteln“ ist eine andere Bezeichnung für diese therapeutische Vorgehensweise, welche nebenbei auch den Familienangehörigen als Modell dient.

2. Als Nicht-Psychiaterin geht die Therapeutin davon aus, daß pathologieorientierte Etikettierungen wie *Depressive Entwicklungsstörung mit Verdacht auf Borderline-Persönlichkeit* im klinischen Kontext als Code eine wichtige Verständigungsmöglichkeit sowohl innerhalb der Klinik als auch gegenüber den Krankenkassen bieten. Therapeutisch gibt uns dieser Code Hinweise darauf, in welchen Regionen der psychiatrischen Beschreibung und Erklärung einer bestimmten Symptomatik wir uns bewegen. Aber der Code dient uns nicht als Hauptschlüssel für das Verständnis des einzelnen Falles, und noch weniger für das dazu passende therapeutische Vorgehen. Vielmehr interessiert uns im Rahmen des Meilener Konzepts die Frage, welche *Bedeutung* die Symptomatik von Paul im Rahmen seiner Familienbiographie hat und in welcher Weise sie ihm persönlich als *Selbstheilungsversuch* im Umgang mit seiner sensiblen Reaktion auf Verluste und kritische Übergänge in der Familie Brenner dienen könnte. Symptome werden damit als Vorboten von notwendigen, aber noch nicht erfolgten Prozessen individuellen und familialen Wandels verstanden. Menschen sind in unserer Sicht auf unterschiedliche und kontextabhängige Weisen agitiert oder deprimiert, und sie erleben und beschreiben ihren Zustand auf sehr unterschiedliche Art. Niemand ist 24 Stunden am Tag gleichermaßen deprimiert (oder euphorisch), weshalb wir die Alltagsbedingungen, unter denen das „Auf und Ab“ erfolgt, und ganz besonders die Ausnahmen dazu, in unsere Beschreibung einbeziehen.

Im Umgang mit psychiatrisch beschriebenen Symptomen orientieren wir uns an theoretischen Modellen, welche auf typische Dimensionen depressiven Verhaltens in *systemischer Sicht* verweisen.[8] Wir erwähnen hier die wichtigsten Ideen in Verbindung mit den Modellen, die uns im Umgang mit Pauls Symptomatik geleitet haben:

---

[8] Beck u. a. 1975, Heidelberger Gruppe 1986, Kelly 1986, Reiter 1984.

(1) Beschädigte Autonomie. Dieser Begriff bedeutet in dem hier vorliegenden Zusammenhang, von anderen abhängig zu sein und – im Widerspruch dazu – in Ruhe gelassen werden und keinesfalls Empfänger von Hilfe sein zu wollen. Der Zustand von Abhängigkeit ist im Leben dieser Menschen oft gekoppelt mit Erfahrungen des Eindringens in ihre Privatsphäre und der entsprechenden Fremdkontrolle – ein wesentlicher Aspekt von Pauls Sozialisationserfahrung in und außerhalb der Familie. Zu dieser Beschreibung paßt das Konzept „erlernte Hilflosigkeit" von Seligman (1979). (2) Als weitere Idee ist die Tendenz zu Rückzug und Isolation zu erwähnen. Diese Perspektive bezieht sich auf Pauls Erfahrung des Aufwachsens in einer „innenzentrierten, nach außen abgeschlossenen Familie" (Hildenbrand 1985). Als Folge von Migration – siehe später im Text – ist die Vernetzung der Familie in der Region nicht erfolgt; Heimat blieb allein die Binnenwelt der Familie Brenner, ein Staat im Staat, mit insgesamt zehn Mitgliedern. (3) Daraus folgt eine Kommunikationsstörung nach innen und nach außen. Bei der beschriebenen Isolationserfahrung fehlen notwendige Lern- und Rückkopplungsmöglichkeiten für einen heranwachsenden Menschen, welche ihm die Verwurzelung in der Welt außerhalb der Familie ermöglichen könnten. Im Extremfall – und verstärkt durch persönliche Verletzbarkeit (Ciompi 1982) – können aus einer solchen Isolation in Ablösungskrisen Realitätsverlust, Verwirrung, chaotisches bis wahnhaftes Denken und unaufhörliches Drehen um die eigene Achse resultieren.

Typisch für den depressiv-verwirrten Umgang mit seiner Krise sind einige charakteristische Verhaltensmuster bei Paul, die wir nun aufführen wollen: Zunächst beobachten wir bei Paul stereotype, tautologische Generalisierungen im Umgang mit alltäglichen Erfahrungen, die in dem Satz zusammengezogen werden können: „Aus mir wird nichts, weil noch nichts aus mir geworden ist." Des weiteren fallen inadäquater Realitätsbezug und unpassende Selbsteinschätzung auf, beispielsweise hohe, unerreichbare Leistungsansprüche an sich selbst. Dazu Paul im ersten Familiengespräch: „Das Ganze ist bei mir so extrem, daß ich nicht das Volle (in der Musik – die Verf.) leisten könnte, und das genügt mir nicht." Unbewußt ermöglicht also eine Depression dem Betroffenen, ohne Gesichtsverlust vor sich und anderen so mit Mißerfolg umzugehen, daß die zu hohe Leistungsanforderung „infolge Krankheit" nicht erreicht werden konnte. Damit beißt sich die Katze in den eigenen Schwanz; der interaktionelle Teufelskreis wird chronifiziert

Als weiteres depressives Verhaltensmuster beobachten wir bei Paul eine passive Beschreibung des eigenen Verhaltens, die von ihm als Resultat von Fremdsteuerung gesehen wird: „Ja, da bin ich (zur Psychiaterin) zwei- oder dreimal gegangen, und ich habe mich dann wieder stark gefühlt, wie das so ist, wenn man eine Person hat, wenn man sich verstanden fühlt. Und – dann – ist dazwischen eben das *passiert.*" Therapeutin: „Da haben Sie das (Suizidversuch) *gemacht?*" Ohne mit dem Zaunpfahl zu winken, führt die Therapeutin hier die aktive Form der Eigenverantwortlichkeit für Pauls Verhalten ein, damit dem Prinzip folgend: Für Ihre Gefühle tragen Sie keine Verantwortung, wohl aber für Ihr Verhalten. Das erwähnte Konzept der erlernten Hilflosigkeit (Seligman op. cit.), also die Vorstellung, daß es unmöglich ist, den eigenen Lebenslauf verantwortlich zu gestalten, paßt zu Pauls passiver Kommunikationsform. Schließlich möchten wir in dieser Aufzählung depressiver Interaktionsmuster eine Überbetonung der Wörtlichkeit statt der Bedeutung von Aussagen erwähnen. Auf die konkrete Frage der Therapeutin an Paul, wer seiner Meinung nach am ehesten seine Probleme bemerkt oder sich Sorgen darüber gemacht habe, antwortet er: „Also Probleme an und für sich nicht, denn für mich, für mich war immer alles, für mich hat es das gegeben, das ist da und wird wieder einmal gehen. Ich habe es mir ja auch nicht so angespürt, daß ..." Das Stichwort „Probleme" wird für Paul zum Anlaß, einem einzigen, offenbar negativ besetzten Wort und nicht der Bedeutung der gestellten Frage nachzugehen. Um Paul das Gesicht wahren zu lassen, läßt die Therapeutin es für den Moment bei seiner Antwort bewenden. Typisch für ihre Grundhaltung von „Konfrontation ohne Gesichtsverlust" ist, daß sie an späterer Stelle nochmals auf ihre Frage der Veranwortlichkeit für das „Merken, daß es Paul schlechtgeht" zurückkommt. Diese Vorgehensweise des Rahmengebens wird sich später durch alle Gespräche mit Paul und seiner Familie hindurch bewähren.

Die aufgeführten depressiven Interaktionsmuster lassen sich zusammenfassend als chronifizierter Beziehungsmodus beschreiben; denn die Art und Weise, wie depressive Patienten gelernt haben, Anliegen sich selbst und anderen gegenüber passiv auszudrücken, laden zur beschriebenen Entwicklung von sozialen Beziehungen ein, welche das „Spiel" zwischen Familie und Patient chronifizieren. Natürlich wird auch die therapeutische Situation von diesem Spiel berührt. Depressive Symptome werden also vernünftigerweise nicht allein aus der Perspektive des

Individuums beschrieben, denn Bezugspersonen von Patienten können auf deren widersprüchliche Einladungen, unterstützt bzw. allein gelassen zu werden, nicht *nicht* reagieren. Solche Einladungen von Depressiven an ihre Bezugspersonen lauten etwa: „Es geht mir so schlecht, daß ich nicht weiß, was gut ist für mich, also müßt ihr anderen die Verantwortung für mich übernehmen. – Helft mir, aber ich kann euch nicht sagen wie, weil ich ja keine Verantwortung für mich tragen kann. – Wenn man mir hilft, beweist man mir damit, daß ich unselbständig und wertlos bin. Das macht mich so ärgerlich, daß ich euch beweise, daß ihr hilflos und schwach seid. – Zieht ihr euch dann von mir zurück, muß ich euch erst recht beweisen, wie schlecht es mir geht und wie schlecht ihr mir helft – notfalls zeige ich euch das, indem ich mich umbringe."

Nun wenden wir uns der therapeutisch entscheidenden Frage zu, wie denn Wege aus solchen Beziehungsfallen im Umgang mit Menschen in depressiven Krisen gefunden werden können. Angehörige und Therapeuten, denen es darum geht, ohne Auftrag dem Klienten zu helfen, damit es ihm besser gehe und er doch, bitte schön, auch die guten Seiten des Lebens in Betracht ziehe, fallen unweigerlich in die beschriebene Beziehungsfalle. Sie können diese umgehen, wenn sie sich an einigen grundsätzlichen Vorgehensweisen orientieren: (1) Zunächst ist wichtig, daß die Auftragslage von Sitzung zu Sitzung neu und explizit verhandelt wird. Will jemand in einer depressiven Übergangskrise klagen, ist das in Ordnung, solange niemand einen Hilfsauftrag daraus ableitet. Will er Unterstützung, muß er das (auf entsprechende Fragen) deutlich zu erkennen geben (Hol-Pflicht). Das bedeutet: Seine Umgebung bietet ihm Verhaltensalternativen an, aber er entscheidet immer wieder selbst, welche davon er nutzen will. (2) Speziell für Therapeutinnen und Therapeuten halten wir folgende weitere Spielregeln für nützlich:

- Vermeiden Sie die in privaten, nicht-therapeutischen Beziehungen selbstverständlichen Hilfsangebote oder guten Ratschläge, wenn der Klient nicht einen therapeutischen Auftrag dafür erteilt.
- Versuchen Sie, gelassen und nicht-aggressiv auf Beschuldigungen oder passiv-aggressives Durchsetzungsverhalten des Klienten zu reagieren, sonst sind Sie sofort Teil des Spiels.
- Zeigen Sie sich von Ihrer (tatsächlich) hilflosen Seite, schauen Sie mit dem Patienten in den Abgrund seiner Verzweiflung, aber weisen Sie seine Allmachtszuschreibungen an Sie zurück, sonst bestätigen Sie seine schlimmste Befürchung, daß er schwach und andere stark seien.

- Trösten Sie den Klienten nicht mit positiven Konnotationen seiner Symptome, sonst geben Sie ihm die Botschaft, daß Sie nichts verstanden haben von seiner Not, und er muß seine Symptomatik verstärken.
- Eine Alternative zu den aufgezeigten Beziehungsfallen liegt in der Möglichkeit, dem oder der Klientin in einer depressiven Übergangskrise Unterstützung zum Gebrauch seiner Sensibilität für sich und andere zu geben, welche seiner einengenden Wahrnehmung von sich und der Welt eine Perspektive der Bezogenheit beifügt. Das setzt voraus, daß wir Klienten nicht nur als Produkt ihrer Geschichte verstehen, sondern als Teil einer Gegenwart, in welcher Ressourcen vorhanden sind, die erweiterte Verhaltensalternativen enthalten.

Der therapeutische Prozeß der Begegnung gelingt am besten durch konkrete, auch affektiv eindeutige Botschaften, welche eine haltgebende Funktion haben. Klienten in depressiven Übergangskrisen sind erfahrungsgemäß – wie alle Symptomträger – besonders hellhörig und feinfühlig für Mehrdeutigkeiten und Nichtübereinstimmung von verbalen und nonverbalen Botschaften. Zum Haltgeben trägt ein problemfokussiertes Interesse am Klienten bei, das sich in teilnehmender Neugier auf seine alltäglichen Lebensvollzüge und Wünsche richtet und ohne tröstliche Worte auskommt, dafür aber Klienten und Bezugspersonen immer wieder Wahlmöglichkeiten aufzeigt.

Weitere hilfreiche therapeutische Vorgehensweisen beziehen sich auf das Interesse an der Eigenverantwortlichkeit des Klienten. Dazu gehört auch direktes Feedback über antisoziales (und damit selbstdestruktives) Verhalten im therapeutischen Rahmen, verbunden mit der Einladung zu alternativen Möglichkeiten: „Ich verstand, als Sie eben mit mir redeten, nicht genau, was Sie jetzt von mir möchten. Darum bitte ich Sie, mir das in wenigen Sätzen nochmals zu sagen." Es geht also insgesamt darum, beim Klienten und seinen Bezugspersonen sprachliche Alternativen zu nichtsprachlichen Informationen (wie Pauls Suizidversuch) zu fördern. Fragen nach Aufträgen wie z. B. „Wie kann ich Ihnen jetzt behilflich sein?" sind die beste Weise, dem Patienten Eigenverantwortlichkeit zu ermöglichen und seine (unmöglichen) Erwartungen an therapeutische Allmacht aufzulösen.

Wir haben unsere Darstellung erkenntnis- und handlungsleitender Themen mit einer ausführlichen Schilderung unseres Umgangs mit Pauls vordefinierter Psychopathologie begonnen und ihr breiten Raum gewidmet. Die anderen Themen, die im Erstgespräch wichtig werden, drehen sich insbesondere um den Alkoholismus des Vaters sowie, damit zusammenhängend, um die ungeregelte Hofübergabe. Diese Themen werden wir hier nur kurz ansprechen; sie werden später ausführlich behandelt.

Umgang mit Suiziddrohungen. Auf dieses Thema werden wir beim Kommentar zu den entsprechenden Anliegen im dritten und im achten Familiengespräch eingehen.

Verluste und unbewältigte Neuanfänge im Leben der Familie Brenner. In diesem ersten Familiengespräch wird deutlich, wie sehr die Familie Brenner von Verlusten und unbewältigten Neuanfängen geprägt ist. Die Geschichte vom Tod des designierten Hofnachfolgers Toni wird mit großer Betroffenheit erzählt, aber niemand mag sich lange bei diesem tragischen Ereignis aufhalten. Es wird überschattet von den derzeit drängenden aktuellen Ereignissen der Hofübergabe, für die ein tragfähiges Konzept noch nicht entwickelt worden ist. Die Therapeutin bewahrt diese Erkenntnis im Hinterkopf, um sie bei Gelegenheit in Handeln zu übersetzen.

Alkoholabusus von Vater Brenner und das Hofübergabe-Problem. Im Laufe des Gesprächs wird den Anwesenden von Paul mitgeteilt, daß nicht er, sondern Vater Brenner das Hauptproblem der Familie sei. Paul droht sogar, nicht mehr zu Familiengesprächen zu kommen, falls wir uns länger mit ihm beschäftigen würden. Auch erfahren wir, daß Vaters Alkoholproblem ein Grund sei, warum dieser nicht über das Familiengespräch informiert worden sei und warum auch Mutter Brenner – ihn schützend – dem Gespräch fernblieb. Im letzten Teil des Erstgesprächs liegt der Fokus darum auf dem Thema „Vater ist Alkoholiker". Die notwendige Hofübergabe sei gefährdet, solange dieser sich mit Alkohol betäubt, statt sich den zu lösenden Problemen zu stellen. Darüber sind sich die anwesenden Geschwister sowie die Frau des Hoferben einig.

Welter: Da wurde dann also einfach empfohlen, daß eine Familientherapie das beste wäre?

Magdalena: Ja, doch, Frau Dr. M. hat Dir doch ... *(bricht ab)*

Paul: Also nicht im Zusammenhang mit mir, also nicht im Zusammenhang mit mir, sondern mit dem Vater. (Pause) – Also Vater ist Alkoholiker. Und ich habe auch heute noch das Gefühl, daß das sehr, sehr stark mitgewirkt hat, dadurch daß ich immer quasi – so – das ganze Verhältnis aufrechterhalten habe oder daß sich das verbessert.

Pause. Paul und Welter reden gemeinsam.

Paul: Und so hat sich das --

Welter: -- also das Verhältnis zwischen Ihnen und Ihrem Vater?

Paul: Ja oder überhaupt zur ganzen Familie. Für mich persönlich, das hat sicher alles stark mitgewirkt. Das geht nun schon eine sehr lange Zeit so, und ich war sehr oft zu Hause. Das war, als ich mit der Musik gearbeitet habe, und ich habe dann sehr große Schuldgefühle bekommen, weil Vater sehr viel arbeiten mußte und ich für mich gearbeitet habe. So bin ich natürlich - im Sinn - blockiert gewesen, und ich konnte das Problem einfach nicht rauslassen. Ich habe es einfach geschluckt.

Auf ihre Nachfrage nach dem seit zehn Jahren bestehenden Trinkmuster von Vater Brenner erfährt die Therapeutin, daß er täglich größere Mengen Rotwein, aber auch Schnaps trinke. Von letzterem halte er immer einige Flaschen in der Scheune versteckt. Oft komme er schon vom morgendlichen Melken betrunken ins Haus und schlafe dann bis gegen Mittag auf dem Sofa. Dann erledige er oberflächlich noch einige ungemachte Arbeiten im Stall. Wenn Franz, der designierte Hoferbe, von seiner Arbeit in einer mechanischen Werkstätte zum Mittagessen heimkomme, erfasse er die Situation mit einem Blick, und schon sei „Feuer unterm Dach“. Frau Brenner warte jeweils auf ihren Sohn, um ihm zu klagen - ihren Mann wolle sie nicht mit ihrer Kritik reizen. Jeden Sonntag gehe Vater Brenner ins Nachbardorf zur Messe, und nachher verbringe er den ganzen Tag im Wirtshaus. Oft fahre ihn dann ein Kollege abends nach Hause, weil er zu betrunken sei, um den Weg mit dem Traktor allein zu fahren.

Bisherige Lösungsversuche. Auf die Frage nach bisherigen Lösungsversuchen berichtet Franz, daß er vor einigen Monaten die Vormundschaftsbehörde gebeten habe, mit seinem Vater zu reden, weil niemand in der Familie „an ihn herankomme“, die Regelung der Hofübergabe jedoch dringend anstehe. Am Tag der Vorladung auf das Amt sei Vater Brenner mit dem Traktor in das Bergtal gefahren, aus dem er stammt, um dort mit einem Bruder und einem alten Kollegen zu reden. Dazu sei es aber nicht gekommen, weil er bei der Ankunft so betrunken war, daß er schlafen mußte. Ärgerlich und mit Verachtung erzählt Franz, wie er dort hinfahren, seinen Vater auf die Bahn setzen und dann selbst die 90 Kilometer mit dem Traktor zurückfahren mußte. Jetzt habe er die Hoffnung aufgegeben, daß er mit einem nüchternen Vater die Hofübergabe regeln könne. Seine Frau Lisa sowie Magdalena und Rita unterstützten ihn bei dieser Annahme, während Cécile und Paul der Meinung seien, daß der Vater noch Entwicklungsmöglichkeiten habe.

Während der anschließenden Besprechung der Therapeutin mit ihrem Kollegen hinter der Einwegscheibe vereinbaren die Anwesenden, daß ihr Hauptanliegen im Augenblick tatsächlich der Umgang mit Vaters Alkoholismus sei. Die Schlußintervention, die wir im nächsten Abschnitt darstellen und interpretieren werden, nimmt dieses Anliegen auf.

Abschlußintervention

Das erste Gespräch mit den erwachsenen Kindern der Familie Brenner dient einer Übersicht über Problemlagen, die die Klienten formulieren, sowie einer ersten Einschätzung ihrer Situation aus therapeutischer Sicht. Während die Klienten, gefangen in den vielfältigen Problemen, ihre Lage beschreiben, besteht die Aufgabe der Therapeutin darin, am Ende des Gesprächs eine erste Vorstellung über einen gemeinsamen Problemlösungsweg zu entwickeln und mit den Klienten ein Arbeitsbündnis zu formulieren. Dabei geht es nicht darum, das Präsentierte in eine Diagnose oder gar eine Lösung zu pressen und diese den Klienten auszuhändigen. Wichtiger ist, schon während des Gesprächs in einen gemeinsamen Suchprozeß in Richtung einer erweiterten Problemdefinition und möglicher Handlungsoptionen einzutreten. Dabei muß Gemeinsamkeit nicht heißen, daß die Perspektive der Klienten identisch sein muß mit jener der Therapeutin. Unter „gemeinsamer Definition von Problemen und Optionen" verstehen wir also einen Prozeß, nicht eine Lösung. Die Aufgabe von Therapeuten in der Abschlußintervention besteht nach unserer Ansicht darin, eine erste Einschätzung der präsentierten Themen auf der Ebene der Sinnstruktur der Familie mit Vorstellungen über den möglichen weiteren Verlauf der gemeinsamen Arbeit zu verbinden. Sinnstrukturebene heißt, daß die kritischen Themen nicht einfach in eine therapeutische Sprache umformuliert werden, sondern daß bereits im ersten Familiengespräch – auf der Grundlage der therapeutischen Fähigkeit, fallverstehend Muster zu erkennen – Interventionen auf der den Problemen zugrundeliegenden Ebene angesetzt werden. Die „Melodie, nach der die Familie tanzt" ist ein Stück weit erkannt worden. Diese Einschätzung soll die Familie in die Lage versetzen, sich zu entscheiden, ob sie ein Arbeitsbündnis eingehen will – sie also einladen zur gemeinsamen Arbeit in einem Prozeß der Begegnung.

Wir werden nun die Abschlußintervention im ersten Gespräch mit den anwesenden Kindern der Familie Brenner Abschnitt für Abschnitt vorstellen und erläutern.

Welter-Enderlin: Also ich denke einfach – und da rede ich jetzt noch einmal von Herrn Hildenbrand – er meint, es sei ganz wichtig, daß Sie jetzt ein Konzept entwickeln. Für die Hofübergabe, wie Sie als Geschwister zusammenhalten wollen, wie Sie (zu Lisa und Franz) Raum bekommen können in diesem Haus, den Ihnen Ihre Geschwister überlassen, damit auch, wenn die Eltern vielleicht ausziehen, Sie (Franz und Lisa) den anderen eine Art Heimat bewahren (Paul seufzt tief).

Im ersten Abschnitt fokussiert die Therapeutin auf ein Thema, welches zum Zeitpunkt des ersten Familiengesprächs die Familie am meisten in Anspruch nimmt: die Regelung der Hofübergabe. Dieser wichtige Einschnitt im Leben einer bäuerlichen Familie und der damit verbundene Übergang der Verantwortung für den Hof von der älteren zur jüngeren Generation, so lautet die Botschaft der Therapeutin, bedarf eines Konzepts. Die Alternative wäre, die Dinge treiben zu lassen, bis letztlich andere Entscheidungsträger (z. B. die Bank, bei der die Familie verschuldet ist) die Verantwortung übernehmen. Demgegenüber werden die anwesenden Vertreterinnen und Vertreter der jüngeren Generation ermutigt, die Verantwortung selbst zu übernehmen. Angesprochen ist damit die *Autonomie ihres Handelns.* Diese Autonomie wird aus der Perspektive jenes Teils der Familie Brenner thematisiert, der künftig die Hofnachfolge antreten soll, also Franz und Lisa. Damit wird zunächst auf die Zukunftsorientierung ihres Handelns verwiesen – das Wohin wird dem Woher vorgezogen.

Weiter zu beachten ist, daß das Thema Hofübergabe sowohl aus der Perspektive des Jungbauernpaars als auch aus der Perspektive der Geschwister, die als „weichende Erben“ leer ausgehen, angesprochen wird. Hier ist Kontextwissen über die Gepflogenheiten der Hofübergabe hilfreich und sollte durch Fragen nach den in diesem Milieu herrschenden Regeln erworben werden. Wichtig ist im vorliegenden Fall: Wenn sich die weichenden Erben auf das Verfahren der ungeteilten Hofübergabe einstellen, sichern sie den Bestand des Hofes und damit den Bestand der Familientradition. Damit stellen sie das Familieninteresse über das individuelle Interesse, das eher gewahrt wäre, wenn der Hof real geteilt würde. Hier bestehen also zahlreiche Anknüpfungspunkte für Streit zwischen den Geschwistern, und es ergibt sich die Notwendigkeit, über Geschwistersolidarität zu sprechen. Jedoch werden in diesem Abschnitt der Abschlußintervention Franz und Lisa, das Jungbauernpaar, nicht als Gewinner und die anderen Geschwister als Verlierer dargestellt. Es wird davon ausgegangen, daß die Geschwister aktiv am Entscheidungsprozeß beteiligt sind *(der Raum, den Ihnen Ihre Geschwister überlassen)*. Somit beginnt die Abschlußintervention mit den drei Themen *Autonomie, Differenzierung und Integration.*

Zwar werden zunächst die künftigen Entscheidungsträger angesprochen und damit die Betonung auf Wandel gelegt, jedoch wird im selben Zug das Alte und dessen Erhaltung genannt: *Heimat bewahren.* Hier kommt unser Menschenbild zum Tragen, demzufolge Tradition und Neues, Wurzeln und Flügel dialektisch miteinander verknüpft sind.

In dem kleinen Nebensatz *Wenn die Eltern vielleicht ausziehen* ist ein Sprengsatz versteckt. Im Zuge der Hofübergabe in der Familie Brenner würde nämlich der Auszug der Eltern eine maximale und zugleich unübliche Lösung darstellen. Von alters her wird einem Altbauernpaar auf dem Hof ein Zimmer, eine Wohnung oder ein eigenes Haus („Stöckli") zur Verfügung gestellt. Dies weiß die Therapeutin, weil sie mit der bäuerlichen Lebenswelt vertraut ist. Wenn sie dennoch vom möglichen Auszug der Eltern spricht, dann hat dieser Nebensatz folgende Bedeutung: Über die Grenzen des Gewohnten hinaus soll der Entscheidungsraum hin auf Neues geöffnet werden.

Somit enthält dieser erste Abschnitt der Abschlußintervention vier Mitteilungen an die Anwesenden: 1. Es wird die Notwendigkeit betont, *Übergänge selbst und damit autonom zu gestalten.* 2. Es wird als wichtig erachtet, bei der *Entwicklung des Neuen das Alte nicht aus den Augen zu verlieren.* 3. Es wird betont, daß die junge Generation die *Agenten des Wandels* sind und daß zur Individuierung die Integration dazugehört. Für das hier angesprochene Thema von Integration und Autonomie verwenden wir das Bild der Wurzel-Flügel-Dialektik: Ein Mensch kann seine Flügel (Autonomie) um so besser ausbreiten, je mehr er über Wurzeln (Integration) verfügt. 4. Es wird darauf hingewiesen, daß es sinnvoll ist, bei anstehenden Entscheidungen die *Möglichkeitsspielräume zunächst weit anzusetzen.*

Es wird sich zeigen, daß es sich hier um jene zentralen Aspekte handelt, die den gesamten Therapieprozeß bestimmen werden.
Die Therapeutin fährt dann wie folgt fort:

Jedenfalls – was immer Sie entscheiden, sollten Sie es sich Schritt um Schritt genau überlegen. Auch mit der Frage: Vater und Mutter bleiben auf dem Hof, was heißt das dann, wenn Sie Ihr Konzept ändern? Wird Vater eifersüchtig oder wird er stolz sein? (Lisa schaut Franz an, Paul lehnt sich nach vorne.) Das sind Fragen, die jetzt schon für viele Jahre den Boden legen. Das heißt also, daß es sich lohnt, wenn Sie weiterhin miteinander im Gespräch bleiben, auch unabhängig davon, ob Sie wieder hierher kommen wollen.

Im zweiten Abschnitt wird die Beziehung des Jungbauernpaars zum Altbauernpaar angesprochen. Hier wird nun das übliche Szenario des Verbleibens der Eltern auf dem Hof erwähnt – jedoch als weitere und nur eine unter anderen denkbaren Optionen eingeführt. Jede Hofübergabe bringt konzeptionelle Veränderungen mit sich, die Anlaß zum Streit zwischen den Generationen geben können. Die gründliche Überlegung von Entscheidungen und das Gespräch darüber kann sicherstellen, den Übergang angemessen zu gestalten. Wiederum wird mit dem Thema der Anerkennung der jüngeren Generation durch die zurücktretende das Thema von Integration und Differenzierung angesprochen.

Auch hier geht es wieder um Autonomie, und wie nebenbei wird diese Haltung auf den Bereich der aktiven Gestaltung des Therapiesettings durch die Klienten ausgedehnt: „*Unabhängig, ob Sie wieder hierher kommen wollen.*" Damit wird unspektakulär und eher implizit den Anwesenden vermittelt, daß hier über autonome Entscheidungen nicht nur gesprochen, sondern daß diesem Muster entsprechend auch gehandelt wird. Autonomie wird ihnen zugeschrieben, und die Beziehung zwischen Therapeutin und Klienten wird nicht als asymmetrische Experten-Laien-Beziehung, sondern als eine Beziehung der Begegnung autonomer Individuen gerahmt.

Und das andere, das ist jetzt wieder meine Idee, die ich Ihnen einfach noch einmal mitgeben möchte, ist zu überlegen, und ich möchte es Ihnen jetzt noch viel deutlicher sagen: Ich weiß nicht, wie man einen alkoholabhängigen Menschen, der schon so lange in dieser Sucht ist und wo der Körper eben abhängig ist und der offenbar schon tausend Wege gefunden hat, mit dieser Sucht zu leben, ich weiß nicht, wie man ihn von außen überzeugen kann, sei es, daß man ihm gut zuredet, sei es, daß man Druck ausübt. Ich weiß nur etwas: Wenn sich entscheidende Dinge in der Umwelt eines solchen Menschen ändern, wo er aufmerksam werden muß: Was ist los?, wo er merkt, die alten Spiele laufen nicht mehr, daß dann, wenn überhaupt, eine Chance besteht, daß er anfängt zu fragen. z. B.: „Was heißt das? Was habt Ihr im Sinn?" Und daß Ihr dann einmal mit ihm reden könntet und z. B. sagen: „Wir können uns ein Zusammenleben mit dir nur vorstellen, wenn du eine Kur machst." (Franz nickt.) Und ich denke, wenn der Alkoholismus so weit fortgeschritten ist, wie Sie es beschrieben haben, gibt es wohl nichts anderes als eine solche Rehabilitationskur. Die dauert vielleicht ein halbes Jahr, und nachher kommt er zurück und muß trocken bleiben.

Im dritten Abschnitt wird die Haltung der Autonomiezuschreibung fortgesetzt, indem die Öffnung möglicher Perspektiven im Nebeneinander verschiedener Sichtweisen vor und hinter der Scheibe gezeigt wird. Exemplarisch wird der Familie vorgeführt, daß mehrere Sichtweisen eines Sachverhalts möglich sind, daß also Wirklichkeit nicht nur eine, sondern vielfache Beschreibungen zuläßt.

Dann erfolgt eine Information an die Klienten über das Thema Sucht. Informationen dienen als Basis, sinnvolle Entscheidungen treffen zu können. Dabei betont die Therapeutin, daß Alkoholabhängigkeit auch eine körperliche Komponente hat, die sich ab einem bestimmten Grad der Abhängigkeit in den Vordergrund schiebt und die Fähigkeit zum einsichtigen Ausstieg aus der Sucht stark einschränkt. Gleichwohl wird der Familie vermittelt, daß sie Veränderungen erreichen kann und daß sie der Sucht nicht hilflos ausgeliefert ist. Diese Veränderungen setzen jedoch einen radikalen Perspektivenwechsel voraus. Ihr bisheriger gemeinsamer Tanz um die Flasche muß unterbrochen werden. Wiederum wird dem Abhängigen Autonomie zugetraut, indem unterstellt wird, daß er zumindest bemerken kann, daß seine Angehörigen einen Perspektivenwechsel vollziehen und entsprechend darauf reagieren. Auch auf seiten der Angehörigen wird Autonomie vorausgesetzt.

Etwas anderes weiß ich nicht, aber ich glaube nicht, daß es irgend jemanden gibt auf der Welt, der die richtige Lösung hat, auch die Vormundschaftsbehörde nicht, obwohl ich das für eine gute Idee gefunden habe, daß Sie damit ein Signal gesetzt haben. Ich glaube also, daß niemand sagen kann: „Du mußt trocken werden." Und ich glaube, man würde das Pferd am Schwanz aufzäumen, wenn man sagen würde, solange Vater Alkohol braucht, können wir gar nichts machen. Ich würde es umgekehrt sehen. Sie können viel machen, auch wenn Sie diesen Alkoholismus nicht kontrollieren können. Darüber wird er (der Vater) selber anfangen nachzudenken, wenn Sie sich verändern, wenn Sie also zeigen, was Sie wollen. Dann wird er das, was er jetzt mit Alkohol sagt, mit Worten sagen.

Das Thema des Perspektivenwechsels wird im vierten und letzten Abschnitt weiter präzisiert: *„Ich würde es umgekehrt sehen."* Der Perspektivenwechsel beinhaltet, den Abhängigen nicht als das zu schonende, dem Alkohol ausgelieferte Opfer zu sehen, sondern als eine Person, bei der mindestens die Möglichkeit zu verantwortungsvollem Handeln vorhanden ist. Entgegen landläufigen Ansichten in der Suchttherapie wird hier ein Invalidenmodell vermieden und das Autonomiekonzept auf diesen Bereich ausgedehnt, ohne die Tatsache zu mißachten, daß Sucht eben auch körperliche Abhängigkeit bedeutet. Vor dem Hintergrund einer systemischen Sichtweise (wenn einzelne Elemente in einem System sich ändern, ändern sich die anderen Elemente mit, es muß sich also nicht als erstes der identifizierte Süchtige ändern, sondern seine Bezugspersonen können den Anfang machen) wird den Angehörigen eine Option aufgezeigt, sich aus der Umklammerung durch den Alkoholismus eines Familienmitglieds zu lösen.

Wir fassen zusammen: In dieser Abschlußintervention werden mindestens vier zentrale Aspekte angesprochen und mit der präsentierten Familienproblematik verknüpft: die *Wurzel-Flügel-Thematik*, die *bezogene Individuation* (Differenzierung und Integration), die *Autonomie-Frage* und die *Multiperspektivität beim Treffen von Entscheidungen*. Der professionelle Habitus wird daran deutlich, wie diese vier Aspekte, die zum Kernbestand therapeutischer Orientierungen gehören und deshalb schon vor dem Familiengespräch im Repertoire der Therapeutin existierten, in der konkreten Verknüpfung und in einem deutlichen Bezug zu dem, was die Familie an Problemen aktuell bedrängt, in eine Abschlußintervention gegossen werden. Die Grundlagen dafür wurden in einem eineinhalbstündigen Gespräch entwickelt und treffen den Ton der Familie Brenner in direkter, persönlicher Weise.

Genogrammanalyse

Die nun folgende Genogrammanalyse wurde nach der ersten Sitzung gemeinsam von Bruno Hildenbrand und Rosmarie Welter-Enderlin durchgeführt. In Teil I haben wir bereits erwähnt, daß Genogrammanalysen ein geeignetes Mittel sind, die zentralen Themen von Klienten in einer Situation der Handlungsentlastung, also ohne Anwesenheit von Klienten, zu rekonstruieren und die im Erstgespräch angestellten Vermutungen über die präsentierten Probleme der Klienten zu überprüfen und zu differenzieren.

Das Wissen, das wir in der folgenden Genogrammanalyse mobilisieren, kann nicht routinemäßig von Therapeutinnen und Therapeuten erwartet werden. Im vorliegenden Fall kommt uns gelegen, daß der Kollege der Therapeutin hinter der Scheibe sich wissenschaftlich mit Problemen bäuerlicher Familien im Modernisierungsprozeß befaßt hat (Hildenbrand u. a. 1992). Liegt solches Spezialwissen nicht vor, was in der Praxis wohl die Regel ist, sind Offenheit, Neugier, ein gutes Allgemeinwissen und Nachfragen ausreichend, um von der Genogrammarbeit für den weiteren Therapieverlauf zu profitieren.

Eine weitere Vorbemerkung: Besonders in der handlungsentlasteten Situation von Supervisionen setzen wir das Arbeitsinstrument der Genogrammanalyse regelmäßig ein. Therapeutinnen und Therapeuten, die damit noch nicht vertraut sind, werden dabei oft unruhig, weil sie fürchten, daß die investierte Zeit den Ertrag nicht lohne. Demgegenüber haben wir die Erfahrung gemacht, daß gerade bei festgefahrenen Therapien eine Genogrammanalyse neue, aussichtsreiche Wege des Verstehens und Handelns eröffnen kann.

Innerhalb laufender Therapien genügen oft Beobachtungen im Genogramm, die auf Schlüsselereignisse bzw. Schlüsselthemen hinweisen (wie z. B. eine ausbeuterische Bindung oder Ausstoßung eines Kindes), um das Verständnis für anscheinend unverstehbares Verhalten zu wecken. Davon ausgehend, können innerhalb kurzer Zeit bei Individuen, Paaren und Familien neue Interaktionsmuster angestoßen werden, die eine Möglichkeit zur Bewältigung unerledigter Geschichten bieten. Diese Raschheit des Erkennens von Schlüsselthemen setzt Übung voraus, wie sie im Rahmen von Supervision möglich ist.

Nun zum Genogramm der Familie Brenner. In Teil I haben wir deutlich gemacht, daß wir Genogramme sequentiell analysieren: Wir versetzen uns „künstlich" an eine frühere Wegkreuzung von Entscheidungssituationen einer Person, eines Paares oder einer Familie und fragen nach den damals möglichen Handlungsentwürfen. Nachdem wir unter *Verzicht auf bereits erfahrenes Kontextwissen* ihre unterschiedlichen, damals objektiv möglichen Handlungsspielräume ausgelotet haben, vergleichen wir diese im nächsten Schritt mit den tatsächlich realisierten Handlungen der Familie.

Im Fall der Familie Brenner sieht das Genogramm so aus:
Wir werden nun die in diesem Genogramm enthaltenen Informationen Schritt für Schritt analysieren.

Herr Brenner stammt von einem Nebenerwerbsbetrieb, Frau Brenner von einem Vollerwerbsbetrieb in einem Bergtal Graubündens. Damit sind beide in gegensätzlichen Handlungs- und Orientierungsmustern aufgewachsen.[9] Im Vollerwerbsbetrieb in Gegenden, in denen die Höfe ungeteilt weitervererbt werden, hat die Hofkontinuität Vorrang vor den individuell gestaltbaren Lebensläufen. Erstes Ziel ist, den Hof ungeteilt zu erhalten, der älteste Sohn (in manchen Gegenden der jüngste) wird schon früh auf seine Rolle als Hofnachfolger vorbereitet, die älteste Tochter auf ihre Rolle als Bäuerin, die dann, der Tradition folgend, auf einen möglichst gleich großen Hof verheiratet werden soll. Ganz anders sieht das Sozialisationsmuster auf Nebenerwerbshöfen aus. Hier wird der Hof oft nicht als ganzer Hof weitergegeben, sondern geteilt. Falls aber nicht geteilt wird, muß einer der Söhne ihn kaufen und die Geschwister ausbezahlen. Die landwirtschaftliche Betätigung ist hier ein Nebenberuf, daneben geht der Landwirt einer Hauptbeschäftigung im Wald, bei der Gemeinde, in einer Fabrik oder in Bauhilfsberufen nach. Der Unterschied zwischen Voll- und Nebenerwerb zieht einen Unterschied in der Eigen- und Fremddefinition des Landwirts nach sich. Der Vollerwerbsbauer hat einen Bauernstolz, den er aus seiner Position als Bauer auf einem alten Hof bezieht, der die einzige Existenzgrundlage der Familie

[9] Vgl. Hildenbrand u. a. 1992

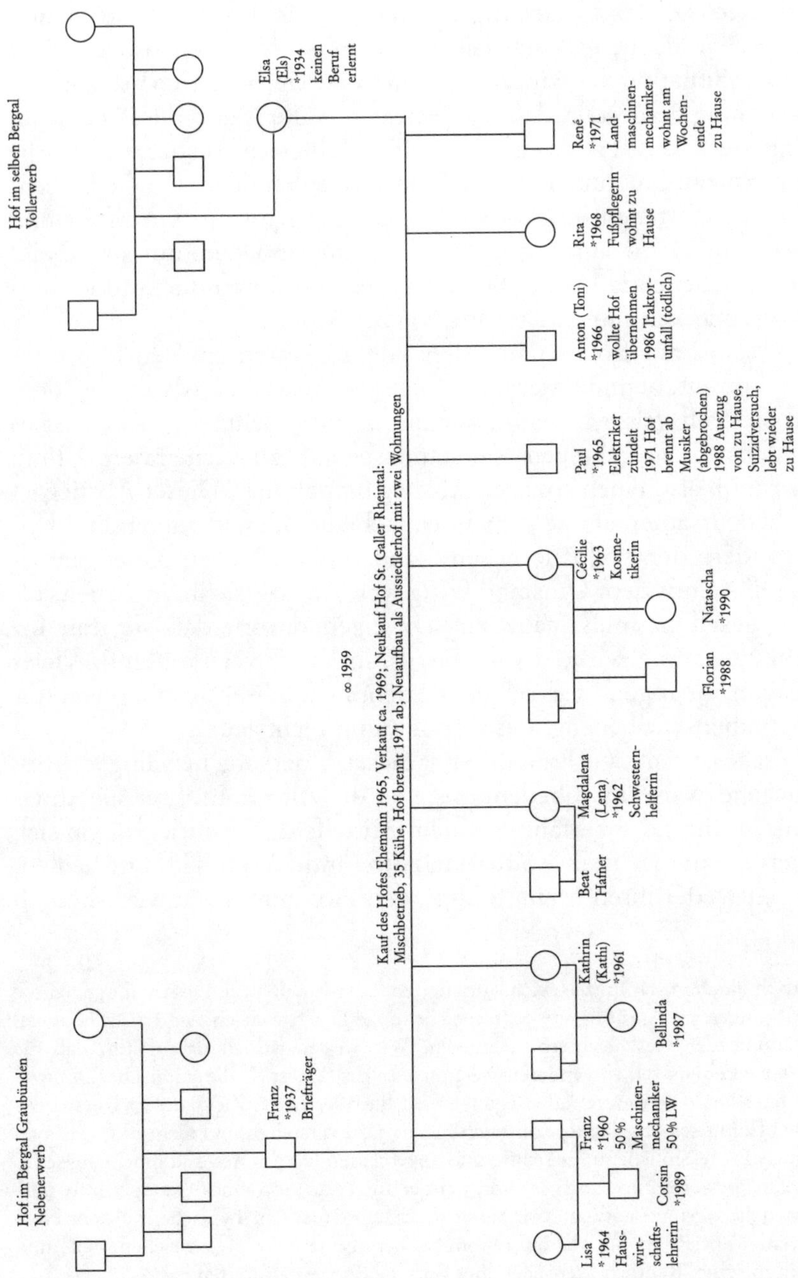
Hof im Bergtal Graubünden
Nebenerwerb
Franz
*1937
Briefträger
Hof im selben Bergtal
Vollerwerb
Elsa
(Els)
*1934
keinen
Beruf
erlernt
∞ 1959
Kauf des Hofes Ehemann 1965, Verkauf ca. 1969; Neukauf Hof St. Galler Rheintal:
Mischbetrieb, 35 Kühe, Hof brennt 1971 ab; Neuaufbau als Aussiedlerhof mit zwei Wohnungen
Lisa
* 1964
Haus-
wirt-
schafts-
lehrerin
Corsin
*1989
Franz
*1960
50 %
Maschinen-
mechaniker
50 % LW
Bellinda
*1987
Kathrin
(Kathi)
*1961
Beat
Hafner
Magdalena
(Lena)
*1962
Schwestern-
helferin
Florian
*1988
Natascha
*1990
Cécilie
*1963
Kosme-
tikerin
Paul
*1965
Elektriker
zündelt
1971 Hof
brennt ab
Musiker
(abgebrochen)
1988 Auszug
von zu Hause,
Suizidversuch,
lebt wieder
zu Hause
Anton (Toni)
*1966
wollte Hof
übernehmen
1986 Traktor-
unfall (tödlich)
Rita
*1968
Fußpflegerin
wohnt zu
Hause
René
*1971
Land-
maschinen-
mechaniker
wohnt am
Wochen-
ende
zu Hause

ist. Nebenerwerbslandwirte rangieren hingegen im lokalen Ansehen und in der lokalen Machtstruktur weit unterhalb der Vollerwerbsbauern.

Nun zur Situation der Bäuerinnen: Im Vollerwerbsbetrieb besteht eine Arbeitsteilung dergestalt, daß der Bauer im Außen- und die Bäuerin im Binnenbereich des Hofes arbeiten. Im Nebenerwerbsbetrieb ist die Bäuerin sowohl im Außen- als auch im Binnenbereich tätig, sie bedient Maschinen, fährt den Traktor und versorgt Kleinvieh, Großvieh und Haushalt. Ihr Mann ist ja tagsüber außer Haus und kann nur am Abend und am Wochenende helfen. Für die Eigen- und Fremddefinition ihres Status gilt bei Bäuerinnen dasselbe wie bei Bauern.

Wenn also Frau Brenner im Alter von 25 Jahren auf den Hof ihres Mannes kommt, befindet sie sich in folgender Situation: Als älteste Tochter hat sie früh gelernt, Verantwortung zu übernehmen. Jedoch ist es ihren Eltern nicht gelungen, sie standesgemäß zu verheiraten.[10] Frau Brenner muß also einen sozialen Abstieg hinnehmen. Dieser Abstieg ist um so bedeutsamer, als sie ja nicht einfach auf einen kleineren Hof heiratet, sondern den vollbäuerlichen Stand verläßt. Neben dieser Statusfrage muß sie mit dem Umstand fertig werden, daß sie ihren Arbeitsalltag neu gestalten muß, ganz zu schweigen davon, daß sie nun für Bereiche zuständig wird, die ihr bis dahin kaum vertraut sind. Vieles wird davon abhängen, wie sich die Beziehung zu ihrer Schwiegermutter gestaltet, aber darüber sagt das Genogramm nichts aus.

Die Frage ist nun, wie Frau Brenner diesen Übergang bewältigen wird. Naheliegend wäre (man bedenke: sie ist die Älteste in ihrer Geschwisterreihe, während ihr Mann aus dem Mittelfeld stammt), daß sie sich engagiert daran macht, ihre Situation zu verändern. Dies könnte heißen, daß sie entweder ihren Mann drängt, den Hof zum Vollerwerbsbetrieb

---

[10] Städtisch-akademisch-mittelschichtorientierten Leserinnen und Lesern mögen diese Überlegungen merkwürdig vorkommen, denn sie liegen weit ab von einem heutigen Verständnis der Geschlechterbeziehungen. Wir weisen jedoch darauf hin, daß die bäuerliche Lebenswelt von anderen Wertmustern geprägt ist als die städtische. Des weiteren beziehen sich unsere Überlegungen auf die 50er Jahre. Ziel jedes Fallverstehens ist, den Fall in seiner milieuspezifischen Eigenart zu verstehen und nicht das, was man selbst als Professionelle(r) für richtig und angemessen hält, in den Fall hineinzulesen.

Anfänger werfen uns auch oft vor, bei der Interpretation eines Genogramms normativ, d.h. wertend vorzugehen. Sie verwechseln dabei das Typische mit dem Normativen, während es uns darauf ankommt, herauszuarbeiten, in welchem zeit- und milieutypischen Rahmen Menschen ihre Entscheidungen zu treffen haben.

zu erweitern, oder aber, daß sie ihn ermutigt, den Hof aufzugeben bzw. drastisch zu verkleinern und seine außerlandwirtschaftliche Tätigkeit auszuweiten. Kinder mit mittlerer Position in der Geschwisterreihe machen in der Regel andere Erfahrungen als Älteste; der Erwartungsdruck an sie seitens der Eltern ist geringer. Diese Überlegung könnte den Schluß nahelegen, daß Herr Brenner geneigt ist, seiner Frau wichtige Entscheidungen zu überlassen.

1959 hat die Landwirtschaft noch einen festen Stand in der Gesellschaft, es werden keine Höfe aufgegeben oder Land verkauft bzw. verpachtet. Zukauf oder Landpacht kommen also als Möglichkeiten der Vergrößerung des Hofes nicht in Betracht. Bleibt die Möglichkeit der Hofaufgabe. Diese würde jedoch einen weit größeren Wandel auf seiten Frau Brenners bedingen als die Hofverkleinerung, da sie als älteste Bauerntochter gewohnt ist, in einem Betrieb Verantwortung zu übernehmen, anderes jedoch nicht gelernt hat. Das Leben einer Hausfrau und Mutter im Dorf erschiene ihr vermutlich noch weniger angemessen als das einer Bäuerin auf einem Nebenerwerbsbetrieb.

Kauf des Hofes 1965. Briefträger. Der Hof wird nicht geteilt, er wird zusammengehalten. Vermutlich war der Kauf des Hofes durch die Mitgift von Frau Brenner erleichtert worden, und der sichere Posten eines Briefträgers, den Herr Brenner innehat, dürfte das Risiko der Verschuldung überschaubar gemacht haben. Mit dem Hofkauf deutet sich eine Tendenz zur vollbäuerlichen Landwirtschaft an.

Ca. 1967 wird der Hof an ein Kieswerk verkauft. Kiesland ist teuer, und dies bedeutet, daß das Ehepaar Brenner mit dem Verkauf des Hofes einen unerwarteten finanziellen Gewinn macht. Es ist für die Beteiligten weniger eine ökonomische als eine moralische Frage, ob die Geschwister von Herrn Brenner – denen er im Grunde den Hof abgekauft hat, denn aus dem Verkaufserlös beziehen sie ihr Erbteil – an diesem nicht vorhersehbaren Gewinn hätten beteiligt werden müssen. Auch ist es eine moralische Frage, ob sich Herr Brenner mit dem Verkauf des Hofes über die Erwartung seiner Herkunftsfamilie hinwegsetzt, die Hofgeschichte zu bewahren, d. h. den Hof zu erhalten. Daß der Hof als ganzer ursprünglich an Herrn Brenner verkauft und nicht geteilt wurde, spricht für das Bestehen einer solchen Erwartung. Der Verkauf des Hofes, so kann man vermuten, macht das Ehepaar Brenner in der Herkunftsfamilie von Herrn Brenner zu Außenseitern. Es steht nun, finanziell relativ gut ausgestattet, vor der Wahl, aus der Landwirtschaft auszusteigen und sich im

Dorf in einem Neubau behaglich einzurichten, die Gegend ganz zu verlassen und in der Stadt eine neue, weniger anstrengende Beschäftigung zu suchen oder aber andernorts einen Hof zu kaufen. Andernorts meint hier die ganze Schweiz, denn Höfe waren damals kaum auf dem Markt.

Hier ergibt sich nun die Möglichkeit, unsere Hypothese vom Hineinwachsen dieses Paares in ein vollbäuerliches Muster zu überprüfen. Wird eine der beiden erstgenannten Optionen (Ausstieg aus der Landwirtschaft, Umzug in die Stadt) gewählt, muß die Hypothese verworfen werden. Um es kurz zu machen: Das Ehepaar Brenner kauft einen Vollerwerbsbetrieb im St. Galler Rheintal, ca. 90 Kilometer von ihrem bisherigen Heimatort entfernt. Frau Brenner hat sich nun also jene Situation selbst schaffen können, die zu ermöglichen ihren Eltern nicht gelungen war. Jedoch zieht diese Entscheidung eine Reihe von Problemen nach sich, die sich als Chance, aber auch als Hypothek für das Leben von Paar und Familie auswirken können. Wir vermuten:

1. Der bisherige Hof der Familie Brenner ist aufgrund von Höhenlage und klimatischen Gegebenheiten durch Weidewirtschaft geprägt. Der neue Hof läßt aufgrund seiner günstigeren Lage Mischwirtschaft (Ackerbau und Viehhaltung) zu, es können höherwertige Futtermittel wie Gerste und Mais selbst produziert werden. Herr Brenner muß also zu einem guten Teil die Landwirtschaft neu lernen: Anbaumethoden, Düngeverfahren, Maschinen etc. Für Frau Brenner ändert sich das geforderte Wissen als Bäuerin demgegenüber in weit geringerem Maße.

2. Auch in anderer Hinsicht muß Herr Brenner dazulernen. Nebenerwerbslandwirtschaft ist damals extensive Wirtschaft. Der Kapitaleinsatz für Maschinen und Düngemittel ist gering. Vollerwerbslandwirtschaft ist intensive Wirtschaft und erfolgsorientiert, weil sie das einzige Familieneinkommen liefert. In der Nebenerwerbslandwirtschaft kann Mißerfolg durch außerlandwirtschaftliche Einkommen immer kompensiert werden.

3. Jeder Hof hat seine individuelle Struktur. Das Wissen, was auf der vorhandenen Fläche wie angebaut werden kann, läßt sich nur begrenzt aus Büchern oder von Experten erfahren. Es wird statt dessen von der älteren Generation an die jüngere weitergegeben. Herr Brenner, der den neuen Hof nicht erbt, sondern kauft und der auch keine landwirtschaftliche Lehre gemacht hat und deshalb kaum mit Fachzeitschriften oder -büchern hantieren wird, muß sich ganz neu in die individuellen Gegebenheiten dieses Hofes einarbeiten, er kann niemanden von den Vorbesitzern fragen.

Frau Brenner ist zunächst in einer günstigeren Lage als vorher auf dem Nebenerwerbshof. Sie kann nun in eine Position eintreten, die ihr von Kind an vertraut ist. Aber auch für sie – wie für die ganze Familie – zeigt sich Neues, das bewältigt werden muß. Sie und ihr Mann kommen aus einem entlegenen Hochtal mit ökonomisch und kulturell ländlicher Prägung sowie mit Streusiedlungscharakter. Der neue Hof liegt mitten in einem Haufendorf. Man kann sich den Unterschied mit einem Bild deutlich machen: Wenn bei Brenners früher der Sonntagsbraten anbrannte, merkte das außer der Familie niemand. Jetzt aber merken es möglicherweise die Nachbarn eher als die Köchin. Überdies bilden im neuen Dorf die Landwirte eine Minderheit, Arbeiterfamilien stellen die Mehrheit. Außerdem ist die Herkunftsgegend der Brenners durchgängig katholisch geprägt; nicht weit von ihrem früheren Haus verläuft die Religionsgrenze, die im Alltag im Sinne von „wir" und „die anderen" präsent ist. Im neuen Wohnort sind die Konfessionen gemischt.

Die Übergänge zwischen Familie und Dorf müssen neu gestaltet werden. Besonders wichtig wird diese Aufgabe, wenn die Kinder größer werden, sich ihre Spielkameraden im Dorf suchen und zur Schule gehen. Frau Brenner kann dabei nicht auf die Unterstützung ihrer Mutter, ihrer Schwestern oder Schwägerinnen zurückgreifen, die durch den Umzug in die Ferne gerückt sind. Sie ist alleine auf sich gestellt, sowohl in der Bewältigung alltäglicher Anforderungen als auch in der Anwendung von Erfahrungswissen und Handlungsrezepten. Wegen der Konkurrenzstellung der Familie im Dorf wird es ihr vermutlich nicht leicht gelingen, Freundinnen zu finden, die an die Stelle der Verwandten treten.

Bereits war von Kindern die Rede, aber über die Kinderzahl der Brenners wissen wir bisher nichts (wie erwähnt, wir interpretieren kontextfrei, um den Spielraum der Hypothesenbildung möglichst offenzuhalten). Katholische Bauernfamilien weisen im Schnitt eine höhere Kinderzahl auf als evangelische. Familien mit Vollerwerbsbetrieben, die ungeteilt vererbt werden, begrenzen ihre Kinderzahl, um die Hofübergabe nicht durch finanzielle Verpflichtungen gegenüber den weichenden Erben über Gebühr zu erschweren. Familien mit Nebenerwerbsbetrieben benötigen Kinder als Arbeitskräfte und tendieren zu höherer Kinderzahl. Zu diesen allgemeinen Erfahrungsregeln treten die individuellen Erfahrungen von Herrn und Frau Brenner mit ihren eigenen Herkunftsfamilien – beide haben vier Geschwister.

Anhand dieser Ausgangslage lassen sich nun folgende Hypothesen entwickeln: Frau Brenner bringt vermutlich eine Bereitschaft zu einer eher niedrigeren Kinderzahl (fünf und weniger) mit, Herr Brenner wird sich, als traditioneller Nebenerwerbsbauer, auf eine größere Kinderzahl einstellen.

Zwischen 1960 und 1971 kommen acht Kinder zur Welt. Wenn wir davon ausgehen, daß Empfängnis nicht einfach geschieht, sondern in den Bereich des autonomen Handelns gehört und damit mit einem Sinn verbunden ist, dann lassen sich folgende Überlegungen anstellen: Geht diese Kinderzahl eher auf die Handlungsorientierung von Frau Brenner zurück, dann läßt sich der damit verbundene „Verstoß" gegen vollbäuerliche Erfahrungsregeln damit erklären, daß Frau Brenner viele Leute um sich haben will und Knechte und Mägde, die in ihrer Herkunftsfamilie damals den Tisch bevölkerten, durch eigene Kinder ersetzt. Möglich wäre auch eine hohe Kinderzahl als Aufwertung der eigenen Bedeutung als Frau im Prozeß der Auseinandersetzung mit der Schwiegermutter – je mehr Kinder sie zur Welt bringt, desto mehr gestaltet sie sich einen eigenen Bereich aus, in den ihr die Schwiegermutter nicht hineinregieren kann. (Man beachte, daß sechs der acht Kinder *vor* dem Kauf des Vollerwerbsbetriebs geboren werden.) Geht jedoch die Kinderzahl eher auf die Orientierungsmuster von Herrn Brenner zurück, dann setzt sich gegen die Tendenz von Frau Brenners vollbäuerlichem Orientierungsmuster das nebenerwerbslandwirtschaftliche Muster durch. In beiden Fällen treffen zwei unterschiedliche Handlungs- und Orientierungsmuster aufeinander und vermehren vermutlich die Problemlage, mit der die Familie Brenner im neuen Heimatort konfrontiert ist.

Die Summe aus diesen Überlegungen zum Genogramm der Familie Brenner lautet: Die Familie ist wohl in ihrem neuen Wohnort isoliert, sie ist abgeschnitten von sozialer Unterstützung, deren sie durch die neue Situation jedoch in besonderer Weise bedürfte. Sie steht in erheblichem Maße unter Streß und verfügt nur unzureichend über Möglichkeiten der Streßbewältigung.

Wie kann die Familie Brenner darauf reagieren? Auf Streß sind Reaktionsformen möglich, die Streß vermehren, indem sie inadäquat sind, aber auch solche, die Streß reduzieren (Welter-Enderlin 1989). Den Streß vermehren würde eine Tendenz, die Familie nach außen abzuschotten und aus eigenen psychosozialen Ressourcen zu leben. Den Streß vermindern würde eine Haltung der Öffnung auf das Dorf und der schrittweisen Integration. Dies ist jedoch durch die voraussichtlich ablehnende

Haltung der relevanten Bezugsgruppe im Dorf, der Landwirtsfamilien, erschwert oder unmöglich. Denn die Fremden sind Eindringlinge, die die eigene Position gefährden, und an den Stammtischen wird man Prognosen stellen, wie lange es wohl dauern wird, bis die Brenners aufgeben und dorthin zurückkehren, wo sie hergekommen sind. Nur: Die Familie Brenner kann nicht aufgeben, denn sie kann nicht mehr zurück, der ursprüngliche Hof ist abgerissen, an seiner Stelle gähnt das Loch einer Kiesgrube.

Die Genogrammanalyse am Beginn eines therapeutischen Prozesses. Wir haben mit dieser Genogrammanalyse gezeigt, daß mit Hilfe einiger weniger biographischer Daten bereits reichhaltige Hypothesen entwickelt werden können. Diese können mit den Hypothesen, die während des ersten Familiengesprächs und im Anschluß daran gebildet werden, konfrontiert werden, woraus sich ein erster Zugang zur Sinnstruktur einer Person, eines Paares oder einer Familie entwickelt. Alles, was man dazu braucht, ist therapeutisches Wissen von sowie therapeutische Erfahrung mit familiendynamischen Prozessen und Basiswissen über die Region und die region- und milieuspezifischen Problemlagen, aus der eine Familie kommt. Oft reicht schon ein Blick auf eine Landkarte, um wesentliche Hypothesen generieren zu können – in unserem Beispiel sind Informationen über Siedlungsstruktur und landwirtschaftliche Produktionsstruktur für die Hypothesenbildung wichtig.

Ausbildungskandidatinnen und Ausbildungskandidaten stellen uns, wie schon erwähnt, häufig die Frage, ob es überhaupt sinnvoll sei, die knapp bemessene Zeit in einer Privatpraxis oder auf einer psychiatrischen Akutstation in die Genogrammanalyse zu investieren. Hier gilt die Erfahrungsregel: Je mehr Zeit und Energie am Anfang eines therapeutischen Prozesses in die Hypothesenbildung investiert wird, desto rascher kommt der Prozeß in Fahrt. Vor allem gilt dies unter der Voraussetzung, daß Genogrammarbeit, die ja schon im ersten Gespräch mit Klienten über ihre Geschichte beginnt, an sich schon therapeutischer Prozeß ist. Im übrigen können Therapeutinnen und Therapeuten in der Genogrammarbeit um so rascher Hypothesen generieren, je erfahrener sie sind. Vor allem in den Anfangsjahren therapeutischer Arbeit, bei problematisch verlaufenden Prozessen sowie bei der ständigen Überprüfung der eigenen Kompetenzen unter der Fragestellung „Wie offen bin ich noch für das Einmalige neuer Klienten?“ bietet sich extensive Genogrammarbeit an. Der passende Ort dafür ist die Supervision.

Zusammenfassung der zentralen Aspekte in der Therapie der Familie Brenner

Wir ziehen nun unsere Überlegungen zur Sinnstrukturhypothese der Familie Brenner zusammen, wobei wir uns auf das Wissen beziehen, über das wir (und damit auch die Leserinnen und Leser) bisher verfügen. In der Art, wie sie um eine Familientherapie nachgesucht hat, zeigt sich eine Familie, die unter einem erheblichen Problemdruck steht und die bereit ist, diese Probleme nicht zu individualisieren, d. h. einer einzigen Person zuzuschreiben, sondern als Familienprobleme zu betrachten, die gemeinsam zu lösen sind. Dabei kommt der Tochter Magdalena eine Brückenfunktion zwischen Familiensystem und Therapeutensystem zu – ob auch zum eigenen Nutzen, kann vermutet, soll aber vorerst offengehalten werden.

In der Aufnahmephase zeigt sich die Familie als eine Familie im Übergang. Lisa und Franz präsentieren sich als künftiges Hofzentrum (das Sofa könnte ja auch als Erinnerung oder Mahnung an die abwesenden Eltern frei bleiben), Paul und Magdalena als Veränderungsagenten.

Im Verlauf des Aufnahmegesprächs selbst deuten sich drei zentrale Themenbereiche an: Da ist einmal die Problematik von Paul, die ihn als Abhängigen im Familiensystem zeigt, wobei diese Abhängigkeit sich verbindet mit seiner Tendenz zum Rückzug. Aus dieser Position entwickelt er erhebliche Schwierigkeiten im Erfassen von eigener und fremder Realität. Die psychiatrische Diagnose, mit der er in das Familiengespräch gekommen ist, gewinnt so anschaulich Gestalt, insbesondere auch in der Widersprüchlichkeit „depressiver Beziehungsmuster“, die Zuwendung fordern und zugleich abwehren. In der frühen Phase der systemischen Arbeit muß dies erst einmal so festgestellt werden. Später wird der Frage nachzugehen sein, welche Bedeutung Pauls Verhalten im und für den Familienkontext hat. Aus praktischer Erfahrung wie auch aus der Fachliteratur wissen wir, daß Menschen wie Paul ihre Psychopathologie in Relation zum Familiensystem und dessen Problematik entwickeln und daß für sie dann neue Wege einer Ablösung von der Familie möglich werden, wenn die Familienproblematik gelöst wird.

Verluste und unbewältigte Neuanfänge in der Familie Brenner sowie der zukunftsblockierende, ritualisierte „Tanz“ um den Alkohol erweisen sich als weitere zentrale Aspekte im Verlauf des Aufnahmegesprächs.

In der Abschlußintervention muß die Aufgabe gelöst werden, dieses verworrene Problembündel so in eine Form zu bringen, daß die Familie in der Lage ist, eine Richtung zu sehen, in die sie sich entwickeln kann. Es muß also notwendig ausgewählt und zugespitzt werden. Nun entscheidet sich die Therapeutin für den Zugang, in alltäglicher Sprache und an klaren Handlungszusammenhängen orientiert, vier zentrale Aspekte zur Sprache zu bringen, die – wie noch zu sehen sein wird – die spätere familientherapeutische Arbeit mit den Brenners leiten werden:

- *die Verbindung von Bewahren und Verändern*
- *die bezogene Individuation einzelner Familienmitglieder mit den Aspekten Differenzierung und Integration*
- *die Betonung von Autonomie im Gegensatz zur Fremdbestimmung des Handelns*
- *die Multiperspektivität beim Treffen von Entscheidungen.*

Die im Anschluß an das erste Familiengespräch durchgeführte Genogrammanalyse ermöglicht schließlich die familienbiographische Verdichtung der im Gesprächsverlauf herausgearbeiteten Hypothesen. Die Probleme der Familie Brenner konnten gedeihen in einem Milieu, das nach außen abgeschlossen und gegenüber seinem sozialen Umfeld isoliert ist. Abgeschnitten von sozialer Unterstützung, gelingt es dieser Familie nicht, die durch die Isolation besonders verschärfte Streßsituation notwendiger Übergänge adäquat zu bewältigen.

Dies wird noch verschärft, wenn die Familie sich ausschließlich auf ihren Binnenraum zurückzieht und dort die Differenzierung der einzelnen Familienmitglieder erschwert.

Die Aufgabe in den nächsten Gesprächen wird sein, den Raum für anstehende Veränderungen zu öffnen und die Familie darin zu unterstützen, einen dafür möglichen Ansatzpunkt zu finden, der zu ihrer Lebens- und Sinnwelt paßt.

2.
Das zweite bis neunte Gespräch: Vier zentrale Aspekte der therapeutischen Arbeit und drei Bereiche der Veränderung

Zum Abschluß des ersten Familiengesprächs werden die Anwesenden von der Therapeutin eingeladen, sich zu überlegen, ob und in welcher Zusammensetzung sie zu weiteren Gesprächen kommen möchten. Es wird von ihr ein provisorischer Terminvorschlag gemacht und die Familie gebeten, ihn rechtzeitig zu bestätigen oder abzusagen. Dazu wird der Hinweis gefügt, daß die Familie selbst entscheide, ob die Zeit jetzt reif sei für Familiengespräche. Auch Familiengespräche zu einem späteren Zeitpunkt würden von der Therapeutin akzeptiert, wenn der Entscheid jetzt abschlägig sei. Wichtig aber sei, daß auch einmal Vater und Mutter bei den Gesprächen dabei seien, damit nicht immer nur über sie geredet werde. Einige Tage später ruft Magdalena an und bestätigt den zweiten Termin. Sie kündigt die Teilnahme der Mutter am nächsten Gespräch an. Vater Brenner sei inzwischen über die Gespräche informiert, er meinte: „Geht nur, das wird euch gut tun." Er selbst werde aber beim Gespräch nicht anwesend sein.

Wir werden nun den Verlauf der therapeutischen Arbeit mit der Familie Brenner in dessen erstem Abschnitt (2. bis 9. Gespräch) darstellen. Wir folgen dabei dem chronologischen Verlauf und organisieren die Darstellung um die drei Bereiche anstehender Veränderung: Pauls Individuierungsprozeß, die Entscheidung über die weitere Geschichte des Hofes, die Bewältigung der Suchtproblematik des Vaters. Auf diese drei drängenden Handlungsbereiche der Familie Brenner beziehen wir die erwähnten vier zentralen Aspekte der therapeutischen Arbeit: Bewahren und Verändern, bezogene Individuation, Autonomie vs. Heteronomie sowie Multiperspektivität beim Treffen von Entscheidungen. Das heißt also, daß, entsprechend unserem Konzept familientherapeutischen Wissens und Handelns, allgemeine strukturelle Aufgaben von Familien immer exemplarisch anhand der von ihnen präsentierten spezifischen Probleme zur Sprache gebracht werden.

Im neunten Gespräch wird sich dann ein Wendepunkt im therapeutischen Prozeß ankündigen: Die Familie rückt in den Hintergrund, ihre Schwierigkeiten sind so weit gelöst, daß sie sich eigenständig weiterentwickeln kann. Nun rückt Magdalenas lebensgeschichtliche Problematik sowie ihre Ehe in den Vordergrund.

Die vier zentralen Aspekte der therapeutischen Arbeit und die drei Bereiche anstehender Veränderung fassen wir nun in folgendem Schema zusammen:

Vier zentrale Aspekte der therapeutischen Arbeit

Bewahren und Verändern	Bezogene Individuation	Multiperspektivität (Differenzierung und Integration)	Autonomie vs. Heteronomie beim Treffen von Entscheidungen

Drei Bereiche von Veränderung

Pauls Individuierungsprozeß	Entscheidung über die weitere Geschichte des Hofes	Alkoholismus des Vaters

Bei der Bearbeitung von *Pauls Individuierungsprozeß* handelt es sich um den primären Auftrag, mit dem Paul und seine Geschwister, unterstützt durch die behandelnde Psychiaterin, die Kontaktaufnahme mit der Therapeutin begründen. Zunächst ist also Paul der identifizierte Patient. Bereits beim ersten Familiengespräch jedoch thematisiert die Familie, wie erwähnt, zwei weitere drängende Bereiche der Veränderung, nämlich den *Alkoholismus des Vaters* und die *anstehende Hofübergabe.* Letztere ist jedoch nicht möglich ohne eine Veränderung im Trinkverhalten des Vaters. Die Therapeutin übersetzt die anstehende Problematik als Wunsch der Familie, daß der Vater den Hof im nüchternen Zustand übergebe, daß er also am Prozeß der Hofübergabe als verantwortlich Handelnder teilnehme.

Den damit verbundenen Handlungsauftrag nimmt die Therapeutin im ersten Familiengespräch auf und bringt ihn an prominenter Stelle, nämlich in der Abschlußintervention, zur Sprache. Blenden wir zurück: Die Therapeutin vermittelt dort der Familie eine Sichtweise, derzufolge sie der Sucht nicht hilflos ausgeliefert sei, sondern Veränderungen bereits jetzt, auch wenn der Vater ständig betrunken sei, erreichen könne. Jedoch müsse radikal ihre bisherige Sichtweise verändert und der Tanz um die Flasche unterbrochen werden. Dieser Perspektivenwechsel beinhaltet, den Abhängigen nicht als das zu schonende, dem Alkohol verfallene Opfer zu sehen, sondern als ein autonomes Subjekt, bei dem zumindest die Möglichkeit zu verantwortungsvollem Handeln vorhanden ist, falls der bisherige interaktionelle Rahmen verändert wird.

Das zweite Familiengespräch: Angst um Paul/Planung der Konfrontation des Vaters

Am zweiten Familiengespräch nehmen neben den beim ersten Gespräch Anwesenden (Lisa, Franz, Magdalena, Cécile, Paul und Rita) zusätzlich die Mutter sowie René, der Jüngste der Geschwister, teil. Es findet drei Wochen nach dem ersten Familiengespräch statt. Für die Anwesenden geht es einerseits um Pauls Suizidversuch und um ihre Angst um ihn. Andererseits geht es um die Planung einer Konfrontation des Vaters mit seinem Alkoholismus. Wir beginnen mit Paul.

Pauls Individuierungsprozeß. Zunächst wollen wir in Erinnerung rufen, in welcher Weise Pauls Lebenssituation im ersten Familiengespräch thematisiert wurde: Paul zeigte sich in der Phase eines „lebensgeschichtlichen Moratoriums" nach dem Scheitern verschiedener Versuche, sich von der Familie abzulösen. Dazu gehört zunächst der berufliche Bereich: Seine hochfliegenden Ambitionen, den Weg des Berufsmusikers einzuschlagen, mußte er aufgeben. Der Aufschlag auf dem Boden der Tatsachen war hart. Seither ist er auf einer niedrigen Qualifikationsstufe als Maschinenarbeiter tätig, d. h. unterhalb seines erlernten Berufs als Elektriker. Eine Änderung ist nicht in Sicht. Paul: „Es zeigt sich einfach Verschiedenes ... Wachsen, Reisen."[11] Diese Formulierung macht den Standverlust Pauls deutlich; seine berufliche Zukunft hat weder Kontur, noch ist der Suchprozeß strukturiert. Sein Versuch, eine Lehre als Graphiker zu beginnen und damit neue Perspektiven zu gewinnen, endet in Angst, Zusammenbruch und Suizidversuch als für ihn typische Fluchtstrategien.

Auch Pauls räumliche Distanzierung von der Familie hatte nur für knapp zwei Monate Bestand. Wir fragen uns natürlich, was ihn, der zum Zeitpunkt des ersten Familiengesprächs immerhin 25 Jahre alt ist, daran

[11] Reisen ist für Schweizer in Pauls Alter ein ständiges Thema, seine Generation setzt damit ein altes Schweizer Muster fort.

hindert, sich von der Familie zu lösen. Eine Antwort darauf gibt er selbst im ersten Familiengespräch:

Welter: Da wurde dann also einfach empfohlen, daß eine Familientherapie das beste wäre?

Magdalena: Ja, doch, Frau Dr. M. hat dir doch *(bricht ab)*

Paul: Also nicht im Zusammenhang mit mir, also nicht im Zusammenhang mit mir, sondern mit dem Vater. *(Pause)* Also Vater ist Alkoholiker. Und ich habe auch heute noch das Gefühl, daß das sehr, sehr stark mitgewirkt hat, dadurch daß ich immer quasi – so – das ganze Verhältnis aufrechterhalten habe oder daß sich das verbessert.

Pause

Paul und Welter fangen gleichzeitig zu reden an.

Paul: Und so hat sich das ...

Welter: Also das Verhältnis zwischen Ihnen und Ihrem Vater?

Paul: Ja oder überhaupt zur ganzen Familie. Für mich persönlich, das hat sicher alles stark mitgewirkt. Das geht nun schon eine sehr lange Zeit so. Und ich war sehr oft zu Hause. Das war als ich mit der Musik gearbeitet habe und ich habe dann sehr große Schuldgefühle bekommen, weil Vater sehr viel arbeiten mußte und ich für mich gearbeitet habe. So bin ich natürlich – im Sinn – „angestanden" und ich konnte das Problem einfach nicht rauslassen. Ich habe es einfach geschluckt.

Paul befindet sich demnach in einem zum Zeitpunkt dieser Äußerungen schwer auflösbaren Konflikt zwischen Bindung und Ablösung.[12] Ablösung wird von ihm als schuldhaft, als Verrat an seiner Mission, die Familie zu retten, empfunden. Über Distanzierungsmöglichkeiten gegenüber dieser Mission verfügt er nicht. Hier erinnern wir uns an die Hypothesenbildung zu Beginn der Therapie, derzufolge Paul in einer Familie aufgewachsen ist, die nach außen abgeschlossen und nach innen schwach differenziert ist. Dazu kommt, wie sich im ersten Familiengespräch zeigt, daß in dieser Familie schmerzhafte Ereignisse wie z. B. Verluste nicht thematisiert werden. Diese Verluste beziehen sich auf die Aufgabe der alten Heimat im Jahr 1968, auf den von Paul durch Zündeln verursachten Brand des Hofes 1971 und auf den Tod des Sohnes Anton, der als Hofnachfolger vorgesehen war, 1988. Ablösung setzt jedoch die

[12] Bowen 1978, Haley 1981, Stierlin 1980, Hildenbrand 1985

Bewältigung von Verlusten und den Abschluß schmerzlicher Geschichten voraus.

Paul hat offenbar noch etwas zu erledigen, bevor er die Familie verläßt. Er muß das Gefühl entwickeln können, daß seine Familie ohne ihn zurechtkommt. Deshalb wohl deklariert er die in den familientherapeutischen Gesprächen zu verhandelnden Themen als solche, die den Vater betreffen. Er selbst definiert sich indirekt als Türöffner zu diesen Themen – darauf verwiesen wir im Kommentar zur ersten Sitzung. Für die Therapeutin verknüpft sich damit die Perspektive, daß Pauls Individuierungsprozeß um so eher gelingen wird, je stärker die Familie in einen Prozeß der Grenzöffnung, Differenzierung und Enttabuisierung von Verlusterlebnissen eintritt. Die Therapeutin wird damit sinnvollerweise zu Pauls Verbündeter in seinem Ablöseprozeß – und zwar einem Ablöseprozeß, der unter Streß psychotisch gefärbte Züge bei ihm annimmt, wie sich bereits gezeigt hat. Paul droht vermutlich, falls diese drängenden Probleme nicht gelöst werden, eine Karriere in der Psychiatrie.

Im zweiten Familiengespräch wird die Vermutung, daß Paul sozusagen mit dem Rücken zu seiner Ablösung von der Familie steht und in die Familie hinein- anstatt aus ihr herausblickt, sowie unsere Annahme, daß er erst dann gehen kann, wenn er für die Familie Grundlegendes geklärt hat, in einem einzigen Satz zur Gewißheit: „Ich will einen Vater, der wieder Vater wird“, sagt Paul. Er meint damit, daß eine der entscheidenden Positionen in der Familie besetzt sein muß, derzeit aber nicht besetzt ist, obwohl die dafür notwendige Person vorhanden ist. Damit fehlt aber die Voraussetzung dafür, daß die jüngere Generation sich von der älteren Generation ablösen kann, ohne in Schuldgefühlen gefangen zu bleiben.

Paul: Ich will einen Vater, der wieder Vater wird. Mir ist es, ja mir ist es egal, was er macht, quasi so, also ich will ihm keine Vorwürfe machen, ich will einfach wieder sehen, daß es harmoniert. Daß er dir *(zu Franz gesprochen)* den Hof in einem Zustand übergeben kann, wo er bei sich selber ist. Damit er sagen kann: ‚Franz, jetzt machen wir das so und so‘, daß er mit dir zusammen diskutieren kann. Daß er in einem Zustand, ist, wo er wirklich *(Pause, undeutlich)* das möchte ich und dann kommst du dran, und du kommst dran *(zu Mutter und Geschwistern),* und alle kommen dran und können ihm sagen, was sie von ihm wollen. Aber versucht ihm ja nicht zu sagen, was *er* machen soll. *Ihr* wollt das einfach, das ist *euer* Wunsch und nicht mehr. Denn wenn wir ihm Vorwürfe machen würden, das wäre totaler Blödsinn. Ich habe nämlich nicht das Recht, ihm Vorwürfe zu machen, und er mir auch nicht. Er kann mir höchstens sagen: ‚Verlasse das Haus.'

Interessant ist hier der ständige Wechsel zwischen „ich" und „wir". Paul will die Strukturierung, er macht damit den Weg frei für die anderen in der Familie, und er kann die Situation vorübergehend von außen betrachten, und zwar entweder aus der Perspektive dessen, der die Familie schon verlassen hat, oder aber dessen, der innerhalb der Familie eine Metaposition einnimmt (vergleichbar mit der eines Co-Therapeuten). Aber immer ist der Wunsch präsent, seine Ablösung nicht selbst leisten zu müssen, sondern abgelöst zu werden: „Verlasse das Haus." Immerhin zeigt Paul in dieser Sequenz, daß er zwischen Innen- und Außenperspektive wechseln kann. Allerdings ist dieser Wechsel noch nicht strukturiert. Paul ahnt die Notwendigkeit des Wandels, hat aber dafür weder eine Vision noch ein Modell. Während Paul einerseits verlangt, daß in der Familie die entscheidenden Positionen besetzt werden und daß die betreffenden Personen ihre Verantwortung wahrnehmen, zeigt er andererseits, daß sein Bild von Familienstruktur kaum mehr als ein grobes Orientierungsraster aufweist. Er orientiert sich nämlich fraglos am traditionalen und in der heutigen Zeit weithin überholten Bild der patriarchalen Familie.

Bei der Diskussion zur geplanten Konfrontation von Vater Brenner, auf die wir zurückkommen werden, sagt z. B. Paul auf Mutters Einwand, daß mit dem Vater nicht zu reden sei, weil er immer alles ins Lächerliche ziehe:

Paul: Ja natürlich, und was immer er dann sagt, da geht ja die Diskussion auch weiter und dann sagen wir äh wir wollen das jetzt mal so. Wenn es nicht so ist, dann werden wir dir sagen, daß wir etwas anderes, daß wir, ja irgend etwas ...

In seiner Unsicherheit entschließt er sich, für das Konfrontationsgespräch mit Vater Brenner Hilfe von außen vorzuschlagen:

Paul: Wäre es nicht vorsichtiger, wenn jemand von außen, der eben nicht zur Familie gehört, mitspielt? Und vor allem die Diskussion führt, weil dann ist er, dann ist er ganz, dann ist es für ihn ganz anders.

Daß diese Hilfe von außen nicht direktive, sondern moderierende Funktion haben soll („die Diskussion führen"), ist interessant. Damit erweist sich Paul implizit als „Musterklient" im Meilener Konzept, bei dem wir den Therapeuten bzw. die Therapeutin ja auch eher als Moderator denn als direktiven Lösungsexperten verstehen. Zwei Familiengespräche haben offenbar genügt, um weniger auf der proklamativen als auf der gelebten Ebene ein therapeutisches Handlungsmuster zu etablieren.

Auffallend ist, wie aktiv Paul in dieser Sequenz um Lösungen ringt und wie sehr er sich gleichzeitig als loyaler Seelenverwandter seines Vaters und als Quasitherapeut seiner Familie zu erkennen gibt. Er zeigt dabei einen großen Realitätsbezug und eine gute Sensibilität. Dadurch bekräftigt er die Hypothese der Therapeutin, daß er als „Türöffner" für den notwendigen Wandel in der Familie eine große Bedeutung hat. Aus Respekt für sein Ringen um den Ablöseprozeß konnotiert sie seine Rolle als „Co-Therapeut" und Türöffner positiv.

Gleichzeitig fällt der Therapeutin, wie schon oft, die Verwandtschaft der interaktionellen Dynamik bei Depression und Alkoholismus auf. Beide Symptomatiken werden von den Betroffenen gleichzeitig als unwillkürliche, unkontrollierbare und – im Widerspruch dazu – als kontrollierbare Reaktionen auf eine problematische Situation dargestellt. Diese widersprüchliche Beschreibung erzeugt sowohl für die Betroffenen als auch für deren Bezugspersonen die bereits erwähnte Beziehungsfalle von Allmacht und Ohnmacht. Sowohl durch die Symptomatik der Depression als auch der Alkoholabhängigkeit werden intensive Hilfs- und Kontrollangebote ausgelöst. Je heftiger diese Appelle des Klienten oder der Klientin ausfallen, desto „falscher" sind die Angebote der Bezugspersonen in derselben Münze (Hilfe oder Kontrolle), da sie das Allmachts-Ohnmachts-Spiel unendlich verstärken. Wir werden davon eine Kostprobe im achten Familiengespräch erleben.

Im zweiten Teil des Gesprächs bringt Magdalena noch einmal das Thema auf ihre Angst, daß Paul einen zweiten Suizidversuch machen könnte. Alle anderen Anwesenden unterstützen sie in ihrer Sorge. Paul reagiert darauf mit einer euphorisch wirkenden Erklärung, daß er inzwischen „in guten Händen" sei und „nur positive Gedanken" habe. Er erwähnt, daß er einen Geistheiler besuche und von diesem positiv geleitet werde und daß er auch in diesem Moment dessen positive Vibrationen spüre. Dies ist eine Stelle, an der Paul psychotisch verwirrtes, schwer einfühlbares Verhalten zeigt.

Zwei Dinge scheinen Paul an dieser Stelle relativ rasch auf den Boden der Realität zu bringen: daß die Therapeutin ihn im ersten Gesprächsteil in seiner Expertenrolle als Veränderer positiv unterstützt hat und daß sie trotz Pauls Verwirrung gelassen beim Auftrag der Familie bleibt und konkret den ausgelegten Faden weiterspinnt, bis sich eine Art „Vertrag" zwischen Paul und seinen Angehörigen in bezug auf seinen und ihren Umgang mit möglichen depressiven Einbrüchen bei ihm ergibt. Diese „Rahmung" durch die Therapeutin bewährt sich und stabilisiert Paul relativ bald.[13]

Das Gespräch endet, soweit Pauls Problematik angesprochen ist, mit der gegenseitigen Vereinbarung, daß Paul in künftigen ausweglosen Situationen seine Schwester Magdalena anruft und ihr mit Worten sagt, was er bei seinem Suizidversuch nonverbal, als verschlüsselten Code, ausdrückte: „Ich brauche Hilfe und möchte mit dir darüber reden, was ich jetzt tun kann." Die Vereinbarung schließt auch ein, daß Magdalena den Notarzt benachrichtigt, falls sie den Eindruck hat, sie „erreiche" Paul nicht. Die Vereinbarung wird später allen Anwesenden schriftlich zugesandt.

Mit ihrem Vorgehen übernimmt die Therapeutin stellvertretend für die Familie Strukturierungsleistungen. Paul wird sowohl hinsichtlich seiner Situation als Hilfebedürftiger als auch in seiner Expertenrolle für die Familie gestützt. Dagegen könnte eingewandt werden, daß damit die Ablösung Pauls eher verhindert als gefördert wird. Jedoch ist zu bedenken, daß parallel zu tatsächlichen Ablöseschritten das „Innen" geklärt werden muß. Während also bei oberflächlicher Betrachtung die Intervention der Therapeutin als ablösungsverhindernd interpretiert würde, zeigt ein genaueres Hinsehen, daß die Therapeutin ihr Verhalten maßgeschneidert auf diese Situation bezieht. Im Sinne von Fallverstehen in der Begegnung nimmt sie Paul ernst als Person, die sich so lange nicht ablösen kann, wie sie sich aufgerufen fühlt, innerhalb der Familie (auch zur eigenen Schuldentlastung) für Struktur zu sorgen.

Alkoholismus des Vaters. Es wird in diesem Gespräch rasch deutlich, daß die Familie den Vorschlag der Therapeutin im ersten Familienge-

---

[13] In der Herkunftsfamilie der Therapeutin saßen, als sie ein Kind war, oft Patientinnen und Patienten der Zürcher Psychiatrischen Klinik am Familientisch, die im Geschäft mitarbeiteten. Dort und später als Professionelle in der psychiatrisch-stationären Arbeit mit verwirrten Adoleszenten lernte sie, wie beruhigend für diese Menschen ein Rahmen von Respekt und Halt durch alltägliche, konkrete Sprache sowie das Vorgeben von Grenzen ist. Vgl. auch Ciompi (aaO.).

spräch (vgl. die Abschlußintervention dort) vorerst gedanklich aufgegriffen hat, den Vater mit ihren Beobachtungen über seinen Alkoholabusus zu konfrontieren und ihm ihre Sorge mitzuteilen, daß die dringend nötige Hofübergabe mißlingen könnte, wenn er sich weiterhin mit Hilfe des Alkohols aus der Verantwortung ziehe. Ihre Idee zur Durchführung der Konfrontation ist, daß alle erwachsenen Kinder (ohne ihre Partner) an einem der kommenden Sonntage zum gemeinsamen Frühstück ins Elternhaus kommen und den Vater mit ihren Beobachtungen seines Trinkverhaltens und ihren Sorgen konfrontieren. Dieser Zeitpunkt wird gewählt, weil der Vater dann – vor seinem üblichen Gang zur Messe – am ehesten nüchtern und aufnahmefähig sei.

Während die Therapeutin zur Besprechung mit ihrem Kollegen hinter die Einwegscheibe geht, bespricht die Familie auf deren Vorschlag hin die Frage, welche Konsequenzen die Konfrontation des Vaters haben könnte und wie sie damit umgehen würde. Wir geben nun diese Sequenz wieder, in der die Familie ohne therapeutische Begleitung das Thema bespricht, und kommentieren die entscheidenden Stellen.

Paul: Der hat uns alle gern, nach wie vor. Der würde das nie machen, der würde nie irgendwo anders hingehen.

Magdalena: Oder daß wir einfach – –

Paul unterbricht und redet unbeirrt weiter.

Paul: Das ist für ihn nicht möglich, das ist für ihn gar nicht möglich. Da bin ich voll und ganz überzeugt, darum denke ich, wenn da jeder von uns einmal so reagiert, wenn es dieses Gespräch gibt, und wie Vater genau reagiert, das muß man dann abwarten, wahrscheinlich läuft er davon. Es kann aber auch sein, daß er nicht davonläuft. Wenn er aber davonläuft, müssen wir etwas warten.

Franz unterbricht ihn, unverstehbar. Paul redet weiter, auch unverstehbar.

Mutter: Je nachdem, wie es ihm dann geht.

Paul redet weiter, schnell und undeutlich, wahrscheinlich stimmt er der Mutter zu:

Das Ganze noch einmal versuchen, wenn er beim ersten Mal nicht auf die Konfrontation eingeht.

Pause

Paul: Dann, was machen wir dann?

Schaut abwartend in die Runde und fährt fort.

Paul: Ja, dann müssen wir eine längere Zeit, vielleicht ein, zwei oder drei Wochen, wieder abwarten. Wollen wir, ja, wollen wir --
Franz: Du mußt einfach sehen --
Paul: Wollen wir diese Zeit eingehen?
Franz: Du mußt einfach sehen, wenn wir das alles machen wollen, müssen wir es durchziehen --
Paul: Ja aber ...

In diesem Abschnitt werden die Fronten der Veränderungsbeschleuniger einerseits und der Veränderungsverzögerer andererseits sichtbar. Paul und die Mutter vertreten einen weichen und widersprüchlichen Kurs, wobei die Widersprüchlichkeit darin besteht, daß Konfrontation nicht in einer Haltung des Abwartens zu haben ist. Pauls Angst ist, daß die direkte Konfrontation des Vaters die Familienharmonie stören könnte. Die Vorstellung ist ihm fremd, daß man sich von einer geliebten Person abgrenzen kann (Differenzierung), ohne gleichzeitig die Nähe zu ihr aufzukündigen (Integration). Weder Paul noch die Mutter können sich mit dem Gedanken anfreunden, daß dem Vater für sein Trinkverhalten Verantwortung zugeschrieben werden kann. Wenn beide sagen, man müsse abwarten, dann heißt das, man müsse auf einen günstigen Zeitpunkt warten, an dem der Alkohol den Vater weniger im Griff hat. Hier geht es also erneut um den Aspekt Autonomie vs. Heteronomie im Suchtverhalten.

Magdalena und Franz bringen, angeregt durch die Therapeutin, die Veränderungsperspektive ins Gespräch. Franz handelt aus der Perspektive des Machers („Wir müssen es durchziehen"). Dies entspricht seinem Persönlichkeitsmuster, aber auch den aktuellen Notwendigkeiten der Situation. Schließlich muß rasch etwas geschehen, wenn der Hof gerettet werden soll, und er ist der mögliche Hofnachfolger, dem die Felle davonzuschwimmen drohen. Magdalena ist zurückhaltender, weil in bezug auf dieses Thema distanzierter: „Oder daß wir einfach ..." Sie setzt an, Optionen und damit eine Vielfalt von Sichtweisen beim Treffen von Entscheidungen ins Spiel zu bringen, kommt aber zunächst gegen Pauls Wortschwall nicht an, dessen Bedeutung zu sein scheint, die sich abzeichnende Entwicklung einer Veränderung zuzudecken.

Franz: Wenn wir also zum Beispiel sagen: ‚Also tschüß, schau mal selber weiter', und dann kommen wir in einer Woche wieder, dann sagt er doch: ‚Ja, die kommen schon wieder.'

Paul: Nein, Franz! Du sagst ihm das in der ersten Diskussion aber gar nicht. Was wir sagen, ist, daß wir das alles nicht mehr wollen.

Franz: Ach so, ja, gut.

Paul: Ich will einen Vater, der wieder Vater wird. Mir ist es, ja mir ist es egal, was er macht, quasi so, also ich will ihm keine Vorwürfe machen, ich will einfach wieder sehen, daß es harmoniert. Daß er dir den Hof in einem Zustand übergeben kann, wo er bei sich selber ist. Damit er sagen kann: ‚Franz, jetzt machen wir das so und so', daß er mit dir zusammen diskutieren kann. Daß er in einem Zustand ist, wo er wirklich *(Pause, undeutlich, es fällt das Wort Alkohol)* das möchte ich, und dann kommst du dran, und du kommst dran (zu Mutter und Geschwistern gesprochen) und alle kommen dran und können ihm sagen, was sie von ihm wollen. Aber versucht ja nicht, ihm zu sagen, was *er* machen soll. *Ihr* wollt einfach, das ist *euer* Wunsch und nicht mehr. Denn wenn wir ihm Vorwürfe machen würden, das wäre totaler Blödsinn. Ich habe nämlich nicht das Recht, ihm Vorwürfe zu machen, und er mir auch nicht. Er kann höchstens sagen: ‚Verlasse das Haus.'

Mutter unterbricht ihn.

Mutter: Ja, *(unverstehbar)* Er kommt ja gleich mit seinen Witzen, von denen er für jeden einen parat hat.

Paul: Ja natürlich, und was immer er dann sagt, da geht ja die Diskussion auch weiter, und dann sagen wir äh, äh, wir wollen das jetzt mal so. Wenn es nicht so ist, dann werden wir dir sagen, daß wir etwas anderes, daß wir, ja irgend etwas ...

Magdalena: Damit er Stellung nehmen kann. Und wenn er uns sagt, das können wir nicht von ihm verlangen?

Paul: Ja, ehm, ehm.

Magdalena: Was sagen wir dann? Dann, dann sagen wir ihm einfach, daß wir uns von ihm zurückziehen, daß ich mich zum Beispiel nicht mehr sehen lasse.

Mutter und Paul gleichzeitig, Mutter unverstehbar.

Paul: Ja, dann brauch ich gar nicht mehr mit ihm zu diskutieren.

Alle reden durcheinander, Cécile setzt sich durch.

Cécile: Das einzige ist, wir müssen die Mutter mitnehmen, denn sie würde zugrunde gehen, wenn wir nicht mehr nach Hause kämen.

Magdalena und Paul (beide zusammen): Tja.

Cécile: Das ist ja dann auch noch das Problem.

Magdalena: Die Frage ist ja auch

Magdalena wird von Franz und Paul gleichzeitig unterbrochen, Franz setzt sich durch.

Franz: Sie (die Mutter) müßte es einfach eine bestimmte Zeit durchhalten.

Franz: Wenn das Gespräch mit dem Vater nichts bringt, würde man das ja sowieso nochmals probieren.

Pause

Paul: Ja, und dann käme schon das nächste, dann müßten wir wieder zusammenkommen. Was wollen wir weiter machen? Denn seine Reaktion kennen wir ja nicht. Sie kann natürlich so verheerend sein, daß, daß wir ihn nicht mehr finden oder so, dann muß wieder etwas zwischen uns, dann müssen wir wieder zusammenkommen.

Franz: Ja, klar.

Franz stellt Pauls harmonieorientierter Haltung die mögliche Konsequenz gegenüber, daß die Konfrontierung des Vaters nicht durchgehalten werden kann und die Familie „rückfällig“ wird. An dieser Stelle formuliert Paul seine Vorstellung von Vaterschaft. Es handelt sich, wie bereits angesprochen, um ein partriarchalisches Konzept, das mit einem modernen Autonomie-Konzept, wie es die Therapeutin zusammen mit einem Teil der Familie vertritt, wenig zu tun hat. Aber Pauls Vorstellung hat gegenüber seiner vorher geäußerten Harmonieorientierung, die jede soziale Differenzierung einebnet, immerhin den Vorzug, daß die Situation strukturiert wird. Paul schreibt dem Vater zwar potentielle Autonomie zu, aber es handelt sich um eine gottvaterähnliche Autonomie („und alle kommen dran und können ihm sagen, was sie wollen“). Mit dieser Position entfernt sich Paul insofern von seinen Geschwistern, als er dem Vater alle, der Mutter und den Geschwistern wenig Autonomie zugesteht („Dann sagen wir, wir wollen das jetzt mal so. Wenn es nicht so ist, dann werden wir dir sagen, daß wir etwas anderes, daß wir – ja irgend etwas“). Die eigene Position ist das Unsagbare. Demgegenüber muß es Franz ja gerade darum gehen, den Vater in der Verantwortung für den Hof abzulösen und damit konkret zu sein.

Die Geschwister lassen sich auf Pauls gottvaterähnliche Inszenierung des Vaters und das daraus sich ergebende Konfrontationsmuster nicht ein. Die Schwestern verlagern den Entscheidungsprozeß in vollem Umfang in das Geschwistersystem. Sie übernehmen Verantwortung für die Mutter und sprechen über sie, obwohl sie im Raum anwesend ist. Von ihr wird in realistischer Einschätzung kein Beitrag zur Konfrontation des Vaters erwartet. Für die Geschwister außer Paul lautet ein mögliches Szenario: Wir müssen den Hof verlassen und die Mutter mitnehmen, zumindest für eine Zeit. Dabei ist die Perspektive von Cécile interessant, denn sie gleicht insofern Paul, als auch sie die Harmonie retten will, und sei es nur die Harmonie der Mutter im Kreise ihrer Kinder. Beachtlich ist, daß die Familie nicht an eine einmalige Konfrontationssituation denkt, sondern an einen Prozeß mit Versuch und Irrtum. (Franz: „Wenn das Gespräch mit dem Vater nichts bringt, würde man ja das sowie nochmals probieren.") Ähnlich äußert sich auch Paul. Jedoch besteht eine Differenz zwischen Paul und Franz darin, daß jener das „nochmals probieren" an einen günstigen Zeitpunkt und damit an den jeweiligen Grad der Alkoholisierung des Vaters bindet, während Franz unabhängig vom Zustand des Vaters denkt. Umgesetzt in die therapeutische Metapher vom König Alkohol heißt das: Paul tanzt nach wie vor um die Flasche, während Franz aus diesem Tanz bereits ausgestiegen ist. Insgesamt zeigt diese Gesprächssequenz, daß die Geschwister bereit sind, weitgehend Verantwortung für die Gestaltung des Veränderungsprozesses in der Konfrontation des Vaters zu übernehmen. Hieran kann sich sogar Paul anschließen, während die Mutter weder für noch gegen dieses Vorgehen klar Stellung bezieht.

Das dritte Familiengespräch: Die Konfrontation des Vaters im Rückblick/Unterstützung von Pauls Ablöseprozeß/Varianten der künftigen Hofgeschichte

Am dritten Familiengespräch, das geraume Zeit nach dem zweiten, nämlich knapp drei Monate später stattfindet (in der Zwischenzeit liegen die Sommerferien), nehmen die schon im ersten und zweiten Gespräch anwesenden Personen teil, mit Ausnahme von Paul und René. Es geht – kein Wunder angesichts der Dramatik der kürzlichen Ereignisse – zuerst um die Erfahrungen der Familie mit der Konfrontation des Vaters, dann um Pauls Ablösungsprozeß unter dem Thema: Wie kann die Familie ihm Halt geben? Außerdem wird die Frage der weiteren Geschichte des Hofes wieder thematisiert.

Alkoholismus des Vaters. Am Sonntag nach dem zweiten Familiengespräch setzte die Familie Brenner ihre geplante Konfrontation des Vaters mit dessen Alkoholismus in die Tat um. Die Mutter und alle Kinder mit Ausnahme der (informierten) Tochter Kathrin waren anwesend. Darüber berichtete Magdalena telefonisch der Therapeutin. Ihrem Bericht zufolge habe der Vater zunächst „vernünftig" reagiert, sei dann aber ins Wirtshaus gegangen und spät am Abend betrunken zurückgekommen. Am anderen Morgen habe er randaliert und seine Frau verbal bedroht. Der zu Hilfe gerufene Hausarzt konnte Herrn Brenner bewegen, in die Klinik zu gehen (dieselbe, in der Paul nach seinem Suizidversuch behandelt worden war). Die vorsorglich vom Hausarzt benachrichtigte Polizei mußte nicht einschreiten, da Vater Brenner von seinem Hausarzt, zu dem er eine gute Beziehung unterhält, von der Notwendigkeit einer stationären Unterbringung überzeugt werden konnte und von ihm in die Klinik gefahren wurde.

Dieser dramatische, aber vergleichsweise unproblematische Verlauf der Konfrontation war auch dadurch unterstützt worden, daß die Therapeutin den Hausarzt der Familie (mit deren Einverständnis) über die Konfrontationspläne auf dem laufenden hielt und dieser daher nicht überrascht war, als am Montagmorgen die Situation bei Brenners eskalierte. Theoretischer und methodischer Hintergrund dieses Vorgehens ist unsere Auffassung, daß systemisches Handeln sich nicht auf das Geschehen in den Therapieräumen beschränkt, sondern den Kontext, das heißt die relevanten Personen (soziales und professionelles Netzwerk) im Umfeld des Klientensystems einbezieht. Diese relevanten Personen betrachten wir allerdings nicht als reine Informationsempfänger. Sie werden als „reflecting team" in den Entscheidungsprozeß einbezogen; dieser wird mit ihnen geplant, was aber nicht heißt, daß die Verantwortung dafür gänzlich an das Netzwerk abgegeben wird.

Der Hausarzt berichtete über den Ablauf des Geschehens nach der Konfrontation von Herrn Brenner aus seiner Sicht in einem Brief an die Therapeutin folgendes:

> „Unerfreulicherweise mußte ich heute auf dringenden Wunsch der verzweifelten Familie Herrn F. Brenner in einem aethylischen Rauschzustand nach kleinen Gewalttätigkeiten gegen das Haus und großen Wortkriegen gegen die Familie im Sinne eines fürsorgerischen Freiheitsentzuges in die psychiatrische Klinik X. einweisen."

Dieses Thema abschließend, berichten die Anwesenden, daß der Vater auf seinen Wunsch nach dem körperlichen Entzug auf Antabus (Erläuterung weiter unten) eingestellt und nach zwei Wochen aus der Klinik entlassen worden sei. Seither habe er nicht mehr getrunken. Ausnahmslos alle sind der Meinung, sie hätten mit der Konfrontation richtig gehandelt, und auch der Vater nehme ihnen ihre Aktion nicht mehr übel. Auch im Falle, daß der Vater später wieder zu trinken anfange, so die Familienmeinung, könne er jetzt immerhin an den Entscheidungen zur weiteren Geschichte des Hofes in nüchternem Zustand teilnehmen. Insgesamt habe sich die Lage zu Hause entspannt.

Entscheidung über die weitere Geschichte des Hofes. Diesem Thema gilt der zweite Teil des dritten Familiengesprächs; es schließt sich an die Frage des Umgangs mit dem Alkoholabusus des Vaters bruchlos an.

Der Kontext, in dem die Familie diese Problematik sieht, stellt sich so dar: Die älteren Geschwister Franz und Magdalena lassen durchblicken, daß Herr Brenner die nötigen Fertigkeiten zur Bewältigung des Übergangs vom Nebenerwerbslandwirt zum Vollerwerbslandwirt nicht entwickeln konnte. Die Schuldenlast habe gedrückt, er habe zum Teil unrealistische Käufe getätigt (eine Futtermühle für Fr. 60.000 zum Beispiel, die er kaum brauchte). Seit etwa 1980 (also seit zehn Jahren) habe er Probleme mit Alkohol. Seine große Hoffnung sei der designierte Hofnachfolger Anton, geboren 1966, gewesen, der ihm schon als kleiner Bub freiwillig und gern zur Hand gegangen sei. 1986, nach einer landwirtschaftlichen Lehre, half Anton im Herbst zu Hause aus und hatte einen tödlichen Unfall mit dem Traktor, der sich am Hang hinter dem Hof überschlug. Diese Geschichte wird mit großer Bewegung aller erzählt, doch erscheinen die gegenwärtigen Probleme so im Vordergrund stehend, daß niemand sich lange beim Thema dieses tragischen Ereignisses aufhalten mag. Der älteste Sohn Franz bot sich nach Antons Tod – besonders von der Mutter unterstützt – als gelernter Landmaschinenmechaniker an, noch eine landwirtschaftliche Lehre zu absolvieren. Seither arbeitet er jeweils am Morgen in einer mechanischen Werkstätte und nachmittags auf dem Hof. Die Hofübergabe an Franz ist auf Ende 1990 (also sieben Monate nach dem ersten Familiengespräch) vorgesehen, ein Aufschub scheint nicht möglich, da die Bank an den überschuldeten Hof unter der Führung von Vater Brenner keine weiteren Kredite gewährt. Aber wie und zu welchen Bedingungen dieser Übergang und ein entsprechender Neuanfang erfolgen sollen, ist bei Therapiebeginn völlig ungeklärt.

Ein Aushandlungsprozeß zwischen den beteiligten Parteien, der eine Klärung ermöglichen könnte, ist trotz der bestehenden Terminnot nicht in Sicht, da es bisher dem Vater an der nötigen Nüchternheit mangelt. Wir erinnern uns, daß Franz in seiner Not bereits einmal versuchte, eine Klärung über die Vormundschaftsbehörde herbeizuführen. Dies verlief jedoch im Sande und wäre der Familie schließlich doch nicht als angemessen erschienen, da eine Hofübergabe auf dem Wege der Entmündigung des Altbauern moralisch als nicht korrekt angesehen wird und für die Zukunft des Jungbauernpaars eine schwere Hypothek bedeutet hätte.

Wir erinnern uns ebenfalls, daß in der Abschlußintervention des ersten Familiengesprächs die Therapeutin bereits Überlegungen zum Prozeß der Hofübergabe entwickelte. Sie eröffnete die Idee eines Konzepts dafür und verwies darauf, daß die Familie diesen Generationenübergang gestalten könne und sich nicht treiben lassen müsse. Sie sprach das Jungbauernpaar als künftige Entscheidungsträger an und folgerte aus dem Familiengespräch, daß sie Franz' und Lisas Aufgabe nicht nur darin sehe, das Neue herbeizuführen, sondern auch darin, den Geschwistern eine Heimat zu bewahren und damit das Bisherige zu erhalten. Und schließlich wies sie darauf hin, daß es mehrere denkbare Möglichkeiten gibt, einen solchen Übergang zu gestalten. Damit sind auch im Bereich „Hofübergabe" die vier zentralen Aspekte Bewahren und Verändern, bezogene Individuation, Autonomie vs. Heteronomie und Multiperspektivität im Treffen von Entscheidungen von Anfang an thematisiert.

In diesem dritten Familiengespräch nun werden *Varianten der Hofübergabe* besprochen. Es ist Franz, der damit beginnt. Neu im Gegensatz zu den beiden ersten Gesprächen ist, daß er sich nun vorstellt, er könnte mit seiner Frau zusammen den Hof allein führen, und der Vater könnte teilzeitig auswärts arbeiten. Damit ist allerdings Mutter Brenner nicht einverstanden. Ihre verständliche Angst ist, daß sie bei dieser Lösung ihre zentrale Rolle als Bäuerin und Drehscheibe zwischen den Generationen verlieren könnte. An dieser Stelle verweist die Therapeutin darauf, wie wichtig es nun wäre, daß Herr Brenner zu den Gesprächen hinzukommen würde. Wir geben einen Ausschnitt aus diesem Gespräch wieder:

Welter: Ich meine damit nicht, daß Sie jetzt nach Hause gehen müssen und Ihrem Vater sagen: „Wir wollen den Hof nicht mit dir zusammen weiterführen“, aber daß Sie es sich im Kopf, und zwar alle, überlegen, daß das ja eine Möglichkeit wäre.

Pause. Franz nickt.

Welter: Und ich hoffe natürlich immer noch, daß er einmal mitkommt. Und es ist ganz klar, wenn er kommt, dann werde ich mit ihm darüber reden, wie es weiter geht, wie es von ihm aus aussieht. *(Zu Franz):* Vielleicht ist es sogar eine Entlastung für ihn, wenn er Sie nicht als Chef hat? Sie wären ja dann sein Chef oder sind es ab 1. Januar.

Längere Pause

Welter: Können Sie sich das auch vorstellen, Frau Brenner, daß es für Ihren Mann vielleicht eine Belastung ist, wenn sein Sohn sein Vorgesetzter ist?

Mutter: Ja. Also, ich glaube, er scheut sich noch etwas davor. Trotzdem. Ich glaube einfach, es geht ihm ums Finanzielle, das vor allem. Er meint natürlich, es gehe dann so weiter *(sie zeichnet mit den Händen eine Art Kreislauf in der Luft)*, ich bin ja dann da, Franz könnte ja weiterhin arbeiten gehen.

Welter: Wenn Ihr Mann seine Arbeit auf dem Hof recht macht, dann kommt es ja tiptop heraus. Außer daß Ihr Sohn vorher gesagt hat, es müsse sehr vieles verändert werden, weil der Vater in den letzten Jahren vieles versäumt hat.

Frau Brenner (fällt der Therapeutin ins Wort und sagt zu Franz gewandt): Ich glaube, da würde er sich gar nicht so sehr wehren. Du hast ihm ja schon dies und jenes gesagt und jetzt sagt er eigentlich nicht mehr so viel dazu.

Franz: Mhmh.

Welter (lacht und sagt zu Frau Brenner gewandt): Sie spielen jetzt Ihr altes Spiel von Vermitteln und Versöhnen, nicht wahr?

Frau Brenner und Welter lächeln gleichzeitig.

Welter: Um alles harmonisch zu machen.

Frau Brenner (zu Franz): Das mußt du aber schon so sagen, daß er es glaubt.

Franz: Ja, das stimmt schon.

Welter (zu Frau Brenner): Und das ist recht schwierig, ich gerate jetzt in die Rolle der Spielverderberin.

Lachen allerseits

Welter (zu Frau Brenner): So einfach ist das wohl nicht für Sie?

Pause

Welter: Ja, das sind also die unmittelbar wichtigsten Dinge. Diese Hofübergabe in die Wege zu leiten und das andere, daß Sie Paul gegenüber klare Grenzen setzen. Und die Frage ist jetzt: Soll ich Ihnen für Herrn Brenner ein Terminangebot mitgeben?

In diesem Gespräch über die Hofübergabe wird der Unterschied zwischen dem bisherigen Familienstil und einem möglichen neuen Stil herausgearbeitet. Das bisherige Familienmuster kann so charakterisiert werden, daß die Familie zugunsten einer alles übergreifenden Harmonie Entscheidungen und die damit notwendig verbundenen Differenzierungen vermied. Der neue Stil würde beinhalten, klare Grenzen der Verantwortlichkeit auch auf Kosten der Beeinträchtigung von Harmonie zu ziehen. Einer der zentralen familiendynamischen Aspekte des alten, problematischen Musters ist eine der Differenzierung einzelner Familienmitglieder wenig förderliche Haltung von Vermittlung und Versöhnung auf seiten von Mutter Brenner. Dieses Muster wird von der Therapeutin deutlich gemacht. Daß damit eine Verstörung des gewohnten Familienmusters provoziert wird, nimmt die Therapeutin explizit auf sich. Sie ist diejenige, die den Sand in das gut geölte Familienharmoniegetriebe streut. Jedoch ist diese Intervention deutlich auf den Sachzusammenhang der Hofübergabe bezogen und nicht aus einer sachunabhängigen Interaktionsdynamik im Hier und Jetzt abgeleitet. Sie ist auch in eine empathische Grundhaltung eingebettet, die sich zum Beispiel im gleichzeitigen Lächeln von Frau Brenner und der Therapeutin zeigt. Daher kann die Familie diese Verstörung als Unterstützung bei der Lösung ihrer Probleme annehmen.

Pauls Individuierungsprozeß. Beim dritten Familiengespräch ist Paul schon nicht mehr anwesend, und er wird in diesem therapeutischen Prozeß nur noch einmal auftreten, nämlich im achten Gespräch. Wir sehen darin eine erste Bestätigung unserer Hypothese, derzufolge Paul erst dann die Familie verlassen kann, wenn dort seine selbstauferlegte Strukturierungsaufgabe erledigt ist. Offenbar kann er nun darauf vertrauen, daß die Familie ihre Angelegenheiten selbst in die Hand nimmt. Für ihn ist damit der Weg frei für eine eigenständige biographische Entwicklung.

Informationen, die die Familienangehörigen im dritten Familiengespräch über Pauls aktuelle Pläne geben, stützen diese Vermutung. Paul, so wird berichtet, plant eine mehrmonatige Reise in ein südamerikanisches Land, wo er seinen früheren Musiklehrer besuchen wird, der dort ein Engagement als Dirigent übernommen hat. Zwischen den Zeilen wird zu verstehen gegeben, daß die beiden eine homoerotisch gefärbte Beziehung zueinander verbinde. Deshalb und aufgrund dessen, daß Pauls Reiseziel ständig als gefährlicher Platz in den Nachrichten auftaucht, ist die Familie in großer Sorge. Aber noch ist Paul zu Hause, und niemand glaubt so recht daran, daß er abreisen wird. Ein Dilemma zwischen Angst um ihn, Hilfsangeboten und Kontrolle zeigt sich für alle Beteiligten, insbesondere aber für die Mutter. Der Aspekt der Grenzziehung gegenüber Paul wird in diesem Zusammenhang bedeutsam. Damit sind auch die Aspekte von Differenzierung und Integration wie auch die von Autonomie vs. Heteronomie angesprochen, denn Autonomie setzt Heteronomie voraus.

Die Therapeutin nutzt die mit der Diskussion von Pauls Reiseplänen entstandene Gelegenheit, die binnenfamiliale Differenzierung am Beispiel der Beziehung zwischen Paul und seiner Mutter zu fördern. Sie läßt sich an dieser Stelle intensiv mit Frau Brenner ein, die ihr gegenüber immer dann zwiespältig reagiert, wenn sie deren Kinder zu sehr in Richtung Autonomie und Ablösung unterstützt. Die Kenntnis der Geschichte von Frau Brenner erleichtert dieses Vorgehen. Die Therapeutin versteht, daß Frau Brenner mit den „Listen der Ohnmacht" (Honegger und Heintz 1984) von Frauen ihrer Generation ihre Situation der Abhängigkeit überleben lernte und daß sie sich dabei des von Ingeborg Weber-Kellermann (1990) so genannten „Geheimdienstmodells" bediente: Im geheimen dienen und im geheimen die Fäden in der Hand halten. Als Frau Brenner ihre demütig-kontrollierende Art selbst in Frage stellt, tröstet die Therapeutin sie: „Man hat das halt so gelernt, wenn man als Frau in einer bestimmten Generation aufgewachsen ist."

Welter: Dann kommen Sie also in diese Situation, daß Sie eine Art Sanatorium bilden, wo Sie alle auf Zehenspitzen herumgehen, nur damit es Paul nicht schlechtgeht, und der merkt doch das, der hat doch ein feines Gespür.

Alle nicken.

Mutter: Jaja, der merkt's.

Welter: Also diese wichtige Frage, ich kann sie für Sie nicht beantworten, aber ich möchte sie Ihnen mitgeben. Wie können Sie Paul klar sagen, was Sie sich nicht mehr gefallen lassen? Was Sie nicht mehr wollen, damit er klar spürt, da ist jemand, der standhält, der nicht kippt, der keine Angst hat vor seiner Angst, sondern gut für sich selber sorgt.

Franz beginnt, sich Notizen zu machen. Welter unterstreicht beim Sprechen mit Arm- und Handzeichen ihre Worte und deutet damit z. B „Widerstand zeigen", „Halt geben", „Abgrenzung", „Öffnung" gestisch an.

Welter: Oder man könnte es auch anders sagen. Statt daß Sie Ihre feinen Antennen wie bisher immer draußen behalten und schauen, wie es Paul geht, könnten Sie die Antennen einziehen und einmal schauen: „Was will ich eigentlich?" *(Sie deutet auf Magdalena und fährt fort)* „Ich will zum Beispiel nicht ständig mit ihm reden." (Deutet auf die Mutter und sagt) „Ich will nicht ständig herumhasten, damit du dein Essen auf dem Tisch hast, sondern ich will mir meine Ruhe nehmen." Also daß Sie ihm genau sagen, was Sie für sich wollen.

Schweigen, Franz macht weiter Notizen.

Lisa, die eingeheiratete Schwiegertochter, die in diesem Gespräch wie auch an anderen Stellen die Rolle der teilnehmenden Beobachterin und Kommentatorin einnimmt und auf diese Weise für Transparenz in der Familie sorgt, macht am Beispiel von Pauls geplantem Klavierverkauf das „Verschwimmen" (Hildenbrand 1983) in der Beziehung zwischen diesem und seinen Angehörigen, insbesondere aber zwischen ihm und seiner Mutter deutlich und unterstützt damit die Ausführungen der Therapeutin.

Lisa: Aha, ja wegen ... Eben, daß man ihm sagen muß, wie weit er gehen kann *(deutet auf Mutter)*, weil mir ist schon oft aufgefallen, daß, wenn sie sagt: „Paul, mach schnell das und das!" oder, oder irgend etwas, wegen dem Klavierverkauf wars doch auch so.

Mutter: Aja, ja.

Lisa: Da wollte er, oder sie wollte ihm einfach sagen, was er sagen soll, wenn er mit dem (möglichen Käufer) telefoniert. *(Mutter lächelt verlegen.)* Dann kommt er jeweils immer und sagt zu sich selber: „Ja Paul mach das, Paul mach jenes, Paul mach" *(Magdalena schaut die Therapeutin an, will sich zu Wort melden.)* Da hat er immer das Gefühl, er werde wie ein kleiner Junge behandelt. *(Magdalena, Cécile und Rita lachen.)* Und dann hat man das Gefühl, er wolle davonrennen, weil er nicht wie ein kleiner Junge behandelt werden will.

Welter: Jaja, genau das habe ich mit Sanatorium gemeint. Daß man Paul immer wie eine halbe Portion behandelt, die man etwas schonen muß und eben ... das kleine Büblein, das halt etwas Besonderes ist, da reagiert er natürlich mit wahnsinnig viel Aggression drauf.

Lisa: Er redet auch viel so mit sich selbst, so, als ob sie (*deutet auf die Mutter)* mit ihm reden würde. Dann geht er herum und sagt: „Ja Paul, jetzt muß du noch schnell" so vor sich hin. *(Alle lachen.)*

Zum Abschluß dieser Sequenz über individuelle Differenzierungsmöglichkeiten in der Familie Brenner, die am Beispiel des Klavierverkaufs augenfällig wurde, verdichtet die Therapeutin ihre Intervention mit dem Schlüsselwort (Boscolo und Bertrando 1994) „Türvorleger".

Mutter: Er hat doch überhaupt nicht zugehört, was ich gesagt habe. Ich müßte es ja schließlich wissen oder so. Aber zuerst hält er mir eine Predigt „Du mußt mir das so und so machen", und wenn dann die Anrufe kommen: Das dünkt mich jeweils so seltsam. *(Welter nickt.)*

Franz: Aber das wäre jetzt natürlich ein gutes ... äh ... gewesen um zu sagen: „Mach das jetzt selber." *(Welter nickt.*)

Magdalena: Ja, da hätte er sagen müssen: „Dann und dann kann man telefonieren, da bin ich erreichbar."

Cécile: Jawohl, das hätte ich auch so gemacht.

Welter: Das dünkt mich jetzt ein gutes Beispiel, wie Sie Ihre Mutter unterstützen können. Wissen Sie, Frau Brenner, ich habe das Gefühl, wenn Sie sich wirklich mit geradem Rücken vor den jungen Mann hinstellen, ohne Angst zu haben, Sie könnten ihn beleidigen oder kränken oder ihm das Leben schwermachen, dann respektiert er Sie vielleicht mehr, als wenn Sie – ich sags jetzt mal etwas dramatisch: Wenn man wie eine Türvorlage sich hinlegt, dann putzen alle Leute die Schuhe an einem ab. Wenn man aber aufrecht steht, dann geht das nicht. *(Alle lachen.)*

Mutter: Das ist wahr.

Welter: Erinnert Ihr dann Eure Mutter manchmal daran? Ihr könnt ja nur das Schlüsselwort „Türvorleger" gebrauchen. *(Allgemeines, herzliches Lachen.)* Genau, dann können alle lachen. Und sagt es nur ja Paul nicht. Sagt es auch dem Vater nicht. Das ist jetzt Eure Geheimsprache. *(Lachen allerseits.)* Wenn Ihr der Mutter Unterstützung geben wollt, dann könnt Ihr sagen „Türvorlage" und die Hand hochhalten, dann weiß sie, daß sie sich aufrichten muß. *(Während Welter spricht, gibt Magdalena der Mutter einen liebevollen Schubs.)*

Cécile: Ja, das muß man ihr schon sagen, weil Els (die Mutter) vergißt doch das Zeichen in der Zwischenzeit. *(Gelächter.)* Dann studiert sie: „Was war das jetzt schon wieder?"

Mutter (lachend): Nein nein, so etwas vergesse ich nicht so schnell.

Welter (zur Mutter): Wenn Sie morgen oder übermorgen wieder in eine solche Situation geraten und merken, „Aha, Mutter Els geht wieder in die Türvorlageposition", dann stellen Sie sich doch mit geradem Rücken vor Paul oder ihren Mann hin *(macht es vor)*, so daß Sie den Boden spüren, und stehen Sie mit beiden Füßen fest auf dem Boden. Und dann sagen Sie, was Sie wollen. Und Sie werden erstaunt sein, wie sich die Sache ändert.

Mutter: Jaja, das ist schon, ja, man will halt, ja.

Welter: Man hat das halt auch so gelernt, wenn man als Frau in einer bestimmten Generation aufgewachsen ist.

Es wird aus dem Gesprächsverlauf deutlich, wie insbesondere die junge Generation der Familie Brenner die Bedeutung von Schlüsselwörtern im Veränderungsprozeß familialen Zusammenlebens aufgreift. Schlüsselwörter dienen dazu, auf problematische Interaktionsmuster hinzuweisen und gleichzeitig mögliche Auswege aus diesen Mustern aufzuzeigen, und zwar in einem Wort und in alltäglicher (bis hin zu drastischer) Sprache so verdichtet, daß dieses Wort jederzeit im täglichen Handeln verfügbar ist.

Zwischen dem dritten und dem achten Familiengespräch ist Paul auf Reisen. Er besucht seinen Musiklehrer in Südamerika, schreibt verworrene Briefe nach Hause, verliebt sich in eine Frau und trennt sich wieder von ihr, weil er nach drei Monaten nach Hause zurückkehrt. Am achten Familiengespräch, das fünf Monate nach dem dritten stattfindet, nimmt Paul dann wieder teil.

Das vierte Gespräch: Herr Brenner kommt alleine

Herr Brenner hat sich von seinen Angehörigen tatsächlich überzeugen lassen, daß seine Teilnahme an dem sich nun immer rascher entwickelnden therapeutischen Prozeß nützlich sei. Vermutlich konnte er diese Entscheidung auch deshalb treffen, weil er seit einiger Zeit ohne Alkohol auskommt. Er wird, wie erwähnt, dabei unterstützt durch die regelmäßige Einnahme eines Medikaments (Antabus), das bei gleichzeitigem Alkoholkonsum erhebliche Übelkeit verursacht. Vielerorts aus dem Gebrauch gekommen, wird es hier und da noch eingesetzt. Das Gespräch findet drei Wochen nach dem letzten Familiengespräch statt. Herr Brenner ist mit der Bahn alleine gekommen, und kurz nach seiner Ankunft ruft seine Frau an. Vordergründig hat sie eine dringende Frage, das Vieh betreffend, zu klären. Wir vermuten aber, daß es ihr in Wirklichkeit darum ging, herauszubekommen, ob ihr Mann am Ziel angekommen sei. Dies würde dem Familienmuster entsprechen, demzufolge Herr Brenner als nicht verantwortlich für seine Person angesehen wird. Folgende Themen stehen im Vordergrund dieses Gesprächs: Seine Haltung zur Konfrontation mit seinem Alkoholismus, seine eigene Biographie sowie schließlich seine Sicht der Familiensituation.

Herr Brenner erzählt ausführlich von seinen Sorgen wegen Pauls Unsicherheit in bezug auf seinen eigenen Lebensplan. Er vergleicht ihn mit einem seiner Brüder, der als „geisteskrank" gelte. Auf Nachfragen der Therapeutin stellt sich heraus, daß dieser Bruder „geistesschwach" (debil) sei und seit der Kindheit in einem Heim lebe. Herr Brenner fragt, so stellt sich dann heraus, mit diesem Vergleich die Therapeutin indirekt an, ob Pauls jetzige Krise vielleicht eher mit einer ererbten Disposition als mit erfahrenen kritischen Familienereignissen zusammenhängen könne. Zu letzteren zählt Herr Brenner auf die Frage der Therapeutin den Umzug der Familie in eine ihr feindlich gesinnte Umgebung, als Paul sehr klein war, dann, als er sechs Jahre alt war, sein Zündeln in der Scheune, das zum Brand des Hofes führte, und zuletzt noch den Unfalltod von Pauls jüngerem Bruder Anton vor wenigen Jahren. Die Antwort der Therapeutin spiegelt die multiperspektivische Sichtweise des Meilener Konzepts. Sie sagt: Einerseits gebe es bei Paul gewiß eine Anlage zu seelischer Verletzbarkeit durch kritische Lebensereignisse, worauf Herr Brenner sofort den Vergleich mit seiner eigenen Verletzbarkeit herstellt und Paul „Seelenverwandtschaft" mit ihm selbst attestiert. Andererseits macht die Therapeutin deutlich, daß sie selbst mehr interessiert sei an den Handlungsfreiräumen, welche Disposition und Entwicklungsprozesse in Familie und Umwelt einem Menschen offenlassen, als an der Frage, was oder wer Schuld trage an seiner Krise. Weiter erklärt sie, daß sie Pauls „halbherzigen" Suizidversuch als Signal verstehe, daß er diese Handlungsfreiräume nutzen wolle, aber daß er noch nicht genau wisse, wie.

Herr Brenner reagiert erleichtert auf dieses Angebot der Entlastung von Schuld. Er fragt, was die Therapeutin von Pauls geplanter Südamerikareise halte und ob dieser sich damit vielleicht wieder zuviel zumuten könnte, ähnlich wie damals, als er auf Musik umzusatteln beschloß und damit scheiterte. Wieder ermutigt die Therapeutin Herrn Brenner, seinem Sohn Paul den Rücken zu stärken dafür, daß er seine Flügel erproben wolle, anstatt ihn mit seinen Ängsten und mit negativen Prophezeiungen zu belasten, die sich dann vielleicht gerade deshalb erfüllten.

Herr Brenner erzählt darauf seine eigene Geschichte als Sohn eines armen Bergbauern, der so sehr schuftete, daß er die Zeichen eines entzündeten Blinddarms ignorierte, bis dieser platzte. Bewegt und mit Tränen in den Augen schildert Herr Brenner, wie er als sechsjähriger Junge vom Küchenfenster aus seinen Vater zusammengekrümmt vor Schmerzen vom Stall herkommend gegen die Haustür haben wanken gesehen und wie dieser dort zusammengebrochen sei. Der Bub mußte dann über Glatteis zum Hof auf der nächsten Hügelkuppe laufen, um den Hausarzt anzurufen. Bis dieser kam, war sein Vater tot. Herr Brenner erzählt diese Geschichte, als ob sie sich gestern ereignet hätte. Er berichtet auch, wie er in der Folge von seinem Stiefvater geschlagen wurde und wie er sich später gelobt habe, seinen Kindern ein besserer Vater zu werden. Nun sei ihm das aber offensichtlich nicht gelungen.

Das Thema Alkohol ergibt sich darauf wie von selbst. Die Therapeutin will von Herrn Brenner wissen, wie er die Konfrontation mit seinem übermäßigen Trinken durch Frau und erwachsene Kinder vor einigen Monaten bewerte, die ihn zu seinem Wutausbruch und anschließend in die psychiatrische Klinik führte. Die Therapeutin übernimmt deutlich Verantwortung für ihre damalige Ermutigung der Familie zu dieser Konfrontation und für die Konsequenz von Herrn Brenners vorübergehender Klinikeinweisung. Dieser erzählt, daß er im nachhinein schon sehe, daß er mit seinem „Verzweiflungstrinken“ jeweils schon am frühen Morgen eine solche Stellungnahme herausgefordert habe. Er erzählt auch, daß er jetzt regelmäßig Antabus einnehme, weil er ja den Hof nüchtern übergeben wolle. „Ich nehme Ihnen und der Familie das nicht übel, aber jetzt reden wir darüber nicht mehr“, erklärt er, und er fügt hinzu: „Und auf ewig will ich nicht auf mein Glas Wein im Gasthaus verzichten.“

Zum Schluß des Gesprächs bittet die Therapeutin Herrn Brenner, sich konkrete Entwürfe für unterschiedliche Möglichkeiten der Hofübergabe zu überlegen und sich so auf das geplante gemeinsame Gespräch mit dem Jungbauernpaar in Meilen vorzubereiten. Doch davon will er nichts wissen. Er erklärt, es gebe nur eine Lösung, daß nämlich Franz „voll als Hoferbe einsteigt“ und seinem Vater einen abgegrenzten Teil der Arbeit, z. B. das Vieh, überläßt. Die Therapeutin bittet ihn, für mehrere Varianten offenzubleiben, läßt sich aber zu diesem Zeitpunkt und ohne die mitbetroffenen Angehörigen nicht auf konkrete Lösungsdiskussionen mit Herrn Brenner ein.

In diesem Gespräch wurde offenbar eine Vertrauensbasis geschaffen, um 14 Tage später gemeinsam mit dem jungen Paar über konkrete Lösungen für die Hofübergabe zu sprechen.

Das fünfte Gespräch: Das Altbauernpaar und das Jungbauernpaar sprechen über Varianten der weiteren Geschichte des Hofes

Zu diesem Gespräch erscheinen ausschließlich das Altbauernpaar und das Jungbauernpaar, also die Hauptakteure in dieser Frage. Hinter der Scheibe sitzt neben Bruno Hildenbrand der Agrarsoziologe Dr. Bohler.

Im ersten Gesprächsteil bestreiten vorwiegend Franz und der Vater den Ablauf. Es wird zäh um die Frage gerungen, ob der Hof verkleinert oder vergrößert werden soll. Die Mutter unterstützt ihren Mann und schützt gleichzeitig Franz vor ihm, Lisa wirkt eher deprimiert.

Etwa in der Mitte des Gesprächs verläßt die Therapeutin den Raum und geht hinter die Scheibe, nachdem sie an Franz folgende Frage gerichtet hat:

Welter: „Wie wäre es, wenn Sie den Hof verkleinern und Sie und der Vater beide halbtags auswärts arbeiten?“

In dem Gespräch, das sich daraufhin im Therapieraum entwickelt, geht es um drei zentrale Punkte: 1. Zwischen Franz und seinem Vater besteht ein Zerwürfnis, das tiefgreifend ist. Franz hält dem Vater seine Ineffizienz auf dem Hof vor, der Vater wirft Franz Unduldsamkeit und Unbeherrschtheit vor. 2. Der Vater kann sich nicht vorstellen, die Arbeit auf dem Hof aufzugeben und außerhalb zu arbeiten: „Ich hätte viel zu sehr Heimweh nach Hof und Vieh.“ 3. Franz wird vom Vater als Nachfolger nicht akzeptiert. Er trauert um Anton, den er am liebsten als Nachfolger gesehen hätte, und bringt schließlich den siebzehnjährigen René ins

Spiel: „Ich habe nur noch René, sonst kommt keiner in Frage für den Hof." Hier allerdings interveniert die Mutter, die dem Vater vorhält, daß er mit keinem seiner Söhne, auch mit Anton nicht, als Nachfolger ausgekommen wäre.

Als die Therapeutin zurückkommt, stellt sie die Vorschläge von Bohler und Hildenbrand sowie ihre eigenen Überlegungen vor. Es wird eine Lösung vorgeschlagen, bei der der Vater und Franz sich aus dem Weg gehen können, indem sie nicht zusammenarbeiten müssen. Des weiteren betont die Therapeutin, daß eine Lösung gefunden werden sollte, bei der Franz nicht übermäßig belastet ist, damit er noch für seine Frau und sein Kind (weitere sind geplant) da sein kann. Dann grenzt sie Franz von Anton ab: „Sie haben von Anfang an sich Antons Schuhe angezogen, um allen zu helfen, aber Sie haben wohl zu viel gewollt, denn Sie sind Franz, und nicht Ihr Bruder. Es ist nicht zu spät, sich das klarzumachen."

Vor diesem Hintergrund wird die Nebenerwerbslösung von der Therapeutin und den Experten hinter der Scheibe bevorzugt, ohne damit der Familie ihre Entscheidungskompetenz abzunehmen. Von der Familie wird diese Lösung jedoch verworfen. Die Therapeutin schlägt abschließend den Anwesenden vor, die Alternativen zu prüfen, die sich aus dem Gespräch und aus den Ideen der anwesenden Experten ergeben haben. Es sind deren drei: 1. Traditionell weitermachen und expandieren. 2. Reduzieren, so daß die Eltern allein weitermachen können und das junge Paar auszieht. 3. Den Hof neu als Nebenerwerb konzipieren, auf dem Vater und Sohn zusammen und außerdem noch auswärts arbeiten.

An das junge Paar ergeht der Vorschlag, sich für die Entscheidung Zeit zu nehmen und weitere Informationen bei der landwirtschaftlichen Betriebsberatung und bei der Bank zu sammeln, mit denen sie schon seit längerem im Gespräch sind. Darüber hinaus bietet die Therapeutin dem Paar an, allein zu einem Gespräch zu kommen, um dessen Situation zu besprechen.

Wiederum ist das Thema Differenzierung. Franz vor allem wird ermuntert, den an seinen verunglückten Bruder ergangenen Auftrag, Hofnachfolger zu werden, nicht blind zu übernehmen, sondern seinen eigenen Weg zu finden. Der Aspekt der Multiperspektivität von Entscheidungen wird konkretisiert in dem Auftrag an die Anwesenden, eigenständig Konzepte für die Zukunft des Hofes zu entwickeln.

Das sechste Gespräch: Der Vater erscheint erneut alleine

Bevor die Familie erneut zum therapeutischen Gespräch kommt, erscheint der Vater noch einmal alleine, und zwar zehn Tage nach dem eben vorgestellten fünften Gespräch. Er äußert sich wiederum sehr geringschätzig über seinen Sohn Franz und zieht als Beleg Äußerungen heran, die Leute aus dem Dorf über Franz gemacht hätten: Er sei gewalttätig und überhaupt ein schwieriger Charakter. Insgesamt wird deutlich, daß Herr Brenner ungern seinen Hof abgibt. Er erzählt ausführlich, wie schön der Hof gelegen sei und wie er schon eingewachsen sei durch die Bäume, die er seinerzeit gepflanzt habe. Er erwähnt auch, daß vor Jahren ein Viehhändler über eine Million für den Hof und das Land im Auftrag eines reichen Kunden geboten habe und daß er unter Verweis auf seine acht Kinder den Handel abgelehnt habe. Herr Brenner entwickelt Ideen hinsichtlich einer Kälberzucht und lehnt die Vorschläge des inzwischen konsultierten Landwirtschaftsberaters rundweg ab. Abschließend betont Herr Brenner, daß er noch nie so klar gesehen habe wie nach dem letzten Familiengespräch:

Herr Brenner: „Wenn Franz sich zusammennimmt und lieb ist mit mir, dann werde ich gut das Vieh versorgen und dann kann es gelingen. Aber Franz will sich nicht umstellen, und er wird noch merken, daß sein Vater viel mehr vom Vieh versteht als er."

Das Dilemma der Therapeutin besteht darin, daß sie sehr deutlich sieht, wie realitätsfern Herr Brenner in bezug auf die finanzielle Lage des Hofes denkt und daß die Vorstellung, der jetzt 17jährige René werde den Hof übernehmen, offenbar weder von René selbst noch vom Rest der Familie geteilt wird, also illusionär ist. Auch akzeptiert der Vater Franz als Hofnachfolger nicht. Dieses Gespräch diente auch weniger der Erarbeitung von Lösungsvorschlägen mit Herrn Brenner als dem Ziel, den Kontakt zu ihm aufrechtzuerhalten. Dabei bringt die Therapeutin auch das Thema Alkohol zur Sprache, weil sie den Eindruck hat, daß Herr Brenner wieder in einer kritischen Situation (bevorstehende Hofübergabe) in Gefahr steht, wieder zum Alkohol zu greifen. Er erklärt, den Eindruck der Therapeutin bestätigend, daß er genug davon habe, zweimal in der Woche mit dem Traktor zum Arzt zu fahren, um sich Antabus geben zu lassen. Er wolle nun probieren, ohne Antabus zu leben, weil die Arbeit die Arztbesuche nicht zulasse. Er habe dies dem Hausarzt bereits gesagt, dieser sei aber nicht glücklich darüber. Die Therapeutin rät Herrn Brenner, sich gut zu überlegen, ob der Zeitpunkt zum Absetzen des Antabus gut gewählt sei, da im Augenblick viel Druck auf ihm laste.

Welter: Ich weiß nicht, ob es gut für Sie ist, wenn Sie sich in dieser stürmischen Zeit auch noch belasten mit einer Freiheit, die vielleicht gar keine ist. Ich an Ihrer Stelle würde jetzt nicht aufhören mit Antabus, aber wer bin ich, um Ihnen zu sagen, was gut für Sie ist. Ich würde noch warten bis zum Frühjahr (d. h. bis nach der Hofübergabe), aber überlegen Sie sich das doch nochmals.

Brenner: Ja, ja.

Welter: Wissen Sie, Herr Brenner, mir scheint einfach, daß Sie im Moment alle auf einem Schiff in stürmischem Wasser sitzen und daß man dieses Schiff nicht noch mit neuen Unsicherheiten belasten sollte. Wenn jemand so lange Alkohol als Mittel gebraucht hat, um das auszudrücken, was er in Sprache nicht ausdrücken konnte, dann ist es gefährlich, genau in solchen Zeiten die Sicherheit Antabus abzulegen. Ich weiß schon, daß Sie daran sind, über Ihre Anliegen reden zu lernen, aber so schnell geht das in einer Familie ja nicht.

Brenner: Ich kann einfach sagen, daß ich zuerst noch mit dem Doktor rede darüber, wenn ich Mitte Dezember bei ihm bin, und dann werden wir weitersehen.

Am Schluß des Gesprächs kommt die Therapeutin nochmals auf den Punkt zurück, daß König Alkohol als Beruhigungsmittel langfristig das Gegenteil bewirke, indem er einem Menschen die Gesundheit stehle. Sie schlägt statt dessen andere Möglichkeiten vor, um die Situation auf dem Hof zu entspannen. So stellt sie Herrn Brenner in Aussicht, in dem Gespräch mit Lisa und Franz, das für die Folgewoche geplant ist und bei welchem mehrere Optionen der Hofübergabe besprochen werden sollen, darauf hin zu arbeiten, daß Herr Brenner und Franz je eigene Arbeitsbereiche auf dem Hof bekommen. Abschließend willigt Herr Brenner ein, daß die Therapeutin mit seinem Hausarzt sowohl über die Weiterbehandlung mit Antabus als auch über die Beantragung einer Teilinvalidenrente spricht.

Das siebte Gespräch: Lisa und Franz sprechen über die Hofübergabe

Dieses Gespräch findet zehn Tage nach dem Einzelgespräch mit dem Vater statt. Der Therapeutin ist inzwischen die Rolle von Frau Brenner immer deutlicher geworden, die offenbar die Fäden in der Hand hält und ganz eindeutig Franz als Hofnachfolger vorzieht. Da Frau Brenner nach Auskunft des Hausarztes auch den Berater der Landwirtschaftskammer auf ihrer Seite hat und Herr Brenner vorzeitig geistig und körperlich abgebaut ist, kann die Therapeutin keine andere Lösungsmöglichkeit sehen, zumal Franz und Lisa inzwischen den Auftrag der Mutter und wahrscheinlich auch der Geschwister angenommen haben, den Hof weiterzuführen. Ihre Aufgabe könnte es also sein, das Jungbauernpaar darin zu stützen, die Bereiche von Franz und Vater möglichst zu trennen.

Zunächst werden in diesem Gespräch Optionen für die Regelung des Verhältnisses zwischen Franz und seinem Vater erarbeitet. Diese reichen von der Schaffung eines eigenen Arbeitsbereiches für den Vater nach der Hofübergabe (Schweinezucht, Jungvieh), der allerdings im Verantwortungsbereich von Franz liegen würde, über vertragliche Regelungen im Falle weiterer Alkoholexzesse bis zur Überlegung, über den Hausarzt eine Invalidenrente mit der Beschäftigung in einem geschützten Arbeitsverhältnis anzuregen. Danach geht es um das Paar in seinem Verhältnis zu den Altbauern: Es sei finanziell nicht tragbar, den Eltern für ihre Mithilfe auf dem Hof einen Lohn zu bezahlen, da sie den Hof hoch verschuldet übergeben, erklärt Franz. Die Trennung der Wohnungen sei bereits in Angriff genommen, das finanzielle Engagement von Lisa bei der Hofübergabe, die als Krankengymnastin über ein eigenes Einkommen verfügt, muß noch geklärt werden.

Wiederum werden die drei Varianten der Hofübergabe diskutiert. In ihrer aktuellen Version lauten sie: 1. Franz übernimmt den Hof, der Vater arbeitet zu 50 % auf dem Hof mit, zu 50 % auswärts. 2. Franz übernimmt den Hof, der Vater arbeitet nicht mit. 3. Der Hof wird verkauft, Franz und Lisa arbeiten in ihren Berufen.

Zum Abschluß stößt die Therapeutin ein Gespräch über das Szenario des schlimmsten Falls und über die drängenden Sorgen bezüglich der nahen Zukunft an: „Was wäre das Schlimmste, das passieren könnte?“

Franz: Daß es nicht reichen würde einfach. Das Schlimmste ist, es hängt vom Vater ab. Wenn er das Minimum, das wir von ihm an Mitarbeit verlangen, bringt, dann geht es. Wenn nicht, dann geht es nicht. Vor allem wegen des Alkohols.

Welter: Also, wenn er wieder ins Trinken gerät und Chaos macht. Und dann? Wie würden Sie beide reagieren? Es könnte ja schon in nächster Zeit so sein.

Franz: Ich würde vorerst noch nicht reagieren und es alleine probieren, und daß halt sie (Lisa) noch einige Zeit länger arbeiten geht, ich meine 20 Stunden die Woche. Und dann müßten wir verkaufen.

Welter: Also Sie möchten es zuerst probieren, und dann verkaufen. Mich dünkt es ganz wichtig, daß Sie sich das alles jetzt überlegen, daß Sie wissen, es ist ein Versuch. Er kann gelingen oder nicht, und wenn der Vater nicht mitmacht und sich plötzlich weigert, kommt die dritte Variante, der Verkauf, wohl doch in Frage? Und Sie leben weiter.

Lisa: Ja!

Welter: Wie stehen eigentlich Ihre Geschwister jetzt hinter Ihnen? Ich habe ja eines noch nicht kennengelernt, Kathrin.

Lisa: Die wollen schon alle, daß Vater noch außerhalb arbeitet.

Franz: Also langsam sieht man schon, zum Beispiel Cécile, die Sie kennen, oder der Mann von Magdalena, die wollen sicher eher, daß man verkauft, daß ihnen wohler wäre, wir täten, einfach dem Frieden zuliebe. Aber mit ihnen komme ich zurecht, wie mit allen anderen auch.

Lisa: Angst habe ich da keine.

Welter: Angenommen der schlimmste Fall: Vater Brenner sagt: ‚Ich will nicht dein Sklave sein, ich mache nicht mit, ihr seid nicht lieb zu mir', und weigert sich, Ihnen am 2. Januar den Hof zu übergeben?

Franz: Dann machen wir die zweite Variante, daß Vater ganz aussteigen muß.

Lisa: Kannst du aber nicht, du kannst Vater nicht zwingen, arbeiten zu gehen.

Franz: Dann machen wir halt Konkurs.

Lisa: Ja, die Bank würde schon reagieren, wenn sie merken, wir tragen den Schuldenberg nicht ab.

Welter: Also Druck von außen. Was sagen Sie jetzt daheim über Ihre Entscheidung, daß Vater auf keinen Fall Lohn erwarten kann, damit er nicht wieder mit der Mistgabel auf Sie losgeht?

Lisa (lacht): Wir legen ihm, wenn wir bei der Landwirtschaftskammer waren, einfach alles hin und sagen ihm klar, wie es ist. Daß er eine Möglichkeit zur Mitarbeit hat, halbtags, und wenn es nicht klappt, Variante zwei, er steigt ganz aus.
Franz (lachend): Dann sagt er: ‚Lisa, du mußt lieb sein.'
Lisa: Dann wäre ich halt einmal die Böse.
Welter: Das gäbe Ihnen die Möglichkeit, deutlich Ihre und die Interessen von Franz zu vertreten. Ich glaube, Ihre Schwiegereltern mögen Sie sehr.

Auf die Frage der Therapeutin, ob beide erreicht hätten, worüber sie Klarheit wollten in diesem Gespräch, sagt Franz: „Mehr denn das", Lisa: „Ja, eigentlich schon." Die Therapeutin bietet dem Paar weitere Gespräche an, die auch telefonisch geführt werden könnten, und erklärt ihr Interesse daran, daß die junge Familie sich nicht mit Haut und Haaren für die Brennerfamilie opfert: „Ich denke an Sie und drücke Ihnen die Daumen."

Das achte Familiengespräch: Nach Pauls erneutem Suizidversuch

Zum achten Familiengespräch erscheinen die Geschwister (wiederum außer Kathrin) alleine. Paul kam am Morgen nach einem kurzen Aufenthalt in der Klinik nach Hause und sitzt mit einem leuchtend roten Armverband in der Runde. Er hatte sich am Handgelenk eine Schnittwunde beigebracht. Interessanterweise wählte er den Platz für diese Handlung genau dort, wo sein Bruder Anton mit dem Traktor tödlich verunglückt war. Da er unmittelbar nach der Suizidhandlung Hilfe bei Franz holte, geschah nichts Schlimmeres. Die zentrale Frage in diesem Gespräch ist: Zeigt Paul mit seinem Suizidversuch und seiner erneuten Teilnahme am Familiengespräch, daß wiederum ein Ablöseversuch gescheitert ist, oder steht er noch im Ablöseprozeß?

Eine kurze Sequenz zu Beginn des Gesprächs zeigt im Unterschied zum zweiten Familiengespräch, als Suizid ebenfalls das Thema war, einen veränderten Paul:

Welter: Was sind nun die Themen nach Ihrem Suizidversuch? Wo werden Sie wohnen, zum Beispiel?

Paul (langes Schweigen): Ich weiß nicht ... sicher, aber ... das geht Sie ...
Welter: nichts an? *(allgemeines Gelächter)*
Paul: Sie sind doch nicht für mein Problem geschult, Sie verstehen nichts von Depression.

Paul zeigt hier, daß die Differenzierungsleistungen, die in den früheren Gesprächen vorbereitet wurden und die er mit seiner Auslandsreise unter Beweis gestellt hat, ihm nunmehr erlauben, auch in der Therapie seinen eigenen Weg zu suchen. Er wird darin von der Therapeutin, die weit davon entfernt ist, durch Pauls Äußerung über ihre Unkenntnis von „Depression als Krankheit" verärgert zu sein, unterstützt. Sie hat ihm früher schon die Adresse eines systemisch orientierten Psychiaters (Dr. K.) in seiner Nähe gegeben, mit dem sie zusammenarbeitet. Weil aber zur Differenzierung die Integration gehört und erst beide zusammen die bezogene Individuation ausmachen, reagiert die Therapeutin wie folgt:

Welter: Sie haben recht. Es gibt Sachen, die Ihr eigenes Leben betreffen, und wenn Sie sagen, Sie wollen diese alleine mit Dr. K. besprechen, so finde ich das wunderbar und bin sehr einverstanden damit. Das Wohnungsproblem scheint aber im Moment noch alle zu betreffen.

Hier muß als Zusatzinformation eingeführt werden, daß Paul später mit seiner Schwester Rita, die wie er zu Beginn der Familientherapie noch bei den Eltern gewohnt hatte, in eine eigene Wohnung und danach mit einer Freundin in eine andere Wohnung ziehen wird. Mit diesem Schritt wird übrigens auch deutlich werden, daß sich seine psychosexuelle Identität, die für ihn zuvor relativ unklar war, strukturiert und stabilisiert hat.

Nach der Klärung des Aspekts Differenzierung und Integration anhand der Wohnsituation macht die Therapeutin Pauls erneuten Suizidversuch zum Thema. Die Frage ist ja: Steht dieser Suizidversuch, wie der vorherige, für einen erneuten Abbruch im Ablöseprozeß, oder markiert er „nur" eine weitere, krisenhafte Etappe im Ablöseprozeß? Es entwickelt sich folgendes Gespräch:

Welter (zu Paul): Ich kann mir vorstellen, daß Sie das, was Sie jetzt mit diesem Selbstmordversuch ausgedrückt haben, eigentlich lieber in Worten ausgedrückt hätten, und ich weiß ja auch, daß Sie versucht haben, mich am Telefon zu erreichen. Es tut mir wirklich sehr leid, daß ich nicht anwesend war. Darum möchte ich jetzt alle fragen: Wenn Paul das, was er jetzt ausdrückte, indem er sich selber beschädigte, wenn er das in Worte gefaßt hätte, was glauben Sie, was er gesagt hätte?

Lange, drückende Pause

Lisa: So, als ob er in einer bedrückten Lage gewesen wäre. Er hat eine Wohnung gesucht, und das schien ziemlich aussichtslos. Er hat Arbeit gesucht, und das war schwierig. Er hat eine Freundin in Südamerika zurückgelassen, und ich glaube, das ist alles zusammengekommen.

Welter: Also Sie würden sagen, er hätte in Worten ausdrücken wollen: Helft mir, Perspektiven zu finden!

Lisa: Ich weiß nicht einmal, ob er sich möchte helfen lassen. Ich glaube nämlich schon, daß er das alles selber in den Griff bekommen wollte. Aber alles zusammen war wohl zu viel für Paul.Und dann kommt, daß er wieder zu Hause gewohnt hat und dort alle diese Probleme auch wieder gesehen hat.

Welter: Welche Probleme, denken Sie, haben ihm am meisten Sorgen gemacht, als er zurückkam?

Lisa: Ich habe ziemlich bald gemerkt, daß das Thema Vater für ihn wieder ein Tabu ist.

Welter: Also daß Paul gesehen hat, daß Vater wieder trinkt und nicht darüber reden wollte?

Magdalena: Also Paul kam ja vorher einmal zu mir, und da hat er mir schon klar gesagt, daß er so vieles sieht, was nicht gut ist zu Hause, und daß es ihm in Südamerika viel besser ging. Und daß er im Moment auch wieder an sich glauben will, an diese Sehnsucht nach Eigenständigkeit in ihm, glaube ich. (Paul wischt sich die Tränen ab.)

Paul: Ja, das ist mir alles schon klar. Das Verrückte ist, daß das natürlich jedem klar ist. Aber daß man im Moment dann nur, nur den Moment und nicht das Ganze sieht. Darum ist es schon gut, daß man es immer wieder zu hören bekommt.

Welter: Daß Sie, Paul, das alles wissen, das ist mir schon klar. Aber es ist für Ihre Angehörigen wichtig, das auch deutlich zu hören. Ich meine, daß Sie eine Stärke haben, selbst im Loch, in dem Sie jetzt stecken, um die wir Sie vielleicht beneiden müßten. Darum, meine ich, sei es so wichtig, daß Sie und Sie und Sie (zu den anderen Angehörigen gewandt) nicht allzuviel Kraft in Paul hineinpumpen, sondern damit rechnen, daß er diese selber hat. In dem Sinn also meine ich, daß Sie und Sie (schaut Geschwister und Schwägerin an, die sich in diesem Augenblick weit zur Therapeutin vorlehnt), daß Sie nicht zu viel von Ihrer Energie in Paul hineinpumpen. Und wenn er sich entscheiden sollte, irgendwann, doch auszusteigen, also den anderen Weg zu wählen als den, den er jetzt gewählt hat zum Leben, wenn er sich also entscheidet, *daß* seine Lösung der Tod ist, ist das etwas, das wir alle nicht verhindern können. Ich möchte das hier einfach deutlich sagen, laut und deutlich! Dann wäre das Pauls trotzige, bockige Entscheidung (Paul nestelt an seinem Verband am rechten Handgelenk), wie er auch jetzt die starke Entscheidung gemacht hat, ins Leben zurückzukehren. (Langes, betroffenes Schweigen; alle schauen vor sich hin, Magdalena nickt zur Therapeutin.) Ich hoffe es nicht (zu Paul). Es wäre schade um Sie, um Ihre Stärke. Aber, wer sind wir, Ihnen vorzuschreiben, was Sie zu tun haben?

Paul (hebt den Kopf, lächelt Therapeutin an): Das ist richtig. Ja

Welter (zu allen): Also sind Sie einverstanden, daß Paul vorläufig zu Hause wohnt und dann, wenn Rita eine Wohnung nimmt, dann bei ihr wohnt und von dort arbeiten geht?

Alle sind einverstanden. Paul erzählt, daß er eventuell eine Anlehre machen will, z. B. als Dekorateur. Dafür will er noch zur Berufsberatungsstelle gehen.

Zum Schluß fragt die Therapeutin, was von diesem Gespräch den nicht Anwesenden mitgeteilt werden solle. Franz erzählt, daß die Mutter sehr nervös war, daß dieses Gespräch stattfinde, sie habe es aber trotzdem besser gefunden, wenn sie nicht mitkomme. Der Vater verteile zur Zeit massenhaft „Streicheleinheiten" an alle, auch an die Therapeutin (alle grinsen dazu), aber auch er habe lieber nicht mitkommen wollen. Paul findet dies richtig so und möchte auf keinen Fall, daß irgend etwas aus dem Gespräch den Eltern mitgeteilt wird. Sein Vater könne sich wohl überhaupt nicht in ihn einfühlen, obwohl er sicher sehr starke Gefühle habe. Aber die ganze Situation quäle ihn wahrscheinlich und sei nicht einfach für ihn (weinend): „Daß ich mit ihm nicht reden kann, daß ich ihm nicht helfen kann, das ist für ihn genauso schwierig wie für mich."

Die Therapeutin unterstützt die Sicht von Paul, daß es auch seinen Vater innerlich belaste, daß Paul solche Schwierigkeiten mit ihm habe, und verweist auf die beiden Einzelgespräche des Vaters mit ihr. Sie erinnert Paul auch daran, daß sein Vater bei diesen Gesprächen seiner Liebe zu Paul Ausdruck gegeben habe. Pauls ganze Zwiespältigkeit gegenüber seinem Vater wird deutlich, als er erzählt, daß Vater sich zwar schon um ihn kümmern möchte, jedoch viel zu sehr mit sich selbst beschäftigt sei, um das je zu können.

Franz beschreibt den Vater als viel geduldiger als alle anderen, indem er einfach den Dingen ihren Lauf lasse, was gar nicht seine oder Pauls Art sei. Das Gespräch endet mit einer erneuten Betonung der Eigenständigkeit von Paul, umgesetzt in der „Erlaubnis", sein Persönliches von jetzt an eher in der Einzeltherapie zu besprechen als in der Familie:

Welter: Zum Erwachsensein gehört ja auch, daß man einen eigenen Raum hat. Ich bin darum der Meinung, daß es nicht unbedingt nötig ist, daß Sie weiter zu diesen Familiengesprächen kommen, wenn Sie das nicht wollen. Ich möchte aber alle bitten, wenn es irgendein Thema gibt, das Paul betrifft, daß Sie ihm das sagen und wir miteinander ein nächstes Gespräch vereinbaren.

Die Therapeutin schlägt dann vor, in einer Vereinbarung das bisher Besprochene festzuhalten. Nachdem sie Paul gebeten hat, zusammenzufassen, was in die schriftliche Vereinbarung zwischen ihm, seinen Angehörigen und der Therapeutin gehört, und nachdem er die verschiedenen Punkte in Worte gefaßt hat, wird gemeinsam folgender Text aufgesetzt:

Vereinbarung
aus der Familiensitzung vom 12. Februar 1991 mit

Frau Magdalena Hafner-Brenner, Herrn Paul Brenner, Frau und Herrn Lisa und Franz Brenner

Es wird abgemacht, daß Paul Brenner vorläufig bei seiner Familie bzw. Rita lebt, bis er mit Hilfe von Dr. med. K. einen Platz in einer therapeutischen Wohngemeinschaft oder einer ähnlichen Einrichtung gefunden hat, in welcher er genesen und sich auf den Wiedereinstieg in die Arbeitswelt vorbereiten kann.

Die Anwesenden sind damit einverstanden, daß Paul ab sofort

die sogenannte „Hol-Pflicht“ übernimmt und damit den Angehörigen die „Bring-Pflicht“ abnimmt. Konkret bedeutet das, daß Paul seinen Angehörigen gegenüber klar sagt, was er von ihnen braucht, d. h. sich selber die Information oder Unterstützung holt, die ihm wichtig ist. Die Familie soll damit entlastet werden von der Idee, daß sie Paul ständig beobachten und ihm jegliche Unterstützung unaufgefordert bringen muß, weil mit dieser Annahme sein Entwicklungsprozeß belastet würde.

Kopie an: Frau Hafner-Brenner, Herrn P. Brenner, Frau und Herrn L. und F. Brenner, Herrn Dr. med. K. (z. K. an die Eltern Brenner).

Die Therapeutin rahmt mit ihrer Deutung, „Helft mir, Perspektiven zu finden“, Pauls Suizidversuch nicht als Scheitern eines erneuten Ablöseprozesses, sondern als Krise eines laufenden Ablöseprozesses. Sowohl aus der Äußerung von Magdalena („daß es ihm in Südamerika viel besser ging“) als auch aus Pauls Stellungnahme („daß man nur den Moment und nicht das Ganze sieht“) wird deutlich, daß die Therapeutin mit ihrer Deutung die Auffassung der Beteiligten getroffen hat. Daraus leitet sie die Aufgabe ab, Paul in seinem Individuierungsprozeß weiter zu stützen. Dieser Aufgabe dient der weitere Verlauf des Gesprächs. Zunächst wird die Grenze zwischen Paul und seinen Geschwistern gezogen, bis hin zu der Auffassung, daß letztlich auch ein vollendeter Suizid Pauls in dessen eigener Verfügungsgewalt liege. Indem die Therapeutin das in dieser Familie tabuisierte Thema Tod (siehe deren Umgang mit Antons Unfalltod) aufgreift und „an die Wand malt“, nimmt sie ihm den Stachel (der Suche nach dem Schuldigen).

Allerdings ist damit nicht die mancherorts modisch gewordene Haltung verbunden, jeder Suizid geschehe aufgrund einer autonomen Entscheidung des Individuums. Die Therapeutin grenzt klar die Lösung des Suizids von der Lösung Weiterleben ab und bekräftigt die letztere. Suizid wird als „trotzige, bockige Entscheidung“ und damit als nichtautonome, kindliche Entscheidung gewertet, Weiterleben als „starke“, erwachsene Lösung konnotiert. Was letztlich die Therapeutin mit ihrer Betonung der Eigenverantwortung Pauls bis hin zur eigenen Verantwortung für sein Leben erreicht, ist die Entlastung der Geschwister von der Verantwortung für Pauls Leben. Die Verantwortung dafür, daß Paul eine adäquatere Lösung für mögliche weitere Ablösekrisen als die des Suizids finden möge, wird im übrigen in die Hand des erwähnten Einzeltherapeuten Dr. K. gegeben, mit dem die Therapeutin seit längerer Zeit zusammenarbeitet.

Der Individuationsprozeß wird weitergeführt im Bereich der Generationsgrenzen. Diese werden gestärkt durch die Frage, wer über den Inhalt dieses Gesprächs informiert werden soll. Das laufende Gespräch ist Sache der Kinder, die Eltern geht es nichts an, lautet die Entscheidung. Der Differenzierungsaspekt wird damit wieder auf die Familienstruktur als ganze erweitert, und hier läßt sich bruchlos Pauls letztlich problematisch bleibende Beziehung zum Vater besprechen. Das Gespräch läuft darauf hinaus, Paul darin zu bestärken, daß er grundsätzlich Akzeptanz beim Vater finde. Er werde jedoch Abschied nehmen müssen von der Vorstellung, nur im Gefühl einer gelungenen Vater-Sohn-Beziehung die Familie verlassen und seinen eigenen Weg gehen zu dürfen. Was Paul aus dieser Sitzung mitnehmen kann, ist nicht die Überzeugung, daß die Beziehung zum Vater gelungen sei und er daher gehen könne. Vielmehr wird ihm die Gelegenheit gegeben, eine andere Perspektive zu entwickeln, die ungefähr so formuliert werden könnte: Der Vater liebt mich, wenn wir auch nicht so zusammenkommen konnten, wie ich es mir gewünscht hätte. Weil er mich aber respektiert, kann ich ohne Groll und ohne Schuldgefühle gehen.

Die schriftliche Vereinbarung, von Paul selbst gegen Ende des Gesprächs formuliert, sichert das Besprochene ab.

Das letzte Familiengespräch: Der Tag vor der Hofübergabe

Vierzehn Tage nach dem Geschwistergespräch kommen am Vorabend der formellen Hofübergabe alle Familienmitglieder außer René, Kathrin und Vater zu einem abschließenden Familiengespräch. Der Alkoholabusus des Vaters ist nur kurz Thema, der Großteil des Gesprächs ist dem bevorstehenden Übergang der Verantwortung vom Altbauernpaar auf das Jungbauernpaar gewidmet.

Alkoholismus des Vaters. Es wird berichtet, daß der Vater inzwischen eine Aushilfstätigkeit in einer Sägerei angenommen habe. In der letzten Zeit allerdings bleibe er auf dem Heimweg von der Arbeit immer wieder im Gasthaus sitzen und schimpfe über Franz sowie über den schlechten Handel bei der Regelung der Hofübergabe. Er lasse einen Gruß an die Therapeutin ausrichten.

Entscheidung über die weitere Geschichte des Hofes. Es wird berichtet, daß die Variante zwei der Hofübergabe gewählt wurde, daß also Franz und Lisa den Hof allein bewirtschaften werden und daß des Vaters künftige Erwerbsquellen seine Arbeit in der Sägerei (derzeit 60 %) sowie später eine Teilrente der Invalidenversicherung sein werden. Zur Markierung des Übergangs der Verantwortung auf die jüngere Generation und des Abschlusses dieses Übergangs schlägt die Therapeutin in Anlehnung an Evan Imber-Black (1990, 1993) ein Ritual vor. Zur Bedeutung des Rituals in der systemischen Therapie schreibt Imber-Black:

> „Durch Rituale kann Veränderung bewältigt werden, weil man hier die Veränderung als Bestandteil des eigenen Systems erlebt und weniger als Bedrohung dieses Systems. Rituale tragen zur ‚Identitätsbildung' einer Familie, zu ihrem langfristigen Selbstbild bei, indem sie die Entwicklung von Rollenzuschreibungen, Grenzziehungen und Regelhaftigkeiten fördern."
> (Imber-Black 1990: 237)

Im Leben einer traditionalen bäuerlichen Familie ist die Hofübergabe in der Regel an die Heirat des Hofnachfolgers gekoppelt und von daher bereits in ein Ritual eingebunden. Moderne bäuerliche Familien beziehen ihre Strukturierungsmerkmale nicht notwendig aus solchen traditionalen Ritualen, sondern sind einfallsreich genug, andere Möglichkeiten der Strukturierung zu finden. Unterstrukturierte Familien wie die Familie Brenner können von kompensatorischen Ritualen als einer Stütze der Strukturbildung im Sinne Imber-Blacks profitieren, und genau hier hat das im Therapieablauf angeregte Ritual seinen Platz. Damit ist nicht gesagt, daß die Therapeutin in dem Augenblick, als sie dieses Ritual vorschlug, den erwähnten Gedankengang verfolgt hat. Eher wird der Vorschlag dieses Rituals auf einen intuitiven Einfall der Art zurückgehen, wie sie sich aus dem therapeutischen Habitus ergeben. Man erinnere sich: Therapeutisches Handeln ist intuitiv regelgeleitetes Handeln unter Handlungsdruck im Vertrauen darauf, im nachhinein dieses Handeln rational begründen zu können.

Zurück zum Ritual zur Hofübergabe. Die Familie greift diesen Vorschlag zunächst kritisch auf (Franz: „Gute Idee, für jemanden ein Fest zu machen, der mich ans Schienbein tritt"). Je mehr sich die Familie mit diesem Thema beschäftigt, desto mehr tritt das Stichwort „Dankbarkeit" in den Vordergrund. Magdalena jedoch steht der Idee, dem Vater mit einem Ritual zu danken, sehr reserviert gegenüber: „Ich hätte Mühe, ihm mit einem Fest zu danken." Sie wird unterstützt von der Mutter, die Magdalena ermuntert, ihren eigenen Bedürfnissen zu folgen. Diese mütterliche Intervention wird bestärkt von der Therapeutin: „Wissen Sie was, Frau Brenner? Ich gratuliere Ihnen! Sie reden jetzt ja auch mit sich selber. Auch dafür lohnt sich ein Fest. Es würde einen Übergang markieren von Mutter Brenner, die das Gras wachsen hört und für alle denkt, zu einer, die sich selber gut zuhört." Als weiterhin eines Festes wert wird die Veränderung in der Beziehung zwischen Magdalena und Paul befunden. Magdalena sagt: „Ich habe das gute Gefühl, daß Paul im Moment einen Weg gefunden hat und mit Dr. K. eine gute Beziehung hat und sich selber entscheiden kann, ich habe keine Angst um ihn."

Was als Planung eines Rituals zur Hofübergabe begonnen hat, wird zum Ritual der Konsolidierung des therapeutischen Prozesses und der Veränderungen, die er in der Familiendynamik bewirkt hat.

Der folgende Abschnitt aus dem letzten Familiengespräch gibt die Stimmung von Abschluß und Neubeginn, ganz besonders für Paul und – schmerzlich – für Magdalena wieder. Das Gespräch wurde von der Therapeutin durch das Schlüsselwort „Dankbarkeit der jungen gegenüber der älteren Generation" angestoßen.

Magdalena: Ich bin meinem Vater nicht dankbar! Ich bin mit meinen Anliegen bei ihm immer auf Ablehnung gestoßen.

Welter: Ich verstehe, daß Sie sich betrogen fühlen.

Mutter: Man kann mit Vater nicht reden.

Magdalena: Ich hätte Mühe, ihm mit einem Fest zu danken. Aber es gibt schon einiges.

Welter: Wofür würden Sie ihm danken?

Magdalena: Seine Wärme und Gefühle. Aber ich hätte Mühe mit mir selber bei so einem Fest. Ich will davon aber jetzt nicht reden.

Welter: Wofür würden Sie Mutter danken?

Magdalena: Ich habe sie sehr gern – aber kann jetzt nicht darüber reden *(wirkt sehr angespannt)*.

Mutter: S'Leni hat immer für alle geschaut, nur nicht für sich selber, es war Vaters Engelein, Mutters Helferin.

Welter: Was, wenn Sie, Magdalena, jetzt ganz klar nein sagen und besser zu sich schauen würden? *(Zu Paul)* Sie haben diese Sensibilität ja auch. Was, wenn Magdalena zu Ihnen öfter nein sagen würde?

Paul: Habe nicht mitbekommen, was Sie meinen.

Welter: Sie sind super! *(Zu Magdalena)* Sagen Sie es ihm!

Alle, auch Paul, lachen schallend.

Magdalena: Was, wenn ich zu dir nein sagen würde?

Paul (ganz bei der Sache): Ja, ich habe es schon verstanden – ich würde sagen: Jetzt will ich, daß du mir zuhörst, es ist wichtig.

Mutter: Magdalena kann aber überhaupt nicht nein sagen.

Magdalena: Ich würde mir dann vielleicht überflüssig vorkommen – das macht mir Angst. Ich kann andere nicht leiden sehen, muß immer mittragen. Im Moment rufe ich aber nicht so oft an!

Welter: Was, wenn Paul sich auf eigene Füße stellt und Mutter und Vater ihr eigenes Leben leben würden?

Magdalena: Ich habe schon daran gedacht. Ich bräuchte die Zeit für mich, für den Beruf, für unser neues Haus.

Welter: Kinder?

Magdalena: Vorläufig keine Idee, habe ja nichts weiterzugeben.

Welter: Falls Sie nein sagen zu Paul – was befürchten Sie? Daß er zum Beispiel wieder rotiert, etwas Verrücktes tut und z. B. an sich rumschnetzeln würde? *(Großes Gelächter.)*

Paul (amüsiert): Das ist gut! „An mir rumschnetzeln".

Welter: Mir fiel nichts Besseres ein – das Wort „Suizidversuch" tönt so dramatisch, so aus dem Psychiatriebuch! Ich finde halt, da gehören Sie nicht hin.

Magdalena: Ich habe das gute Gefühl, daß Paul im Moment einen Weg gefunden hat und mit Dr. K. eine gute Beziehung hat und sich selber entscheiden kann; ich habe keine Angst um ihn.

Welter: Auch das wäre ein Grund zu feiern ... aber vielleicht Sie allein?

Magdalena wirkt zunehmend bedrückt, während die anderen Familienmitglieder in fröhlicher Stimmung bleiben. Die Therapeutin bezieht sich dann auf Magdalenas neue Situation, die ihr endlich die Entlassung aus der bisherigen Helferrolle erlauben könnte. Sie wird dabei unterstützt von Mutter Brenner. Nach einem Gespräch darüber, wie die erwachsenen Kinder fortan ihre Mutter im Setzen von Grenzen unterstützen wollen, kommt die Therapeutin auf das vorgeschlagene Übergangsritual zurück. Die Idee eines Familienausflugs wird lebhaft diskutiert, als Magdalena heftig zu weinen beginnt und erklärt, sie werde auf keinen Fall dabei sein. Für sie „stimme" die Beziehung zu ihrem Vater eben im tiefsten nicht. Wiederum wird Magdalena getröstet von ihrer Mutter und von ihrer jüngsten Schwester und ermutigt, jetzt gut für sich selbst zu sorgen. Wir vereinbaren, daß dies vorläufig die letzte gemeinsame Sitzung ist, nach einigen Monaten aber noch ein Schlußgespräch zusammen mit Vater Brenner stattfinden soll.

Zusammenfassung der zentralen Veränderungen in der Familie Brenner im Laufe der ersten neun Gespräche

Pauls Individuierungsprozeß. Pauls erster Suizidversuch war die „Eintrittskarte" zu einem therapeutischen Prozeß, der – wie aus systemischer Sicht nicht anders zu erwarten – rasch die gesamte Familie einbezog. Schätzt man die zentralen Veränderungen bei Paul ein, die sich im Verlauf der ersten neun Gespräche eingestellt haben, so sind vor allem folgende Punkte zu nennen:

Am Beginn des therapeutischen Prozesses steht er mit dem Rücken zur Welt außerhalb der Familie. Er ist nach innen orientiert, ihm kommt es darauf an, die Familie angemessen zu strukturieren („Ich will einen Vater, der wieder Vater wird"). Bei gleichzeitig bestehender Tendenz zur Ablösung von der Familie, die seinem Alter mehr als angemessen ist, gerät er in eine von Schuld- und Größenideen geprägte Spannungssituation, in deren Kontext sowohl die beiden Suizidversuche als auch die psychotischen Episoden, die in diesem Zusammenhang auftreten, verstehbar werden.

Am Ende des (familien)therapeutischen Prozesses hat Paul, um im Bild zu bleiben, der Familie den Rücken gekehrt. Ein Ablösungsprozeß ist in Gang gekommen, wobei Paul – wie bei Ablösungsprozessen üblich – teils schmerzhafte Erfahrungen machen mußte. Aus unserer Erfahrung mit vergleichbaren Fällen wagen wir die Vermutung, daß Paul, wäre ihm durch die in der Familie und bei ihm selbst eingetretenen Veränderungen im Verlauf der Therapie nicht der Weg Schritt für Schritt frei gemacht worden, möglicherweise in einen ernsthaften psychotischen Prozeß mit einer Tendenz zur Chronifizierung geraten wäre.

Die äußeren Zeichen für einen gelingenden Ablösungsprozeß (über dessen weiteren Verlauf wir außer einem grundsätzlichen Optimismus nichts aussagen möchten, da wir nur über eine Vier-Jahres-Katamnese verfügen, während man davon ausgeht, daß erst nach fünf bis sechs Jahren Endgültigeres über die Prognose bei Psychosen gesagt werden kann) sind folgende: Paul hat sich räumlich von der Familie gelöst und lebt jetzt, nach einer kurzen Zwischenstation bei Schwester Rita, mit einer Freundin zusammen. Die Frage seiner sexuellen Identität hat sich damit offenbar vorerst geklärt. Beruflich hat er eine Perspektive gefunden als Baumpfleger. Dieser Beruf stellt gewissermaßen eine sublimierte landwirtschaftliche Tätigkeit dar und entfernt ihn weit genug von der Familientradition, um seinem Anspruch auf Besonderheit zu genügen, bietet andererseits aber genügend Nähe zur Familientradition, um ihm Sicherheit zu gewähren. Somit ist es ihm auch gelungen, seine ursprünglich hochgespannten Lebensentwürfe (Berufsmusiker) auf den Boden *seiner* Realität zu bringen.

Alkoholismus des Vaters. Der Behandlungsauftrag war, daß Vater Brenner am Entscheidungsprozeß über die weitere Geschichte des Hofes in nüchternem Zustand teilnehme. Dieses Ziel ist erreicht worden. Dabei ist zu fragen, in welcher Weise die vier zentralen Aspekte, die den Therapieprozeß im Fall der Familie Brenner leiteten, bei ihm zur Sprache gekommen sind und vorwärts gebracht wurden. Es ging um den Aspekt Bewahren und Verändern: Der Hof kann nur bewahrt werden, wenn die Machtverhältnisse auf dem Hof grundlegend geändert werden. Dazu aber war es erforderlich, den Aspekt Autonomie vs. Heteronomie anzusprechen. Hier hat die Familie dadurch, daß sie im Rahmen einer Konfrontation des Vaters den gemeinsamen Tanz um die Flasche durchbrach, nach langen Jahren der Stagnation wieder die Verantwortung selbst in die Hand genommen. Damit konnte ein Klima der Veränderung erzeugt werden, das exemplarisch auch auf die anderen Entscheidungsbereiche der Familie ausstrahlt. Alle Beteiligten konnten erleben, daß es nicht *einen* Weg gibt, um anstehende Probleme zu lösen, sondern daß Optionen eröffnet und überdacht werden können: Multiperspektivität in Entscheidungsprozessen war gefragt. Und schließlich konnte die Familie am konkreten Umgang mit dem Alkoholproblem des Vaters erfahren, daß Grenzmarkierungen bei einer Person nicht den Bruch, sondern die Möglichkeit zu einer neuen Beziehungsdefinition herbeiführen können. Bezogene Individuation ist dabei der Aspekt, welcher Vater Brenner und Paul grundlegend miteinander verbindet.

Soweit zur Stellung von Herrn Brenner in seiner Familie und zu ihren Veränderungen im Therapieprozeß. Für ihn persönlich war in der Therapie wohl der entscheidende Wendepunkt sein Anschluß an seine Geschichte mit seinem früh verstorbenen Vater. Daraus ergab sich wie von selbst seine Motivation, zumindest seinen Sohn Paul bei dessen erneuten Versuchen zur Ablösung von der Familie (Reise nach Südamerika) nach Kräften zu unterstützen. Die „Seelenverwandtschaft" zwischen Herrn Brenner und Paul wurde im therapeutischen Prozeß so deutlich, daß sie Paul befähigte, von zu Hause ohne Schuldgefühle wegzugehen, obwohl die erhoffte Auseinandersetzung mit dem Vater nicht möglich war. Trotz seiner langen und erheblichen Widerstände gegen die vollständige Übergabe konnte sich Herr Brenner mit der neuen Situation so weit anfreunden, daß er jetzt täglich außer Haus einer Teilzeitbeschäftigung nachgehen kann. Dank der inzwischen bewilligten Invalidenrente ist auch die finanzielle Existenz des Altbauernpaars gesichert.

Entscheidung über die weitere Geschichte des Hofes. Im Verlauf des therapeutischen Prozesses wurde die Arbeit an Optionen der weiteren Geschichte des Hofes zu einem Entscheidungsfeld, auf dem alte Sichtweisen und Verhaltensmuster als untauglich erkannt und neue Lösungen zunächst als möglich, dann aber auch als wirklich entwickelt werden konnten. Im einzelnen hat die therapeutische Begleitung dieses Prozesses ergeben: 1. Der Hof konnte bewahrt werden, und zwar in veränderter, der Familienentwicklung angemessener Gestalt. 2. Bei aller gemeinsamen Bezogenheit auf das Familienerbe wurden allen beteiligten Individuen Räume eröffnet, in denen sie ihre eigenen Interessen wahren können. 3. Damit wurde die Autonomie jedes einzelnen Familienmitglieds gestärkt. Im Falle der Eltern allerdings hat dies einen hohen Preis, der für den Vater darin besteht, daß er sich nun nicht mehr hinter seinem Alkoholismus verstecken kann, und für die Mutter darin, daß sie nun nicht mehr in ihrer Rolle als zentrale Vermittlerin aufgehen kann. Auch die Eltern müssen jetzt Lösungen für ihre neue Lebensphase finden. Während die Kinder noch einen großen Teil ihres Lebens vor sich haben und ihre Flügel ausbreiten können, sind die Eltern gezwungen, sich in einer erheblich späteren Lebensphase neu zu orientieren. 4. Entscheidungen wurden durch die in der Therapie durchgeführten und zu Hause fortgesetzten Gespräche bewußt getroffen und nicht blind hingenommen.

3.
Der zweite Teil der Therapie von Familie Brenner: Magdalena und ihr Partner

Einleitung

Am Tag nach dem letzten Familiengespräch ruft Magdalena die Therapeutin an und bittet um einen Termin für sich allein.

Die Frage, ob Einzelgespräche im Rahmen einer „Familientherapie" stattfinden sollen, kann in unserer Sicht nicht generell beantwortet werden, sondern hängt vom Verstehen des Prozesses und von der Beziehungsqualität ab, das heißt davon, ob die Therapeutin oder der Therapeut ihre Loyalität zur ganzen Familie bewahren, auch wenn sie sich mit einzelnen treffen. Im vorliegenden Fall waren die ursprünglichen Aufträge, mit denen die Familie gekommen war, erfüllt. Magdalenas bewegte Stellungnahme im letzten Familiengespräch – „Ich bin Vater nicht dankbar" – sowie ihre Ambivalenz hinsichtlich ihrer Helferrolle in der Familie machten deutlich, daß nun ihre persönlichen Anliegen ins Zentrum rücken konnten. Die auf S. 77f. kritisierte Idee, daß Familienmitglieder mit ihrem Engagement für andere und mit dem Nachsuchen um eine gemeinsame Therapie auch eigene Hoffnungen und Anliegen verbinden, ist eigentlich logisch. Nachdem der Ablöseprozeß von der Familie für Paul mit extremen Ausschlägen des Pendels zwischen Abhängigkeit und versuchter Eigenständigkeit verbunden war, ist die Frage naheliegend: Wie schafft es eigentlich Magdalena, die gebundene „Ersatz-Familienmutter", sich auf eigene Füße zu stellen?

Magdalenas erstes individuelles Gespräch mit der Therapeutin markiert den Beginn des zweiten Teils der Therapie und hat von Anfang an diese Frage zum Thema. Einerseits geht es dabei um die bereits bekannten Themen Bewahren und Verändern, Wurzeln (Zugehörigkeit) und Flügel (Autonomie), bezogene Individuation (Differenzierung und Integration) sowie um Multiperspektivität beim Treffen von Entscheidungen.

Andererseits liegt der Schwerpunkt nun auf Magdalenas persönlicher Entwicklung als erwachsene Frau und Ehepartnerin. Aus diesem Grunde ist es selbstverständlich, daß der Beobachter hinter der Scheibe von nun an nicht mehr dabei ist.

Erstes Gespräch mit Magdalena alleine: Allgemeine Beziehungsunsicherheit, Probleme mit der Schwiegermutter und sexuelle Konflikte mit dem Partner

Magdalena Hafner-Brenner wirkt blaß und angespannt. Sie nennt zwei Themen, die sie belasten: das Eindringen ihrer Schwiegermutter in die Privatsphäre ihrer Ehe sowie ihre sexuelle und allgemeine „Beziehungsunsicherheit und Inkompetenz". Das junge Paar hat auf dem Grundstück ihrer Schwiegermutter (einer verwitweten Bauernfrau) ein kleines Haus gebaut, das an deren Garten grenzt. Das Landgeschenk ist mit der mütterlichen Erwartung von Dankbarkeit in Form von täglichem Kontakt, besonders von seiten der Schwiegertochter, verknüpft. Während Magdalenas Mann Beat sich seiner Mutter entzieht, wägt Magdalena täglich ab, wieviel Dankbarkeit sie ihr wie beweisen müsse.

Priorität habe jedoch das Paarproblem, berichtet Magdalena. Seit einem Jahr hätten nämlich sie und ihr Mann keine sexuellen Beziehungen mehr.

Magdalena: Sex brauche ich nicht, nur Zärtlichkeit *(weint sehr)*. Ich bin blockiert – seit Jahren – Es tut mir einfach weh; wenn er mich berührt, ist alles zu, ich kann mich nicht öffnen.

Welter: Haben Sie Verkrampfungen in der Scheide? So daß es wehtut, wenn er eindringen möchte?

Magdalena: Sehr. Ja – sehr! Und ich kann mit ihm ... Wir kennen uns schon sehr lange, aber es war immer so ... Wenn er wollte, habe ich mich immer gewehrt. Ich habe einfach das Gefühl, daß ich nie etwas ... nie für mich gelebt habe. Ich habe immer für andere Leute gelebt. Ich habe wohl gewußt, bei mir stimmt etwas nicht. Aber ich habe es einfach nicht mehr realisiert. Ich bin so quasi gelebt worden.

...

Magdalena: Ich konnte mir von Anfang an nicht vorstellen, daß das einmal schön sein könnte. Er fand das nicht normal und sagte: Da stimmt doch etwas nicht. Kaum kommt er mir körperlich näher: totale Blockade. Erst in den letzten zwei Jahren dämmert mir langsam, woher das kommen könnte. Mutter erzählte mir oft, daß sie sich jeweils, wenn sie schon wieder schwanger war, am liebsten umgebracht hätte. Aber mein Vater hat ein wahnsinnig starkes sexuelles Leben. Wahrscheinlich hat ihm das Bestätigung gegeben, aus sich herauszukommen und Mutter zu bezwingen. Also kann ich mir vorstellen, meine Probleme haben damit zu tun.

Welter: Ja – ich auch.

Magdalena: Ich stelle mir genau meine Mutter vor, wenn ich mit meinem Mann zusammen bin. Ich entwickle dann einen richtigen Haß auf ihn und kann ihn nicht mehr anschauen. Noch eine Stunde später oder am nächsten Tag habe ich das Gefühl, „du tust mir etwas an, was nicht normal ist". Ich habe effektiv dieses Gefühl ...

Welter: Daß es für Sie wie Gewalt ist.

Magdalena: Ja – aber ich kann das meinem Mann gar nicht sagen. Ich weiß auch gar nicht, wie es für *ihn ist.* Entweder lasse ich es über mich ergehen – oder ich weigere mich.

Welter: Über sich ergehen lassen?

Magdalena: Ja, über mich ergehen. Aber seit ich mich, seit einem Jahr, mit meiner eigenen Familie beschäftige, habe ich es ihm gesagt. Daß ich nämlich zu belastet bin.

Welter: Mit Ihrer Familie?

Magdalena: Mhm ... Für ihn muß das furchtbar sein. Aber ich kann nicht! – Ich weiß nicht, wie weiter. Ob ich mit ihm zusammen könnte – zu einem Gespräch kommen? Oder vielleicht löst es sich, wenn ich meine Kindheit? – oder meine ganze Vergangenheit? – ein wenig aufarbeite? Vielleicht geht es dann? Klappt es dann ... irgendwann?

Magdalena berichtet über ihre Schuldgefühle gegenüber ihrem Mann Beat und erzählt von wachsendem Druck durch ihn und von ihrer Angst, er könnte sie verlassen, wenn sie weiterhin so „unerwachsen" sei. Sie verbindet ihre Angst vor Sexualität auch mit ihren allgemeinen Ängsten und ihrer Selbstunsicherheit.

Magdalena: Da ist noch etwas anderes, Schlimmes. Ich habe oft das Gefühl, bei jedem Wort, das ich sage, frage ich mich ‚Wie wird das aufgenommen, wie werde ich angeschaut', so daß ich ... irgendwie einen Kurs besuchen – aber sobald ich mir vorstelle, in den Kursraum einzutreten, und die Leute schauen mich an – dann kann ich es nicht.

Welter: Also Sie könnten es schon, aber benoten sich schlecht dafür?

Magdalena: Ich weiß nicht – ich habe den größten Horror vor Fehlern, die ich machen könnte, z. B. in einem Sprachkurs – oder sonst irgendwo, Gymnastik – ich habe immer das Gefühl, ich mache alles falsch ...

Auf die Frage, wie Magdalena sich das erkläre, erwähnt sie ihre Schulzeit und das ständige Gefühl, in Schule und Gemeinde eine Außenseiterin zu sein. Sie erzählt von einer Lehrerin, die sie jeweils auslachte oder anschrie, wenn sie sich so schüchtern benahm, und von weiteren „ganz ganz brutalen Situationen".

Zur Bindungsdynamik in Verbindung mit ihrer Unsicherheit stellen wir uns aufgrund unserer Kenntnis der Geschichte der Familie Brenner vor, daß die notwendigen Voraussetzungen für den Balanceakt zwischen Sicherheit und Erregung, Zugehörigkeit und Autonomie in der Entwicklung dieser jungen Frau dadurch behindert waren, daß ihre Familie den Umzug in die „Fremde" nie ganz bewältigt hat. Die daraus folgende emotionale Anheizung der familialen Binnensphäre – nur zu Hause sind wir sicher – machte es Magdalena unmöglich, sich mit wachsender Selbstsicherheit in der Welt draußen zu bewegen. Statt sich vielleicht aufgeregt, aber fraglos in neue Situationen einzulassen, schaut sie sich ständig selbst über die Schultern und hängt völlig von der Bewertung durch andere ab. Die Erfahrung fundamentaler Asymmetrie zwischen ihrer Familie und deren Umwelt scheint sich auch innerhalb der Familie gespiegelt zu haben: Magdalena und ihre ältere Schwester Kathrin mußten die ganze Hausarbeit machen, der sich ihre jüngeren Schwestern entzogen. Auch in der Landwirtschaft waren Kathrin und Magdalena stärker gefordert als die Brüder. Daraus ergab sich für Magdalena das, was als „Pseudo-Autonomie" bezeichnet werden kann. Einerseits funktioniert sie sowohl in der Familie als auch in bezug auf ihre Schwiegerfamilie und die Dorfgemeinschaft, wo sie als Gemeindeschwester tätig ist, als große Helferin und Ersatzmutter. Andererseits wertet sie sich selbst ab und „fühlt sich wie ein Kind – einfach so unerwachsen". Daß dieses

Oben-Unten-Verhältnis sich in der Paarbeziehung reproduziert, indem Magdalena einerseits mütterlich für ihren Mann sorgt und sich andererseits als Kind klein und abhängig fühlt, und daß vermutlich ihr Mann mit ähnlichen Erfahrungen das Spiel mitspielt, ist eine mögliche Erklärung für das Fehlen von Intimität und Sexualität. Eine weitere Erklärung für ihre Unsicherheit in nahen Beziehungen und in der Sexualität ist naheliegend: die Erfahrung von Gewalt bzw. von sexuellen Übergriffen in ihrer Kindheit. Daß Magdalena eine stark „parentale" Position gegenüber ihren Eltern hat, das heißt immer noch unendlich viel Verantwortung für sie übernimmt, kann auch bedeuten, daß sie emotional in einer ambivalenten Weise zwischen Mutter und Vater trianguliert ist: Macht sie es einem Elternteil recht, verrät sie den anderen.

An dieser Stelle erleben wir bei der Frage, wer zur nächsten Sitzung eingeladen werden soll, in Seminaren oft heiße Diskussionen. Da bei Frau Hafner-Brenner der Verdacht auf erlittene sexuelle Übergriffe naheliegt, wird vor allem von Therapeutinnen oft vehement gefordert, nun brauche die Klientin aber einen geschützten Raum für sich alleine und zuerst viele Einzelgespräche, bevor der Ehemann einbezogen werden dürfe. Da die Therapeutin sich auch hier von den Ängsten der Klientin, ihr Mann könnte sie verlassen, und nicht von ideologischen Richtlinien leiten läßt, schließt sie das Gespräch so:

Welter: Gut, daß Sie gekommen sind und über sich erzählen! Erzählen hilft, gibt eine gewisse Ordnung in die Geschichten – aber ich denke, Sie brauchen mehr. Mehr, als daß ich Ihnen zuhöre. Mögen Sie meine Ideen hören?

Magdalena: Ja, mhm ...

Welter: Erstens finde ich es sehr gut, daß Sie nicht weiter auf die Zähne beißen und sich durchkämpfen oder sich anpassen, sondern sich wehren. Und auf Ihren Körper hören. Der redet ja auch seine Sprache: Vaginalkrämpfe, da sagt Ihnen ja Ihre Seele über Ihren Körper: ‚Vieles stimmt nicht.' Ich will damit nicht Ihre Partnerschaft oder Partnerwahl als falsch ankreiden. Aber Sie sagen mir deutlich, daß so, wie Sie sich selber definieren, wie Sie mit sich selber reden, Sie es vor allem negativ tun. Daß Sie die Beziehung zu Ihnen selber, als junge Frau, nur negativ beschreiben – dabei sind Sie eine überdurchschnittlich gescheite, engagierte Frau, die ihre Familie hierher gebracht hat, um ihre Probleme zu lösen, und damit vieles in Gang gebracht hat. Und daß Sie offenbar, jetzt, wo einiges gelöst ist, Ihre Bedürfnisse und die *eigene* Krise viel besser bemerken. Dadurch wohl auch, daß Sie die Illusion aufgegeben haben, Sie könnten oder müßten Ihrer Familie helfen, sich opfern für sie.

Zweitens haben Sie von „Aufarbeiten Ihrer Kindheit" geredet. Ich finde das ganz wichtig. Aber es gibt ja, ich verstehe das so, daß es vor allem *jetzt* in Ihrem Leben Probleme gibt, die nicht aufgeschoben werden können. Zum Beispiel die Ablösung von Ihrer Familie, die Ablösung von Ihrer Mutter und der Rolle, die sie Ihnen zugewiesen hat, oder eher „vorgelebt". Ich meine damit die Idee, daß Frauen halt Opfer sind und bleiben. Vielleicht brauchen Sie dafür einmal eine Einzeltherapie. Aber im Moment hätte ich Sorge, wenn ich Ihnen eine solche empfehle, daß vieles, das man nicht unendlich aufschieben kann, was *jetzt* an Problemen da ist, das Verhältnis zu Ihrem Mann, Ihrer Schwiegermutter, den Nachbarn ... Ich denke, das läßt sich nicht unendlich aufschieben. Ich fürchte, sonst gehen Sie kaputt dabei, haben immer weniger Selbstwertgefühl; Ihr Mann wird immer wütender und versteht Bahnhof

Magdalena: Mhm, hm ...

Welter: und wird sich nicht mehr hinter Sie stellen. Und die Entfremdung wird größer.

Magdalena: Ja – das befürchte ich!

Welter: Und was immer mit der Beziehung zu Ihrem Mann geschieht, ob Sie zusammenbleiben, vielleicht Kinder haben, oder auseinandergehen, das ist ja offen. Selbst wenn man zusammen ein Haus gebaut hat ... Ich bin jedenfalls froh, daß Sie sich Zeit nehmen, sich zu überlegen ... und Abschied zu nehmen von dieser Frauenrolle, wie sie Ihre Mutter Ihnen vorgelebt hat, die quasi ein Teil von Ihnen geworden ist. So im Sinn „Frauen sind Opfer, müssen auf die Zähne beißen und leiden, und Männer sind triebhaft. Und wenn ihre Triebe nicht befriedigt werden, arbeiten sie nicht oder saufen ..."

Ich kann mir vorstellen, daß, wenn Sie sich ablösen von diesen alten Bildern, Sie dann Sehnsucht erleben nach dem „Sichfallenlassen", ohne Angst vor Ausbeutung, und daß es viel mit Ihrem Mann zu tun hat, ob das gelingt. Darum wäre es auch mir wichtig, daß er dazukommt – auch wenn Sie ihm vielleicht nicht alles genauso sagen können wie jetzt mir – und ich so eine Art Vermittlerin sein kann, damit er Sie und sich selber verstehen lernen kann, und wie Sie unterschiedlich und vielleicht auch ähnlich sind. Und Zärtlichkeit, Gespräche als erstes miteinander lernen statt Sex allein.

Zum Schluß erwähnt die Therapeutin noch, daß es ihr sinnvoll scheint, wenn Frau Hafner-Brenner sich Hefte als Tagebücher kauft, um Gespräche mit sich selbst darüber zu führen, was sie bewegt, und daß sie sich mit ihrer Intelligenz, ihrem Hunger nach Wissen und Kompetenz diesen Heften anvertraut und eine Sprache findet für das, was bisher im Nebel lag. Frau Hafner-Brenner hat diese Anregung übrigens aufgenommen und im Lauf der Therapie damit als „Probehandeln" die Basis für eine neue Art der Auseinandersetzung mit anderen entwickelt, nicht zuletzt in Form von zahlreichen Briefen an die Therapeutin.

Die Therapeutin vertritt auch im Einzelgespräch eine mehrperspektivische Sicht- und Vorgehensweise. Einmal versteht und spricht sie Magdalena Hafner-Brenner als von Hilfsaufträgen überlastete Tochter der Eltern Brenner und als Ersatzmutter ihrer Geschwister an. Dann erweitert sie den therapeutischen Fokus über Magdalena hinaus auf die junge Paarbeziehung und lädt den Ehemann zum Gespräch ein. Gleichzeitig deutet sie mit der Aufforderung an Magdalena, ein Tagebuch zu führen, an, daß diese auch *individuelle* Möglichkeiten hat, ihr Leben zu gestalten. Wenn Magdalena den Dialog mit den widersprüchlichen „Stimmen" im eigenen Kopf, die einerseits zur bedingungslosen Loyalität zu ihrem Elternhaus auffordern und andererseits Wut über diese Form der Ausbeutung signalisieren, in geschriebene und gesprochene Sprache übersetzt, können sich daraus klarere psychische „Gestalten" ergeben. Mit dieser Sprachfindung eröffnen sich gleichzeitig auch neue Handlungsperspektiven. Dieser Vorschlag zur Externalisierung innerer Bilder und Stimmen wurde z. B. von Frank (1973) in Anlehnung an die Gestaltpsychologie auf therapeutisches Handeln übersetzt und von White und Epston (1990) in die systemische Therapie eingeführt.

Der Gedanke, daß individuelle kognitive Desorganisation mit emotionaler Labilität und eingeengten Verhaltensmöglichkeiten verbunden ist, wird von vielen therapeutischen Schulen vertreten. Die Erfahrung, daß mit dem „Veröffentlichen" der gegensätzlichen inneren Stimmen durch Geschichtenerzählen, aber auch durch deren Externalisierung in Gestalten (die z. B. auf einzelne Stühle gesetzt werden) sowohl die intrapsychische Desorganisation geordnet wird als auch starre Interaktionsmuster „aufgetaut" werden, schließt an eine lange psychologische

Tradition an. Prozesse des Wandels enthalten im günstigen Fall darum immer eine kognitiv-affektive wie auch eine interaktionelle Dimension (Mahoney 1991).

Mit anderen Worten: Unser Verständnis von systemischer Therapie als Begegnung bezieht sich sowohl auf die gemeinsamen Sinnstrukturen und Bewältigungsmuster, die in einem geschichtlich und gesellschaftlich geprägten Milieu (Familie Brenner) gewachsen sind, als auch auf die individuellen Motive (inneren Stimmen) und Verhaltensweisen einzelner Mitglieder (Magdalena). Das bedeutet, daß unser therapeutischer Zugang zu einer Lebenspraxis, die als problematisch beschrieben wird, als Verbindung von angewandter Psychologie und Soziologie unter dem Dach eines systemischen Menschenbildes verstanden werden kann.

Das zweite Gespräch: Magdalena und ihr Ehemann greifen die Themen im ersten Gespräch gemeinsam auf

Beat Hafner kommt offensichtlich motiviert in die nächste Stunde – es sei höchste Zeit, daß er und seine Frau nun auch einmal „etwas für sich hätten", nachdem bisher die Familie Brenner so sehr im Zentrum gestanden habe. Er erzählt ausführlich von seinen eigenen Sorgen. Als Techniker wurde er von seinem Betrieb aufgefordert, noch eine längere Weiterbildung zu machen, die er neben einer vollen Stelle abends und am Wochenende leistet. Er leide unter gelegentlich schlimmen Migräneanfällen und kenne auch Magenkrämpfe, wenn der Streß zu groß werde.

Für Herrn Hafner stehen dieselben Themen im Vordergrund wie für seine Frau: die Blockierung der Sexualität seit Beginn der Paarbeziehung, die er auf Magdalenas Überengagement gegenüber ihrer Herkunftsfamilie und ihre allgemeine Verkrampfung zurückführt, sowie Magdalenas Bereitschaft, sich nun auch von seiner Mutter „unter den Daumen drücken zu lassen". Nebenbei räumt er ein, daß ihm als Jüngstem einer großen Familie, der als einziger in Mutters Nähe geblieben sei, die Abgrenzung zu dieser nicht leichtfalle. Allerdings könne er besser weghören und ihre Forderungen ignorieren als seine Frau. Diese leide wohl unter Minderwertigkeitsgefühlen, weil sie selbst aus einer so belasteten Familie stamme.

Daß beide, Magdalena und Beat, das Schicksal von „gebundenen Kindern“[14] ihrer Eltern tragen, wird ihnen erst im Laufe des Therapieprozesses bewußt. Das Konfliktthema „diffuse Generationengrenzen“ ist für beide dasselbe, allerdings bewältigen sie es unterschiedlich, wie es ihrer geschlechtsbezogenen Sozialisation entspricht: Magdalena mit selbstausbeuterischer und entsprechend ambivalenter Rücksichtnahme auf die Bedürfnisse der älteren Generation, Beat mit ritualisierten Besuchen bei seiner Mutter, aber innerlichem „Abschalten“.

Angeregt durch die Therapeutin, treffen die beiden Vereinbarungen über „Inseln“ für sich als Paar, auf die niemand von außen zugelassen wird, zum Beispiel, indem sie das Telefon ausschalten. Sie wollen versuchen, auf der „Insel“ einander zärtlich, aber ohne sexuellen Leistungsdruck, zu begegnen. Auf ihren Wunsch gibt ihnen die Therapeutin einige Anregungen zu „Annäherungsversuchen“ im Sinne von Sensitivitätsübungen (Singer-Kaplan 1990). Es geht dabei um gegenseitige Gesichts- und Nackenmassagen außerhalb des Ehebettes, das bei diesem Paar schon lange zum Stimulusfeld für unbefriedigende sexuelle Erfahrungen geworden ist.

Einige Wochen später, beim vierten Gespräch, erzählen beide, daß sie mit diesen Übungen gute Erfahrungen gemacht hätten. Allerdings habe Magdalena ihre tiefe Angst, von ihrem Mann sexuell „überrannt“ zu werden, trotz der Entspannung immer wieder deutlich gespürt.

Zur Verdeutlichung greifen wir auf einen Abschnitt aus dem vierten Gespräch mit Magdalena und Beat vor:

Magdalena: Ich habe es noch gar nie jemandem gesagt, aber das ist meine Angst, daß wenn wir einander auch nur oberflächlich streicheln, daß bei Beat seine Gefühle „davonrasen“ könnten. Das ist so eine Grundangst von mir, und darum kann ich mich nie richtig entspannen, auch wenn wir uns nur an den Händen halten. Ich habe dann immer Angst, ich könnte oder dürfe gar nicht nein sagen zu ihm, weil sein Trieb halt dann stärker ist.

Beat: Du weißt doch, daß du bei mir keine Angst haben mußt. Ich weiß doch, wo die Grenzen sind und daß es mir nichts bringt, wenn ich etwas gegen dich tue.

---

[14] Dieser Begriff wird von familientherapeutischen Autorinnen und Autoren zur Beschreibung innenzentrierter Familien gebraucht, die eines oder mehrere Kinder in die Rolle des Bindeglieds zwischen den Eltern drängen. Vgl. Weber und Stierlin 1989.

Magdalena: Ich bin ja froh, daß das so ist, aber bei den meisten Männern ist es eben nicht so. Die sind doch einfach ihren Trieben völlig ausgeliefert. Und die Sicherheit, daß es bei dir nicht so ist, die hab' ich halt einfach nicht.

Welter (zu Magdalena): Sie sind ja aber nicht mit irgendeinem Mann verheiratet, sondern mit diesem. Was könnte er denn tun, um Ihnen zu beweisen, daß er tatsächlich Ihre Gefühle respektiert?

Magdalena: Ich habe halt das Gefühl, daß er das nicht immer getan hat. Oft, wenn ich sagte, daß es mir weh tat in der Scheide, hast du einfach probiert und nochmals probiert. Von da an bin ich mißtrauisch geworden.

Beat: Du hast mir aber auch nie deutlich gesagt, was du wolltest und nicht wolltest. Und vor allem habe ich nicht gewußt, woher es kam, daß du so verklemmt warst. Ich habe dich doch oft gefragt, ob da irgendeinmal etwas gewesen sei früher. Ich hatte einfach irgend so eine Idee.

Welter: Sie meinen, daß Ihre Frau einen sexuellen Übergriff erlitten hat?

Beat: Ja, ich habe sie auch konkret gefragt, ob ihr Vater oder sonst jemand sie vergewaltigt habe. Aber da hat sie immer nein dazu gesagt.

Magdalena: Ich habe das ja auch nicht so richtig gemerkt, daß Vater etwas getan hat, was in die Richtung geht.

Das dritte Gespräch: Die Vermutung sexueller Übergriffe bestätigt sich

Was im ersten Gespräch mit Magdalena angedeutet wurde, wagt sie nun, offenbar angeregt durch ihren Mann und unterstützt von der Therapeutin, in Sprache zu fassen. Sie erzählt, wie jeweils im Winter die Kinder der Familie Brenner sich beim Kachelofen in der Stube aus- und die angewärmten Pyjamas anzogen. Als die beiden älteren Töchter Kathrin und Magdalena sich körperlich entwickelten, sei Vater Brenner ohne Rücksicht auf ihre Schamgefühle in der Stube sitzen geblieben. Er wollte „einfach sehen, wie schön ihnen der Busen und die Schamhaare wachsen", und diese auch streicheln. Mutter Brenner habe Magdalenas und Kathrins Klagen bagatellisiert mit: „So macht doch kein Theater. Laßt doch Vati seine Freude, er trinkt dann weniger ..."

Magdalena: Das war damals so, ich hab' mich ja schon gewehrt gegen ihn und hab' gesagt, ich wolle mich nicht von ihm antasten lassen. Und ich hab' mich auch geschämt, aber ich hab' mich erst recht geschämt, wenn ich so frech wurde gegen meinen Vater. Und dann war es auch so, daß die Mutter von ihm hören mußte, was ihre Tochter ihm antut, sei böse.

Welter: Sie meinen, weil Sie sich gewehrt haben?

Magdalena: Ja, und ich glaube, meine Schwester hat das irgendwo noch als normaler als ich empfunden und sich darum weniger gewehrt. Und wenn ich mich gewehrt habe, nannte mein Vater mich ein Ferkel, und das machte mich einfach total fertig.

Beat: Also ich verstehe einfach nicht, warum z. B. Rita sich heute noch nicht wehrt, wenn ihr Vater sie am Hintern berührt. Ich persönlich würde so etwas einfach verbieten. Ihm eins auf die Hand hauen und ihm deutlich sagen.

Magdalena: Aber du, Beat, du kannst dir einfach nicht vorstellen, wie das ist, wenn man seine Tochter ist und er einen dann fertigmacht.

Beat: Mir wäre so etwas egal.

Magdalena: Du kannst es dir einfach nicht vorstellen. Das ist doch nicht egal, so wie das bei uns zu Hause war. Das ist eben der Unterschied zwischen dir und mir. Du würdest dir so etwas nie gefallen lassen, aber wir sind alle so erzogen worden und sind einfach da hineingerutscht. Und es gab wirklich niemanden, weder drinnen noch draußen, mit dem man so etwas besprechen konnte. Das Schlimme war einfach, daß Mutter auch immer mit Vater zusammen gespannt hat, damit es nicht zu Konflikten kam zwischen den beiden ...

Wie soll die Therapeutin sinnvollerweise mit dem Thema sexueller Übergriffe umgehen? Bereits im Einzelgespräch hat ja Magdalena vom „Aufarbeiten ihrer Kindheit" geredet, wie es in jeder einschlägigen Frauenzeitschrift als Grundlage der „Ich-Werdung" von Frauen gefordert wird. Nun aber sitzt Magdalena mit ihrem Mann da und verbindet ihre demütigenden Erfahrungen von damals mit den Paarproblemen von heute. Ist es möglich, in Anwesenheit von Beat, der verständlicherweise empört auf die Eröffnung dieses Familiengeheimnisses reagiert, alten negativen Erfahrungen den entsprechenden Raum zu geben und aus dem Erzählen dieser schmerzlichen Geschichte neue Erfahrungen entstehen zu lassen?

Wie es dem Meilener Konzept entspricht, handelt die Therapeutin nicht aufgrund von allgemeinen theoretischen Perspektiven oder modischen Ideologien zum Thema Inzest, nachdem Magdalena ihr Geheimnis gelüftet hat. Sie versucht, gemeinsam mit Magdalena und ihrem Partner die Bedeutung der erlittenen Übergriffe für Magdalena persönlich und für das Paar zu erfassen und daraus Bewältigungsmöglichkeiten zu entwickeln. Dabei vertraut sie auf Magdalenas inzwischen gewonnene Kompetenz, selbst zu entscheiden, wann sie Einzel- und wann sie Paargespräche wünscht.

Die professionelle Haltung der Therapeutin ist gekennzeichnet davon, daß sie dem Thema sexuelle Gewalt zu Raum und Sprache verhilft, aber gleichzeitig Möglichkeiten mit Magdalena und ihrem Mann zusammen entwickelt, ihre frühere Opferrolle in den übergreifenden sozialen Kontext zu stellen und durch neue Erfahrungen zu überwinden, anstatt sie zu chronifizieren. Zu einem späteren Zeitpunkt findet diese Position ihre prägnante Begründung in Levold (1994), *Die Betonierung der Opferrolle. Zum Diskurs der Gewalt in Lebenslauf und Gesellschaft.* Anstelle einer dauerhaften Festschreibung von Beschädigungen als Folge sexueller Gewalt werden in diesem therapeutischen Modell mit Betroffenen zusammen psychosoziale Verarbeitungsmöglichkeiten gestaltet. Sie verleihen dem Leiden an einer Geschichte von Gewalterfahrungen Sprache und damit Legitimität – aber der Ausdruck des Leidens bleibt nicht die einzige Möglichkeit der Identitätsbildung dieser Menschen. Und weil aus dem Erzählen von Geschichten neue Handlungsmöglichkeiten sprießen können – im Sinne von „es könnte alles auch anders werden" –, ist Entwicklungsförderung und nicht Verstärkung der Opferperspektive das Thema.

Die Multiperspektivität im Umgang mit dem Thema Opfer und Täter sowie mit dem Thema Zeit zeigt sich darin, daß in unserem therapeutischen Verständnis Geschichten erzählt, abgeschlossen und zukünftige Möglichkeiten anhand konkreter Ziele und Handlungsweisen gestaltet werden. In der Begegnung mit einer emotional engagierten Therapeutin, die sich mehr freut an Entwicklungen als an Erstarrung im Leben ihrer Klienten und deren persönliche und professionelle Erfahrung sie immun macht gegenüber modischen Traumatheorien (Levold op. cit.), wird Magdalena Hafner-Brenner Schritt um Schritt Gelegenheit gegeben, alte Geschichten von erfahrener Ausbeutung abzuschließen und ihre Zukunft autonom zu gestalten.

Das fünfte Gespräch:
Leistung vs. Lust als gemeinsames Lebensmotto

Zu diesem Gespräch kommen wiederum Magdalena und Beat gemeinsam. Beide erzählen von weiteren positiven „Inselerfahrungen“ mit zärtlichen Annäherungen in der Art, wie sie die Therapeutin als „Alphabet der Liebe“ vorgeschlagen hat: einander ohne Leistungsdruck streicheln und Schritt um Schritt mehr Körperteile einbeziehen, wobei der Empfänger oder die Empfängerin mit einem beliebigen Buchstaben aus dem Alphabet sagt, daß es für ihn oder sie genug sei. Das A ist zum Beispiel ein erster Blickkontakt, das Z die gemeinsam gewünschte geschlechtliche Vereinigung.

Allerdings steht Beat inzwischen bei seiner von der Firma verordneten Fortbildung unter Hochdruck. Prüfungen stehen bevor, auf die er sich neben seinem vollen Berufspensum vorzubereiten hat. Deutlich wird jetzt, daß er ähnliche Versagensängste hat wie seine Frau. Er messe sich, seit er als „Kleinster“ (vom Alter, aber auch von der Körpergröße her) in seiner Familie aufgewachsen sei, immer an den ihm überlegenen Brüdern, die beide eine technische Fachhochschule absolviert hätten. Je höher er seine Leistungslatte lege, desto wahrscheinlicher sei es, daß er vor lauter Anstrengung versage. Beat beklagt sich über körperliche Symptome, die er als psychosomatisch bezeichnet. Es handelt sich um Migräneanfälle am Wochenende, und kürzlich seien Nierensteine hinzugekommen, die jedoch ohne Operation abgingen. Auch trinke er ab und zu am Abend Wein zur Entspannung in moderaten Mengen, so die gemeinsame Einschätzung von Beat und Magdalena. Sobald jedoch Beat nach Alkohol rieche, so erzählt Magdalena, sei bei ihr „der Ofen aus und der Abend gelaufen“. Es gebe manchmal einen richtigen Teufelskreis in bezug auf Intimität zwischen ihnen. Magdalena habe inzwischen einige Male Lust auf Zärtlichkeiten mit ihrem Mann verspürt und ihn zu Massagen eingeladen. Aber plötzlich habe sie jeweils seine Erschöpfung und auch ein Stück weit einen Widerwillen gegen sie wahrgenommen, und die alte Distanz sei wieder dagewesen.

Beide berichten, daß Magdalenas Angst vor Gewalt und ihre Schuldgefühle, daß sie Beat im Bereich der Sexualität so lange habe „darben“ lassen, sowie Beats Wut auf ihren Vater als Grundstimmung ständig zwischen ihnen vorhanden seien. Und doch gebe es auch immer gute Momente, wo sich „ein Fenster öffne“ auf einen Zustand, wie er zwischen ihnen werden könnte. Am ehesten kämen solche Momente dann auf, wenn eines die Schwelle zum anderen überschreite und sie sich daraufhin beide gegenseitig durch Zärtlichkeit „verwöhnen“ könnten.

Bei diesem Gespräch wird auf die Fragen der Therapeutin deutlich, daß sowohl Magdalena als auch Beat über ein äußerst karges Repertoire an sexuellen Spielarten verfügen. Ihr gemeinsames Lebensmotto „Leistung kommt vor Lust“ hat sich ihnen in dieser Hinsicht bisher wohl auch schützend in den Weg gestellt. Beide signalisieren eine tiefe Angst vor all dem Unbekannten, das mit Sexualität verbunden sein könnte. Beat wurde im Militärdienst „aufgeklärt“, Magdalena erhielt lediglich naturwissenschaftliche Informationen in ihrer Pflegerinnenausbildung. Die Therapeutin empfiehlt darum den beiden, in der nahen Stadt einige „Aufklärungsbücher“, darunter das reich illustrierte „Joy of Sex“ von Alex Comfort (1972) zu kaufen, bevor sie nach Hause fahren, und daß jeder für sich es einmal in Ruhe anschaue und sie vielleicht einmal gemeinsam hineingucken.

Das sechste Gespräch: Sexuelle Annäherung zwischen Magdalena und Beat; Verhandlung eigener (physischer und psychischer) Räume

In der folgenden gemeinsamen Sitzung berichten Magdalena und Beat, daß sich die vorgeschlagenen Sensualitätsübungen bewährten. Sich einander Schritt um Schritt zu nähern, das ABC der Liebe durchzubuchstabieren und bei jedem „Buchstaben“ Signale für den nächsten Schritt oder für das Innehalten zu geben, hätten sie inzwischen gut miteinander gelernt. Natürlich habe es auch auf diesem Weg einige Einbrüche gegeben. Aber je offener die beiden über ihre Gefühle und über Sexualität reden lernten, desto leichter sei es ihnen gefallen, jeweils wieder den Weg zueinander zu finden.

In diesem sechsten Gespräch berichten sie, die Zeichnungen in „Joy of Sex“ hätten sie zuerst schockiert, weil sie so explizit seien, aber nun schauten sie diese gerne an. Sie könnten „die Sache“ nun viel lockerer nehmen und hätten Lust bekommen, Neues zu probieren. Der Vorschlag der Therapeutin, vorläufig das Ehebett für die Experimente auszuklammern und diese eher ins Wohnzimmer zu verlegen, bewähre sich.

Der folgende Ausschnitt aus diesem Gespräch illustriert die Entwicklung der beiden zu mehr Lust:

Welter: Es wird so normal, nicht wahr? so alltäglich ...
Beat: Ja genau.
Magdalena: Ja, nicht mehr so kompliziert – ganz gewöhnlich und natürlich, nicht wie ich mir das immer vorgestellt habe. Nicht als Ausbeutung, sondern daß man „es" erlebt statt gelebt wird.
Wir haben darum auch wieder probiert, und einmal hat es – obwohl – dann nicht geklappt. Ich hatte Lust, ihm etwas zu geben, aber Beat war müde, es stimmte nicht für ihn, er mochte nicht. Aber er hatte das Gefühl, mich nicht enttäuschen zu wollen. Wir versuchten uns zu streicheln, aber es klappte nicht. Da konnten wir darüber reden, daß ein anderes Mal – und das ging dann, da hat er dann angefangen. Hat gesagt, er habe Lust, nehme sich Zeit neben dem Lernen ... Zuerst konnte ich es mir nicht vorstellen, später schon. Da badeten wir zusammen, schauten uns an, nackt, und das war sehr schön. Zuerst schämte ich mich – aber dann nicht mehr.
Beat: Für Magdalena war es ein Zeichen, daß sie „es kann".
Welter (zu beiden): Sie wirken auch ganz anders!
Beat: Ja – ich finde, Magdalena macht im Moment Fortschritte, richtige Sprünge. Nicht nur sexuell, auch sonst. Zum Beispiel gegenüber der Familie, indem sie klar sagt, was sie will, und auch nein sagt ...
Welter: Gratuliere! *(Zu Beat)* Das sind wirkliche Sprünge! Macht Ihnen das keine Angst, diese Sprünge?
Beat: Nein gar nicht. (Er sagt, er lese das Buch „Joy of Sex" auch; mit der Zeit werden sie wohl darüber reden, im Moment hätten sie einfach dieselbe Grundlage.)
Welter: Vielleicht ist reden darüber gar nicht so wichtig.

Pause

Welter: Wie möchten Sie weitergehen?
Beat: Ja. Aber nicht zu schnell, nicht überfordern, sondern im Sinn eines langsamen Aufbaus, Schritt um Schritt.
Magdalena: Es ist interessant, wie das Sexbuch mich stimuliert hat. Wir haben inzwischen zweimal miteinander geschlafen, und zwar im Wohnzimmer, jedes Mal nach einer Massage. Anfänglich hatte ich Angst vor Beats Reaktion auf das Buch. Ich fürchtete, daß er wieder „überrannt" wird von seinen Trieben, weil er so aggressiv wurde, als ich einmal nicht mit ihm schlafen wollte. Dann bot ich ihm an einem Sonntag eine Massage an. Im Wohnzimmer, nicht im Schlafzimmer, wie Sie es empfohlen haben. Und dann haben wir miteinander geschla-

fen, und eine Woche später wieder. Das war super! Endlich ist das Bett zum richtigen Ort des Schlafens geworden statt zum Streiten.

Später kommt zur Sprache, daß jedes der beiden nun auch eher wagt, individuelle Räume, physische und zeitliche, zu beanspruchen:

Magdalena: Ich habe auch gelernt, meinem Mann zu sagen, daß ich Zeit für mich brauche, z. B. abends noch lesen möchte.
Beat: Ja – Absprachen sind gut.
Welter (zu Beat): Wagen Sie auch eher, Ihr eigenes zu beanspruchen?

Beat erzählt, daß er, obwohl noch einige Prüfungen vor ihm liegen, sich nun traue, zum Ausgleich wieder regelmäßig zum Badminton zu gehen. Er genieße die Zeit für sich selbst sehr. Auch finde er es jetzt in Ordnung, alleine zu Bett zu gehen und nicht, wie früher, auf seine Frau zu warten.

Magdalena berichtet, wie die guten Erfahrungen des Zusammenseins mit ihrem Mann sie ermutigt hätten, nun allgemein viel direkter zu sagen, was sie wolle und was sie nicht wolle. Das sei für sie völlig neu, und sie lerne täglich dazu. Die Therapeutin bestärkt Magdalena in diesem Prozeß mit folgender Zusammenfassung, indem sie an das von vielen Generationen übernommene Bild von Frau-Sein erinnert, das Magdalena auch von ihrer Mutter vorgelebt wurde: „Eine Frau darf sich nicht für sich selber stark machen, darum muß sie Männer aus den Kulissen am Gängelband führen. Zum offiziellen Patriarchat gehört immer auch ein heimliches Matriarchat. Bloß beeinträchtigen solche schiefen Machtverhältnisse erwachsene Formen von Erotik und Sexualität bei beiden Geschlechtern sehr."

Beat bestätigt, daß seine Frau ein solches Rollenbild sicher mitbekommen habe, daß sie aber daran sei, es zu ändern.

Welter: Wie kann ich Ihnen weiter behilflich sein?
Beide diskutieren miteinander, während die Therapeutin sich außerhalb des Raumes aufhält. Sie erklären, nachdem die Therapeutin zurückgekommen ist, daß beide wiederkommen möchten. Ein Thema sei die offene Kinderfrage.

Nachdem Magdalena erklärt hat, wie sehr sie außerhalb des Hauses vor Männern Angst habe, weil sie bei ihren Eltern die Erfahrung gemacht habe, daß Männer ihre Triebe nicht zügeln können, meint die Therapeutin, daß dies Vorstellungen seien, die nicht nur mit ihrer Familie, sondern auch mit dem weiteren gesellschaftlichen Kontext zu tun hätten. Das habe mit Biologie überhaupt nichts zu tun, sondern mit Machtverhältnissen. Männer seien unter günstigen Bedingungen in ihren Empfindungen genauso sensibel wie Frauen und könnten genauso wie Frauen andere Menschen gefühlsmäßig verstehen.

Die beiden reden dann ausführlich miteinander über ihre Bilder in bezug auf sexuelles Begehren, und Beat ist sehr erleichtert darüber, daß die Therapeutin die stereotypen Vorstellungen von männlichem Begehren und weiblicher Zurückhaltung in Frage stellt. Sie erzählen einander Erfahrungen mit Filmen, z. B. „James Bond", und wie sie künftig viel mehr auf die Vorstellungen achten wollen, die „mit solchem Zeugs" vermittelt werden.

Abschließend fragt die Therapeutin, ob die beiden nochmals im Alphabet zum A zurückgehen und wieder sinnliche Begegnungen ohne Angst, sofort zum Z springen zu müssen (dem Geschlechtsakt), „buchstabieren" möchten. Das bedeute, sich langsam an Z anzunähern mit der jederzeitigen Möglichkeit, abzubrechen.

Beide möchten sehr gerne weiter „buchstabieren", und die Therapeutin ermutigt sie, beim „Buchstaben A" einander lange in die Augen zu schauen, noch bevor sie sich berühren. Grund dafür ist, daß sie beobachtet hat, wie häufig Magdalena und Beat Blickkontakten ausweichen. Die Therapeutin entwirft mit beiden zusammen Szenarien vom abendlichen Im-Garten-Sitzen bei einem Windlicht, einander die Hände und das Gesicht streichelnd.

Welter: Und dann ist es gut, daß Sie immer wieder im Blickkontakt sind miteinander, damit jeder weiß, wie es dem anderen geht.

Das siebte Gespräch: Magdalena äußert Angst vor sexuellen Übergriffen in der Öffentlichkeit; eine Auseinandersetzung mit den Eltern kündigt sich an

Daß die Entwicklung zu einem eigenen Leben wie auch zu gemeinsamer Lust mit ihrem Mann bei Magdalena nicht gradlinig verlaufen konnte, sondern immer wieder mit Ängsten vor erneuten Übergriffen – besonders in der Öffentlichkeit – verbunden war, zeigt der folgende Brief an die Therapeutin zwischen dem sechsten und dem siebten Gespräch:

Liebe Frau Welter!

Ich habe das Bedürfnis, Ihnen zu schreiben, obwohl ich weiß, daß Sie Ferien haben und nicht allzu gerne gestört werden. Und doch möchte ich, daß Sie wissen, was mich sehr bewegt.

Ich habe mir meinen Frei-Tag einmal anders gestaltet als „nur" mit Haushalt machen; ich fühlte wieder einmal das unangenehme oder angenehme Gefühl hier auszubrechen, ich wollte weg. So plante ich, in die Berge zu fahren, ich wollte versuchen allein zu wandern.

So ging ich und lief mit starkem Schritt den Weg, den ich von der Zeit her für mich gut fand. Dieser Weg führte dann ein Stück durch den Wald, neben wunderbaren Pflanzen, ich hatte den Eindruck, diese zu genießen, doch ich meinte auch, keinen Moment innehalten zu können. Nur weiter, um möglichst rasch aus dem Wald zu kommen. Stets schaute ich mich um, ob auch wirklich niemand (kein Mann) sich hier rumschleicht. Ich war so schon nach 30 Minuten „Marsch" bereits unheimlich müde. Sehr konzentriert mußte ich danach zurückgehen, auch weil sich der Nebel um mich hüllte, und ich noch weniger sehen konnte. Ich genoß dann doch noch ein paar Augenblicke die wunderschönen Blumenwiesen – im Hintergrund nahm ich vieles wahr, was mir Freude machte. Ich fuhr zurück – und war froh, wieder hier zu sein. Worauf ich mich dann versuchte zu erinnern, an was ich eigentlich Freude hatte. Die Freude war da, doch unbefriedigend.

Am Abend war ich verabredet mit zwei Kolleginnen. Auf diesem Rückweg bekam ich plötzlich wieder Unbehagen; stets der Gedanke, wenn jetzt plötzlich was passiert. Ich stelle mir dann Schreckliches vor; z. B. ein Mann steht mitten auf der Fahrbahn, ich müßte anhalten, weil der mich nicht durchläßt: ich würde aussteigen und wäre dem ausgeliefert.

Als ich dann heute morgen aufstand, erinnerte ich mich, was ich geträumt habe. Es war so, Rita wurde vergewaltigt, mit einem Messer schnitt man ihr die Kleidung auf, sie lag auf einem Tisch. Sie erzählte mir das so, als ob es sie nicht beschäftige. Ich habe dann während des Traums gedacht, das ist doch schrecklich, daß sie daran, an sowas Grauenvollem, eigentlich nichts findet. Für sie war dies, im Traum, so banal.

Nun ich weiß nicht was ich aus dem Traum entnehmen soll; ich erinnere mich nur daran, daß ich in letzter Zeit oft daran denken mußte, wenn ich alleine radfahren gehe, wenn ich im Restaurant auf die Toilette muß; öfters entdecke ich mich beim Gedanken „vergewaltigt" zu werden.

Heute morgen frage ich mich, weshalb diese Gedanken. Ich versuche mich an frühere Erlebnisse zu erinnern. Männer, es wird mir fast übel, wenn ich an verschiedene Erlebnisse mit Männern denke. – Ich weiß nicht, Frau Welter, aber es kann doch nicht sein, daß ich eine solche Phantasie entwickeln kann, und so mir den Alltag zu erschweren. Wir könnten das während meiner nächsten Stunde bei Ihnen noch anschauen, denn für mich ist das wichtig.

Vielen Dank, und ich hoffe, daß Sie angenehme Ferien haben.

Liebe Grüße M. H.-B.

Im siebten Gespräch mit Magdalena alleine wird deutlich, daß zu einer selbstsicheren Gestaltung ihres individuellen und des gemeinsamen Lebens mit ihrem Mann eine konkrete Auseinandersetzung und Abgrenzung von ihren Eltern nötig sein würde. Der Weg dabei würde der sein, das „Familiengeheimnis" zu lüften und die erlittenen sexuellen Übergriffe durch den Vater anzusprechen.

Wohl gerade weil Magdalena inzwischen durch die positive Entwicklung ihrer Beziehung zu Beat ein Stück „eigenen Boden unter den Füßen" gewonnen hat, wird ihr jetzt schmerzlich bewußt, daß damit die

Geschichte der erlittenen sexuellen Gewalt durch ihren Vater keineswegs abgeschlossen ist. Magdalenas Tendenz, sich selber Schuld an den erlittenen Übergriffen zu geben und diese als „Krieg gegen sich selbst" (Miller 1994) nun vor allem außerhalb ihres Hauses immer wieder zu inszenieren, um dann in Abgründe von Angst und Hilflosigkeit zu fallen, kann offenbar nicht allein durch eine verbesserte Paarbeziehung verändert werden. Eine solche Geschichte muß mit den Menschen zu Ende geführt werden, die sie ausgelöst haben, also hier mit Vater und Mutter Brenner.

In diesem Einzelgespräch bespricht die Therapeutin mit Magdalena verschiedene Möglichkeiten, das Familiengeheimnis zu lüften und innerhalb der Familie öffentlich zu machen. Es ist schließlich ein Geheimnis, von dem Frau Hafner-Brenner (und vermutlich auch ihre ältere Schwester Kathrin, die in ihrer Erinnerung ebenfalls sexuelle Übergriffe durch den Vater erlitten hat) seit Jahren niedergedrückt werden und das Magdalena immer wieder mit Angst und Hilflosigkeit überflutet, wie ihr Brief an die Therapeutin zeigt. Gerade weil Magdalena so eindrücklich ihre Alpträume und ihre Gefühle in Sprache fassen kann, nimmt die Therapeutin an dieser Stelle deren zaghaft geäußerte Idee auf, einen Brief über ihre Kindheitstraumata an die Eltern zu schreiben. Magdalena entscheidet, daß sie die erlittenen Übergriffe ihres Vaters und das „Danebenstehen" einer Mutter, welche das Verhalten ihres Mannes zuließ, „damit er weniger Alkohol trinkt", irgendwann einmal der Familie mitteilen wolle. Allerdings möchte sie, da Weihnachten bevorsteht, nicht „mit der Tür ins Haus fallen". Darum besprechen und vereinbaren Magdalena und die Therapeutin Möglichkeiten, wie sich Magdalena in der kommenden Zeit von ihrem Elternhaus abgrenzen kann. Ein Beispiel dafür wäre, daß sie und ihr Mann anstatt zum obligaten Weihnachtsessen der Familie Brenner nur zum Nachmittagskaffee gehen.

Als erstes beginnt Magdalena, unterstützt von Beat, mit konkreten Abgrenzungen von ihren Eltern. Beat ermutigt seine Frau, statt täglich bei den Eltern anzurufen, mit ihm zusammen ab und zu am Wochenende eine Stunde am Nachmittag zu ihnen zu gehen. Zum zweiten hilft Beat seiner Frau, aus einer Außenperspektive die Stellung ihrer Familie im Dorf besser zu verstehen und ihre Selbstzweifel nicht allein auf die Inzesterfahrung und die damit verbundenen Schuld- und Schamgefühle zu reduzieren.

Das achte Gespräch: Die Innenzentrierung von Magdalenas Familie und ihre Fremdheit in der Welt. Weitere Schritte Magdalenas in Richtung auf Abgrenzung von der Familie

Zu diesem Gespräch kommen Magdalena und Beat gemeinsam und berichten, daß sie ihren Herkunftsfamilien gegenüber wichtige Schritte in Richtung Abgrenzung und Eigenständigkeit gemacht hätten. Zwar sei die reduzierte Anwesenheit des Paares über die Feiertage sowohl in Beats als auch in Magdalenas Familie negativ kommentiert worden. Weil aber beide deshalb nicht miteinander gestritten, sondern sich gegenseitig den Rücken gestärkt hätten, habe sich ihr distanzierter Umgang mit den bisher selbstverständlichen Ansprüchen ihrer Familien bewährt. Individualität und Autonomie werden darauf von der Therapeutin als wichtige Voraussetzungen für Bezogenheit angesprochen, und Magdalena und Beat werden darin unterstützt, den „Zaun um ihren Garten" weiterhin sorgfältig zu pflegen.

Allerdings bleibt, bei allen Abgrenzungsschritten zu den Herkunftsfamilien, besonders bei Magdalena das alte Gefühl weiter bestehen, in der Welt nicht zu Hause zu sein. Inzwischen hat ihr Mann weitere Prüfungen in seiner Fortbildung bestanden, und es wäre nun mehr Zeit für das Pflegen der Bekanntschaften im Dorf. Magdalena fürchtet sich jedoch immer noch vor solchen Situationen.

Das Hauptthema dieses Gespräches ist denn auch, wie Magdalena ihre Fremdheit in der Welt überwinden könnte, damit sie einen eigenen, lange überfälligen Lebensentwurf gestalten kann.

Die Anwesenheit von Magdalenas Ehemann bei insgesamt sechs Gesprächen bewährt sich in dieser Phase nicht nur für die Entwicklung ihrer emotionalen und sexuellen Partnerschaft, sondern auch für die Gestaltung eines eigenen Lebensentwurfs von Magdalena. Beat, der im Nachbardorf ebenfalls in bäuerlichen Verhältnissen aufgewachsen ist, erkennt sehr deutlich, zu welcher extremen Innenzentrierung Familie Brenners prekärer Status in der Gemeinde geführt hat und wie die emotionale Aufheizung der familialen Binnensphäre mit der erfahrenen Kälte in Schule und Gemeinde zu tun hat. Im Zusammenhang mit Magdalenas Brief an die Therapeutin über ihre Ängste in der Welt draußen erzählt diese in Anwesenheit ihres Mannes von ihren Kindheitserfahrungen im Dorf:

Magdalena: Ich habe mich da letzthin im Zusammenhang mit den sexuellen Übergriffen meines Vaters gefragt, wie das eigentlich insgesamt gewesen ist in unserer Kindheit. Ich mag mich da vor allem an meine Schulzeit erinnern, und die war fürchterlich. *(Verlegen lachend)* ... Immer wenn etwas mit den Brenner-Kindern war, haben immer alle Schüler und auch die Lehrer schallend gelacht. Und natürlich, ich bin ja mit meinen Geschwistern ins selbe Schulhaus gegangen, da habe ich mich immer geschämt für sie. Wenn meinen Geschwistern etwas passiert ist, da haben die Lehrer sie immer ausgelacht, und ich hab' mich fürchterlich geschämt. Die Lehrer waren so brutal mit uns Kindern ... Diese ständige Auslacherei unserer Familie, die ist mir noch immer in den Ohren.

Welter: Also heißt das, daß Sie wie in der Fremde gelebt haben – so eine Art wie Asylanten. Daß Sie überhaupt nicht verankert waren außerhalb der Familie, kann man das so sagen? *(Magdalena nickt heftig dazu.)* Also so, in dieser beängstigenden Welt draußen, mußten Sie sich allein bewegen ohne Rückhalt von der Gemeinde? Niemand, der Ihnen Vertrauen gab?

Auf Magdalenas erneute Bestätigung sagt ihr Mann:

Beat: Ich glaube, ich weiß auch, woher das kommt. Die Familie Brenner ist ins Dorf gezogen, auf diesen Bauernhof, und da hat Vater Brenner sich aufgeführt als Großmaul, als ob er alles wüßte, was gar nicht so war, und ... im Prinzip ... ist es ja in einem Dorf einfach so, daß alle einen Fremden beobachten, und wenn sich einer so aufführt, dann ist er – –

Magdalena: – – ausgeschlossen. Ja, ausgeschlossen haben wir uns alle schon immer gefühlt.

Beat: Und diese Erfahrung war bei dir natürlich immer im Hintergrund, besonders auch in der Schule. Und wenn die Leute gelacht haben, dann habt ihr alles auf dieses Konto gebucht.

Magdalena: Ich glaube, daß das Verhalten meines Vaters die Leute auch wahnsinnig neidisch gemacht hat. ... Er wollte ihnen immer etwas vorzeigen, und dafür haben sie ihn effektiv dann mies behandelt. Also das haben wir dann bezahlen müssen, wir Kinder. Zum Beispiel erinnere ich mich an viele Male, als ich im Lebensmittelgeschäft einkaufen mußte als Kind, daß alle uns angegafft haben, ich hatte ja immer ein oder zwei Geschwister noch an der Hand, und uns kontrolliert haben, ob wir stehlen würden. Also einer meiner Brüder, ich glaube es war

Anton, mußte einmal alle seine Taschen nach außen wenden, um zu zeigen, ob er nicht etwas eingesteckt habe. Ich stand daneben, hilflos, und habe mich zu Tode geschämt. ... Wir waren ja so viele Leute am Tisch, wir mußten halt viel einkaufen. Und das Schlimmste war, daß alle wußten, daß die Familie Brenner kein Geld hat. Ich hatte das Gefühl, alle schauten uns an und überlegten sich, woher nehmen die eigentlich das Geld, um so viele Mäuler zu stopfen. Ich weiß nicht, ob das so war, aber das waren so die Überlegungen als Kind. Und da habe ich mich vor allem jeden Samstag schrecklich geschämt, weil wir da so viel einkaufen mußten. Und meistens ist in der Aufregung dann irgend etwas kaputtgegangen, haben wir etwas fallen lassen, z. B. eine Ölflasche auf den Boden des Geschäfts. (Lacht verlegen.) Oder eine Sirupflasche oder einfach irgend etwas. Und ich glaube, von allen Kindern hab' ich mich immer am meisten geniert. ... Wenn ich dann endlich zu Hause ankam mit all meinen Sachen, dann war für mich die Welt wieder in Ordnung. Alle hatten genug zu essen ... Aber eben, die Leute im Dorf haben halt wirklich mit den Fingern auf uns gezeigt. Und später, als ich dann ab und zu ausging mit jemandem im Dorf, das war furchtbar. Am liebsten wär' ich nicht gegangen, aber dann hab' ich mir gesagt, und was sonst, dann hockst du einfach zu Hause. Und natürlich hab' ich dann weder Pips noch Paps gesagt und hätte mich am liebsten verkrochen.

Welter: Ja, jetzt verstehe ich um so besser, warum Sie immer noch einige Mühe haben, sich in der Welt außerhalb der Familie zurechtzufinden. Daß Ihnen die Welt draußen feindlich und undurchschaubar scheint und daß Sie jetzt auch am neuen Wohnort immer noch Mühe haben, hinauszugehen und auf die Leute zuzugehen ... Und ich sehe das als Chance für Sie, daß Sie von dem kleinen Kind, das sich damals herumgestoßen gefühlt hat, über die junge Frau, die schüchtern war, jetzt eine selbstbewußte dreißigjährige Frau werden. Und natürlich ist das kein einfacher Weg, ich hab' Ihnen das ja auch schon gesagt. Es ist so wie durch einen Engpaß kriechen, oder wie sich in einem dunklen Kokon verpuppen, bevor die Flügel des Schmetterlings wachsen und er selbständig fliegen kann.

Magdalena: Ja, oder in einem dunklen Tunnel sein, und das ist schwierig.

Welter: Und da möchte ich Sie schon fragen, was Ihnen wohl am ehesten hilft, den Weg durch den Engpaß mutig und vielleicht auch noch ein bißchen lustvoller als bisher unter die Füße zu nehmen?

Magdalena (nickt sehr engagiert und sagt einige Male): Ja ja so ist es, das möchte ich – aber wie?

Welter: Ich habe mir so überlegt, ob vielleicht die Zeit reif ist, daß Sie auf den Traum zurückkommen, den Sie mir erzählt haben. Sie wissen, welchen ich meine, daß Sie lauter Gläser mit Sprüngen in die Hände nahmen, die sofort kaputtgingen, wenn Sie sie berührten. Ich meine, daß es vielleicht an der Zeit wäre, diesen Traum umzusetzen in die Wirklichkeit und zu erfahren, daß nicht Sie alle diese Gläser in die Hände nehmen müssen; daß auch andere Leute sich damit befassen müssen.

Magdalena schaut sehr nachdenklich ihren Mann an.

Beat: Genau das ist es, was ich dir doch schon öfters gesagt hab, daß nicht immer du alles flicken mußt, was in deiner Familie schiefgelaufen ist. Das war ja von Anfang an, seit wir uns kennen dein Problem, daß du nie richtig für dich selber und für uns sorgen konntest, sondern immer nach Hause rennen mußtest. Also für mich ist das schon lange ein Problem.

Beat erzählt darauf, daß ihn das alles schon lange nicht normal dünke, daß Magdalena noch so viel Verantwortung für ihre Herkunftsfamilie trage. Aber erst durch die Gespräche der Familie Brenner bei mir sei das offensichtlich auch Magdalena klar geworden.

Welter (zu Beat): Können Sie sich vorstellen, daß das mit verschiedenen Erfahrungen zu tun hat? Einmal, daß Magdalena eigentlich auch die Mutter ihrer Mutter war und sich erst jetzt aus dieser Rolle löst. Zum zweiten aber auch, daß in der Situation, in der Familie Brenner gelebt hat und nach ihrem Umzug die Welt draußen fremd und beängstigend gewesen ist, so daß also das Zurückgehen in die Familie immer auch Rettung und Trost war für alle.

Magdalena nickt bestätigend

Beat (fährt fort): Das glaub' ich schon, daß es so ist, daß sie nur zu Hause Geborgenheit und Zugehörigkeit erlebt hat. Es heißt aber auch, daß sie an jedem Ort, an den sie hingeht, sich genau wieder so ausbeuten läßt wie zu Hause. Und das macht mir schon mehr und mehr Probleme. Ich habe ihr immer gesagt, wie sie sich verhalten soll beim Arbeiten und so, und auch, daß sie von zu Hause ausgenützt worden sei.

Magdalena: Und das hab' ich alles nicht gemerkt und irgendwie auch gar nicht ernst genommen.

Welter: Das sieht man vielleicht von außen besser, aber kann es weniger gut verstehen, als wenn man drin ist. Und Rezepte helfen hier Ihrer Frau offensichtlich gar nichts.

Beat: Ja, das habe ich auch schon erfahren.

Welter: Ich möchte jetzt doch nochmal auf die Frage eingehen: Was würde Ihnen denn an Visionen helfen, in diesem dunklen Tunnel, in dem Sie jetzt stecken; was für Bilder können Sie sich vorstellen von der Landschaft am anderen Ende?

Übrigens will ich es deutlich sagen: Ich finde es wichtig, daß Sie jetzt in diesem Engpaß sind – Engpaß als Übergang verstanden. So etwas erlebt man erst im Leben, wenn alles, was vorher ging, nicht mehr geht. Und das heißt aber auch, daß man eine Zeitlang verwirrt und unsicher ist, bevor sich das Neue entwickelt. Das sehe ich alles viel eher für Sie als das Zurückgehen oder das Steckenbleiben im alten Trott. *(An beide gerichtet:)* Angenommen, Sie kommen aus diesem Engpaß heraus, angenommen, das, was Sie bereits gewonnen haben, entwickeln Sie weiter. Sie *(zu Magdalena)* lösen sich in einer Weise von zu Hause, wie Sie das bisher gar nicht gewagt haben, und Sie *(zu Beat)* machen vielleicht noch weitere Schritte in Richtung der Entflechtung von Ihrer Mutter. Wo würden Sie dann etwa in fünf Jahren sein? Erzählen Sie doch mal, was sind so Ihre Bilder? Dann sind Sie wie alt?

Magdalena: Ich bin dann fünfunddreißig.

Beat (lacht): Und ich bin dann vierzig.

Magdalena erzählt ihre Visionen und bekommt von ihrem Mann dafür aufmerksame, anteilnehmende Blicke und von der Therapeutin viel Raum. Sie äußert, daß sie vor allem selbständiger sein möchte als bisher, daß sie spontan die Dinge unternehmen will, die sie interessieren, daß sie Freude haben möchte am Leben, das heißt mit mehr Sicherheit jeden Tag anpacken, daß sie leben statt gelebt werden will und vor allem, daß sie das Leben nicht mehr so kompliziert haben möchte wie jetzt, wo sie immer alles hinterfragen muß, bevor sie sich zu irgendeiner Entscheidung durchringt.

Ihre Vorstellungen eines richtigen Paares sei, daß sie sich viel intensiver miteinander auseinandersetzen, daß sie sich emotional beständiger als bisher begegnen, daß aber auch jeder gut auf eigenen Füßen stehen kann. Kinder zu haben kann sie sich noch immer nicht vorstellen. Sie meint eher, daß beide Partner arbeiten würden. Auf die Frage der Therapeutin, wie es bei der Familie Brenner zu Hause in fünf Jahren aussehen könnte und was dort anders sein könnte als jetzt, erzählt Magdalena, daß sie sich nicht mehr um die Probleme dort kümmern würde (lacht verlegen), aber daß sie miteinander auskommen und miteinander so leben, daß sie eine gute erwachsene Beziehung zueinander haben könnten. Magdalena findet vor allem, daß es wichtig wäre, daß ihre Mutter endlich mehr für sich zu leben beginnt und nicht so stark auf ihren Mann und auf die Kinder konzentriert ist. Das wäre ihre positive Vision. Irgendwie könnte das schon auch bedeuten, daß ihre Eltern sich trennen, wobei sie sich ebenso eine wirkliche Trennung wie auch eine Lebensform vorstellen kann, bei der die Eltern nebeneinander leben, ohne sich ständig aneinander zu reiben.

Beat ergänzt, daß auch für ihn die Kinderfrage eher abschlägig zu beantworten sei. Wenn die beiden an ihre eigene Geschichte dächten, hätten sie einfach wenig Grund, Kinder zu haben. Aber auch wenn man heute in die Welt hinausschaue, gebe es wenig Grund dafür, Kinder in die Welt zu setzen. Natürlich habe er manchmal schon Sehnsucht danach, Vater zu werden. Er persönlich sei aber in dieser Frage in einem Zwiespalt, genau wie seine Frau.

Die Therapeutin verweist darauf, daß sie, biologisch gesehen, noch einige Jahre hätten, sich für oder gegen Kinder zu entscheiden. In der Zwischenzeit könnten sie ihre persönliche Entwicklung voranbringen. Beat erzählt im Anschluß daran lebhaft von seinen Aufstiegsplänen, aber auch davon, wie er wieder viel mehr Zeit für Sport und Geselligkeit und natürlich auch für gemeinsame Unternehmungen mit Magdalena haben möchte.

Das gemeinsame Erzählen, angeregt durch die Einladungen der Therapeutin zur erweiterten Sichtweise – über Magdalena als Individuum und ihre Familie hinaus auf die Gemeinde und deren Umgang mit den „Fremden" bezogen – zeigt, wie wichtig beim Erzählen die Anwesenheit von Magdalenas Partner ist. Beats Satz „Ich glaube, ich weiß auch, woher das kommt" verweist darauf, daß er nachdenkt über die Frage, wie die Dinge so geworden sind, zum Beispiel durch den „Asylantenstatus" der Familie Brenner, und wie das Verhalten des Vaters als „Großmaul" diesen Status zementiert hat.

Das gemeinsame Erzählen der Partner bezieht sich übrigens auf beide Herkunftsfamilien, so daß nicht die Familie von Magdalena schwarz eingefärbt und die von Beat verklärt wird. Die Auseinandersetzung mit den beidseitigen „Chören hinter den Kulissen“, also den Sinnstrukturen ihrer Herkunftsfamilien, die beide sich mit ihren Forderungen ungebührlich in die Lebensgestaltung des jungen Paares einmischen, führt schließlich zu einer neuen Beziehungsdefinition zu diesen. Zum Beispiel bestimmen nun Magdalena und Beat selbst, wann sie ihre Eltern sehen wollen, und laden diese jetzt ab und zu ins eigene Haus zum Sonntagskaffee ein, statt pflichtschuldig zu ihnen zu gehen oder sie routinemäßig täglich anzurufen.

An dieser Passage ist zu sehen, daß das gemeinsame Erzählen die Voraussetzung dafür schafft, daß jeder Partner sich selbst und das Gegenüber erkennt. Erkennen, die Voraussetzung für Intimität, heißt dann, sowohl das, was gewesen ist, als auch das, was werden könnte, zu verweben zu einer gemeinsamen Geschichte. In dieser Geschichte müssen, soll sie lebendig bleiben, die beiden einzelnen Biographien so aufgehoben sein, daß jede von ihnen sich als ganzes und gleichzeitig als Teil einer neuen Ganzheit entwickeln kann.[15]

Das neunte und zehnte Gespräch: Magdalena entscheidet sich, nicht an der Feier des 60. Geburtstags ihres Vaters teilzunehmen. Entwurf eines Briefes an die Familie

In diesem Gespräch ist der 60. Geburtstag von Vater Brenner das zentrale Thema. Magdalena hat sich entschlossen, am Geburtstagsfest nicht teilzunehmen, empfindet aber wieder die alten Gefühle von Unsicherheit und Angst vor Strafe durch Liebesentzug ihrer Angehörigen. Mit „Man verfügt wieder über mich“, bezeichnet sie die Anrufe ihrer Mutter und ihrer Schwester Cécile, mit denen sie unter Druck gesetzt werde, die Familienharmonie ja nicht zu stören. In dieser Lage bewährt sich, daß ihr Mann Beat mit Magdalena bereits einen positiven Prozeß der Paarentwicklung zu mehr emotionaler und erotischer Gemeinsamkeit erlebt hat. Liebevoll, aber energisch unterstützt er ihr Vorhaben, nicht wieder „wie ein Kind“ das zu tun, was andere von ihr erwarten.

Auf die Frage der Therapeutin, wie sie ihrem Vater und ihrer Familie die Entscheidung mitteilen wolle, an der Geburtstagsfeier nicht teilzu-

---

[15] Vgl. hierzu Welter-Enderlin 1992: 69.

nehmen, nimmt Magdalena die Idee wieder auf, einen Brief an alle Familienmitglieder zu schreiben und ihnen darin offen ihre Gründe für ihre Abwesenheit von Vaters Geburtstag mitzuteilen. Damit ihr das leichterfalle, wolle sie zur Zeit des Festes mit ihrem Mann Ferien machen. Unterstützt von Ehepartner und Therapeutin schreibt Magdalena verschiedene Entwürfe und kommt mit dem folgenden (allein) in das 10. Gespräch. Sie findet Respekt und Anerkennung für ihren Mut, aus der Opferrolle herauszutreten, ohne die Bindung zu ihrer Herkunftsfamilie abzuschneiden.

Brief von Magdalena an die Familie, März 1992:

Meine Lieben!

Ihr habt bemerkt, daß ich mich von Euch distanziere. Ich schreibe Euch, um alle miteinzubeziehen und Ihr die Möglichkeit habt, zu verstehen. Bereits seid Ihr im Wissen um unsere Gespräche mit Frau Welter. Durch die Gespräche wurden mir die Augen geöffnet, welche Stellung ich bisher in meiner Familie einnahm. Für vieles bin ich Euch dankbar, doch kann ich im Moment nicht darüber schreiben, weil andere Erfahrungen zu stark sind. Ich entdecke so manches, woran ich zu nagen habe, und mir sehr weh tut. Nun verstehe ich weshalb ich in vielem so blockiert bin, nicht weiterkomme und es unmöglich ist, so inneren Frieden zu finden für ein ruhiges Leben. Für Beat ist dies genauso schwierig, denn er sehnt sich nach einer harmonischen Ehe (mit mir)! Er unterstützt mich, indem er Verständnis zeigt, die Hoffnung läßt ihn noch Geduld haben, hält ihn vor einer, in Gedanken erwähnten, Trennung zurück.

Durch diese Stellung in der Familie bin ich sehr stark mit Euch verbunden – diese Verbundenheit ließ mich mich selber vergessen – es wurde übersehen, daß ich einmal „Erwachsen sein werde“.

Ich muß nun nachholen –, lernen meine eigene Existenz zu sichern; da tauchen aber Erfahrungen und Erlebnisse aus meiner Jugendzeit auf, welche mir das Weiterkommen erschweren. Erlebnisse –, sogar Verantwortung darunter, – wie: lernen für die Schule mit meinen jüngeren Geschwistern, finanzielle Probleme in der Familie konfrontierten mich, und Mama konnte mir ihre Sorgen erzählen, alles worunter sie litt. Erlebnisse in meiner ganz persönlichen Entwicklung, während meiner Pubertät waren der Gipfel der Ausnutzung. Vatis sexuelle Befriedigung über mich. Mama wußte darum, doch aus Angst vor Vatis Reaktionen hat sie mich nicht geschützt. Ich stand allein mit diesen Erfahrungen und bezahle jetzt den Preis dafür in der Beziehung mit Beat. Darum habe ich keine Lust an einem Familienfest teilzunehmen.

So habe ich meiner Familie mitgeholfen, mitgetragen und mitgekämpft, ich habe mich eingesetzt, weil ich Euch gern habe.

Nochmals hole ich dies Vergangene aus dem Keller, um nachher alles zu begraben. Ich brauche deshalb noch Distanz von Euch – sicher nicht ewige Distanz –, sondern sie soll mir die Chance geben, Euch nachher anders begegnen zu können, in einem anderen Verhältnis mit Euch zu sein als bisher.

So fahre ich mit meiner Therapie weiter, um mir mein eigenes Leben aufzubauen und dann auch in Frieden gehen zu können. Frau Welter hat sich bereit erklärt, mit uns allen das Schlußgespräch zu führen, und bietet somit auch die Gelegenheit, über das Geschriebene zu reden.

Liebe Grüße
Eure Lena

Das elfte und zwölfte Gespräch: Magdalena kommt wiederum alleine und erzählt die unterschiedlichen Reaktionen der Familienmitglieder auf ihren Brief

Wie so oft, wenn alte Familiengeheimnisse, die eigentlich schon lange keine mehr sind, in Sprache gefaßt und „veröffentlicht“ werden, war die Erleichterung in der Familie Brenner größer als ihre Gefühle von Schuld und Scham. Zwar reagierte Vater Brenner als letzter und in verschlüsselter Form auf den Brief, indem er sich zwei Monate später bei der Beerdigung von Kathrins Mann, der an Krebs gestorben war, zaghaft neben Magdalena in die Kirchenbank setzte. Magdalenas Entscheidung, sich von ihrem Vater nie mehr auf den Mund küssen zu lassen, hat sie zum erstenmal bei dieser Begegnung und seither regelmäßig durchgesetzt. Alle anderen Familienmitglieder hätten jedoch direkt auf ihren Brief reagiert, als erstes Magdalenas Mutter, mit der sie am Telefon lange über die Vergangenheit geredet habe und die resigniert akzeptiert habe, daß ihre Tochter nicht zum Fest käme. Sie habe Magdalena ermuntert, in den Ferien auf sich selbst gut zu achten und sich nicht um andere zu sorgen. „Aber schließlich muß *ich* Vater ‚haben', wenn du solche Sachen machst ...", habe Mutter am Schluß des Gesprächs gesagt. Das entscheidende Gefühl, das sich für Magdalena aus diesem Ereignis ergab, sei gewesen: *„Ich werde nie erwachsene Eltern haben – ich muß selber erwachsen sein."* Zu ihrer Mutter habe sie gesagt: „Dieser Brief ist für mich so wichtig, daß ich mich für nichts entschuldige ..."

Eindrücklich war, wie die älteste Schwester Kathrin, die zu keinem Familiengespräch gekommen war, angeblich, weil sie „den Familienfrieden nicht stören wollte", auf Magdalenas Brief reagierte. Sie erzählte ihr von ihren eigenen Schamgefühlen über die durch Vater Brenner erlittenen sexuellen Übergriffe, aber auch von ihrem Zorn auf die Mutter, welche die Töchter nicht geschützt hätte. Gleichzeitig erwähnte sie ihren Entschluß, jetzt nicht an der „Vergangenheit zu arbeiten", sondern die Eltern zu schonen, damit diese nicht noch unglücklicher würden. Sie brauche übrigens alle Energie für sich selbst im Hinblick auf den Tod ihres Mannes. Magdalena erlebte durch die anschließenden gemeinsamen Gespräche eine völlig neue Nähe zu Kathrin und begleitete diese dann während des Trauerprozesses nach dem Tod ihres Mannes.

Während Magdalenas Entscheidung von allen Geschwistern und auch von ihrer Schwägerin Lisa positiv beantwortet wird, ist ihr Bruder Paul der einzige, der ihren Brief unangemessen findet und Vaters sexuelle Übergriffe gegenüber seinen Schwestern bagatellisiert. Nun, da er selbst einen Platz in der Welt gefunden und sich ein Stück weit von der Familie gelöst hat, findet Paul es offenbar unangenehm, an die Gespenster im Familienkeller erinnert zu werden, gegen die er selbst so lange gekämpft hat. Magdalena läßt sich von Paul jedoch auf ihrem Weg nicht beeindrucken und erkennt, daß das alte Muster ihrer Überverantwortlichkeit für Paul und seiner Unterverantwortlichkeit für sie nicht mehr wirkt.[16]

---

[16] Bepko und Krestan 1985.

Das dreizehnte und vierzehnte Gespräch: „Ich werde nie erwachsene Eltern haben und muß darum selbst erwachsen werden“

Die Therapeutin hat Magdalena eine Gestaltübung vorgeschlagen, bei der sie den „Stimmen im Hinterkopf“, die noch immer zur Selbstausbeutung durch Anpassung an das dominierende „Familien-Wir“ einladen, jeweils einen Stuhl zuweist und mit ihnen in eine Auseinandersetzung tritt. Die Idee ist, daß durch die Externalisierung dieser Stimmen Wahlmöglichkeiten für Magdalena entstehen: *Will ich ihnen folgen oder meiner eigenen Stimme?*

Magdalena (zu Welter): Das Rollenspiel, das Sie mir vorgeschlagen haben, half übrigens sehr. Ich habe die Gestalt von Mutter und Paul je auf einen Stuhl gesetzt und laut mit ihnen geredet. Mutter saß ganz ruhig und hörte mir zu. Ich glaube, sie hat mich losgelassen. Aber Paul schüttelte ständig den Kopf, als ich mit ihm redete. Dann nahm ich auch Vater zu diesem Spiel und setzte ihn auf einen Stuhl. Ich habe ihm gesagt, daß er mir nun endlich zuhören muß und nicht einfach über meinen Brief hinweggehen kann. Und daß ich mich nicht mehr erpressen lasse von ihm. *Du hast mich und alle anderen im Irrgarten herumgeführt, damit wir dir helfen,* sagte ich zu seiner Gestalt auf dem Stuhl. *Aber ich kann dir nicht helfen! Ich will nicht mehr! Du hast immer nur gesaugt von mir, aber jetzt nicht mehr.*

Mit ihrer Schwester Cécile und dann auch mit ihrem Mann hat Magdalena in der Zwischenzeit einige Male das Grab ihres Bruders Anton besucht. Sie konnte endlich weinen und mit Anton „reden“ und ihm alles erzählen, was sie bewegt. Dadurch sei sie ihm wieder nahe und „spüre“ ihn weit mehr als nach seinem Tod.

Sozusagen als Symbol für ihre neugefundene Selbstsicherheit und die Erfahrung, daß sie nun besser für sich sorgen kann und sich aus den Verstrickungen der Ausbeutung und Selbstausbeutung gelöst hat, kauft Magdalena sich in den Ferien einige Halbedelsteine und näht sie in ihren Gürtel ein als „Talisman gegen das Böse in der Welt“. Sie knüpft damit an die zu ihrem Herkunftsmilieu passende magische Tradition an, ähnlich wie seinerzeit ihr Bruder Paul, als dieser einen Geistheiler aufsuchte. Jedoch ist sie weit mehr auf Autonomie bezogen als jener damals.

Für Magdalenas neuerworbene Autonomie bei der Ablehnung der Rolle als ewiges Opfer spricht auch, daß sie sich entscheidet, nach dem ersten Abend in einer Selbsthilfegruppe für Inzestbetroffene nicht mehr dorthin zu gehen. Es sei „eine Horrorerfahrung gewesen", berichtet sie, da die Mitglieder dieser Gruppe ohne Leitung und völlig unstrukturiert sich um die eigene Achse gedreht hätten. Magdalena nennt dies „Schlampigkeit". Auf die Nachfrage der Therapeutin wird klar, daß sie damit die einseitig regressive Tendenz der Gruppe meint, diese unablässige Pflege des „inneren Kindes", die keine Gestaltungsmöglichkeiten eines erwachsenen Lebens offenläßt. Anstelle der Gruppenteilnahme überlegt jetzt Magdalena, später zur Unterstützung ihrer persönlichen Entwicklung in der Nähe ihres Wohnortes individuelle therapeutische Begleitung zu suchen.

Das Abschlußgespräch: Der Sprung ins Wasser gelingt

Ursprünglich war geplant, zum gemeinsam vereinbarten Schluß der Therapie nochmals die ganze Familie nach Meilen einzuladen. Dieses gemeinsame Gespräch findet jedoch nicht statt. „Die kommen nur, wenn das Haus brennt", sagt Magdalena dazu. Und da jetzt die Stimmung zwischen ihr und den Eltern relativ distanziert, aber versöhnlich sei, seit sie als erwachsene Tochter Mutter und Vater gelegentlich zu sich nach Hause einlade, habe sie nicht auf diesem gemeinsamen Gespräch bestanden. Alle in der Familie Brenner fänden, die Gespräche hätten ihnen gutgetan, aber mehr bräuchten sie nicht.

Da Beat an der Abschlußprüfung seines Fortbildungskurses ist, kommt Magdalena, wie vereinbart, allein. Sie bringt der Therapeutin einen Blumenstrauß mit einen selbstgebastelten Schmetterling mit. Dazu erzählt sie, daß das von der Therapeutin gelegentlich verwendete Bild von der Raupe, die sich in einem dunklen Kokon verpuppt und schließlich als Schmetterling ins Helle fliegt, ihr oft Mut gemacht habe. Als Gegengabe erhält sie von der Therapeutin deren Buch über Paare. Die Therapeutin erzählt, daß sie durch die Begegnung mit Magdalena, ihrem Mann und ihrer Familie viel gelernt habe, vor allem über Mutter-Tochter-Beziehungen.

Magdalena berichtet, daß es ihr viel besser gehe als zu Beginn der Therapie. Ihr Leben sei durchsichtiger geworden. Sie merke nun vieles, was sie vorher nicht wahrgenommen habe, und könne besser damit umgehen. Vor allem auch die konkreten, alltäglichen Durchsetzungs- und Abgrenzungsweisen, die sie gelernt habe, gelängen ihr immer leichter. Zum ersten Mal im Leben habe sie das Gefühl, auf eigenem Boden zu stehen und zu wissen, was sie wolle. Magdalena berichtet von Kursen und Seminaren, die sie nun zu besuchen wagt. Diese stehen allerdings nicht im Zusammenhang mit ihrer Inzesterfahrung, sondern mit lustvollen Dingen wie Weihnachtsgebäck und -dekorationen herstellen oder Kursen an der Volkshochschule.

In diesem Zusammenhang reflektiert Magdalena nochmals die Geschichte einer eingeengten, scham- und schuldbesetzten Kindheit und wie sie inzwischen gelernt habe, sich mutig neuen Situationen zu stellen. Sie berichtet von einem Schwimmkurs, den sie am Vorabend mit ihrem Mann begonnen habe. Beide konnten als Bauernkinder auf dem Dorf nicht schwimmen lernen und holen dieses nun als Erwachsene in einem nahen Hallenbad nach. Das folgende Zitat scheint uns symbolisch für Magdalenas Entwicklung. Es erinnert an Rilkes „Und ist doch einer, der dies Fallen unendlich sanft in seinen Händen hält ...“.

Magdalena: Ich hätte ins Wasser springen sollen, aber durch das Erlebnis, das ich immer wieder in der Kindheit hatte, daß nämlich der Lehrer mich brutal einfach ins Wasser warf, stand ich dort und zitterte vor Angst. Das war in der vierten Klasse im Becken, das einen Meter und zwanzig tief war, und da war ich im Wasser und bin fast nicht mehr herausgekommen, und ich weiß noch, was für Todesängste ich vor dem Ertrinken hatte. Und der Lehrer schaute einfach vom Rand her zu und machte überhaupt nichts. Schließlich hat mich damals ein Schulkamerad gerettet. Der Lehrer wußte genau, daß ich nicht schwimmen konnte, aber er war so brutal.

...

Und gestern mußten wir dann auch probieren, und natürlich habe ich bis zuletzt gewartet, und da hat mich der Schwimmlehrer ermutigt hineinzuspringen und hat sich anerboten, mich unten aufzufangen. Und ich glaube, jetzt, wo ich weiß, wie es wirklich ist, daß ich nämlich wieder heraufkomme, werde ich es wieder probieren. Natürlich weiß ich, daß mich die Angst auch ab und zu wieder zurückschlagen wird, aber es wird einfach nicht mehr sein wie früher. Ich mache jetzt viele Dinge, die ich mich früher nicht getraut hätte, z. B. allein das Auto waschen gehen, auch abends.

Welter: Sie sind daran, die Welt zu erobern.

Magdalena: Ja, es ist ganz etwas anderes so zu leben; es ist für mich und auch Beat nicht selbstverständlich, daß wir uns nun im Badeanzug in der Öffentlichkeit zeigen.

Welter: Das ist so schön! *(Gibt Magdalena die Hand)* Ich gratuliere Ihnen herzlich!

Magdalena: Und ich danke Ihnen dafür. Erst jetzt, so im nachhinein, merke ich, was mir dies alles hier gebracht hat.

...

Welter: Also dazu kann man ja auch sagen, Sie sind nicht mehr das hilflose Opfer, wie damals als Kind. Sie sind jetzt eine erwachsene Frau, die sich aufrecht hinstellt und dafür sorgt, daß sie niemals mehr das Opfer solcher Übergriffe ist, jedenfalls dort, wo sie mitbestimmen kann.

...

Welter: Sie haben jetzt erfahren, daß Sie eine Wahl haben und daß Sie nicht mehr das Opfer der Verhältnisse sein müssen. Nicht mehr das Opfer Ihrer Familie und nicht das Opfer der Situation mit Ihrem Mann und seiner Familie.
Ich möchte Sie noch etwas fragen. Wie gelingt es Ihnen und Beat, sich gegenseitig zu trösten, wenn Sie „einbrechen in alte Muster"? Ich meine ohne großen Leistungsdruck und ohne Sexualität, einfach so, mit Reden oder Zärtlichkeit?

Magdalena: Das gelingt uns immer öfter. Das sind so diese Geschenke, für die ich gar nicht dankbar genug sein kann. Wenn wir abends vor dem Cheminée sitzen und es einfach genießen, auch wenn noch lange nicht alle Sorgen behoben sind.

...

Magdalena: Irgendwie tut mir der Verlust dieser innigen Beziehung zu Paul auch weh, aber sie hat beiden nicht gutgetan.

Welter: Ganz offensichtlich braucht es für diesen Übergang zu einer neuen Beziehungsform noch Zeit. Sie haben jetzt Paul deutlich die Botschaft gegeben, daß Sie nicht mehr seine Krankenschwester und auch nicht seine Mutter sein wollen. Das heißt doch für Paul klar, daß er nun zu anderen Leuten gehen muß, wenn er Hilfe braucht, und daß Sie von ihm erwarten, daß er sich wie ein Erwachsener verhält. Das braucht doch einfach auch bei Paul noch Zeit, und es ist gut, wenn Sie ihm diese gönnen.

Magdalena: Auf diese Perspektive bin ich noch gar nicht gekommen.

Welter: Ich denke, sie werden darauf kommen, wenn Sie mit der Zeit nicht mehr darauf warten, daß Paul hilfesuchend bei Ihnen anruft, sondern gelassen mal ihm telefonieren und ihn einladen, ohne daß er Probleme präsentiert. Das wird dann eine Beziehungsform sein, die nicht mehr organisiert ist durch Pauls Konflikte und Hilfsbedürftigkeit oder Ihre Angebote, als Mutter oder Krankenschwester darauf zu reagieren. Sie werden es daran merken, daß Paul auch Sie einmal fragt, wie es Ihnen gehe.

Im Zusammenhang mit der Frage, wie Magdalena wohl die Geschichte der Familie Brenner einmal ihren Nichten und Neffen oder eigenen Kindern erzählen wird, erwähnt die Therapeutin ihren kürzlichen Besuch im Hochtal, in dem der ursprüngliche Hof der Familie Brenner lag.

Magdalena: Nicht wahr, es tut fast weh zu wissen, daß das unsere Heimat war. Darum fahr ich ganz ungern in jene Gegend. Ich mag mich zwar nur schwach daran erinnern, als wir noch dort lebten. Das Haus, in dem wir lebten, wurde von der Kiesfirma einfach abgebrochen, weil es zu alt war. Als Kind, ich erinnere mich gut, habe ich mir oft sehnlichst gewünscht, daß wir dort im Tal geblieben wären, daß der Vater Postbote und wir eine normale Familie mit einem normalen Einkommen gewesen wären. Aber wenn ich heute daran denke, wenn ich das ganz von mir aus sehe, dann bin ich froh, daß wir umgezogen sind. Ich meine, daß die Leute in unserer Bergheimat noch viel komplexer, ich meine mit Komplexen beladen sind als die Leute dort, wo wir jetzt leben. Ich bin froh, daß meine Eltern umgezogen sind damals.

Schlußbemerkung zur Paartherapie bei Magdalena und Beat Hafner-Brenner

Magdalenas Leben war, als sie ihre Familie für eine Therapie zugunsten ihres suizidalen Bruders anmeldete, geprägt von einem Vermächtnis von Schuld und Scham, das seine Ursache hatte in den erfahrenen sexuellen Übergriffen ihres Vaters, in seinem Alkoholabusus und in der übergroßen Anpassungsbereitschaft ihrer Mutter.

In Magdalenas Gedächtnis vermischte sich das schmerzliche Familienvermächtnis mit anderen Demütigungserfahrungen in ihrer Kindheit, die sie nicht vergessen konnte. Ihre tiefe Unsicherheit dem Leben gegenüber und ein gehöriger Selbsthaß führten dazu, daß sie wichtige Teile ihrer selbst abspaltete: ihre Sehnsucht nach Aufgefangenwerden („Und doch ist einer, der dies Fallen unendlich sanft in seinen Händen hält ..."), nach Lust und nach Lebensfreude. Statt dessen ließ sie sich alle jene Rollen zuschieben, die anderen dienten: die Mutter ihrer eigenen Mutter und ihrer Geschwister zu spielen, die Beschützerin ihres Vaters und ihres Mannes, die Krankenschwester für alle.

In einer relativ kurzen Einzel- und Paartherapie mit insgesamt 16 Sitzungen hat Magdalena gewagt, die verbotenen Familiengeheimnisse auszusprechen und öffentlich zu machen. Sie hat auch gewagt, ihrer Tendenz zur Selbstbestrafung durch Unterwerfung persönliche Autonomie mitsamt dem Risiko von Liebesverlust entgegenzusetzen. Diese Autonomie erreichte sie durch ihr neues Durchsetzungs- und Abgrenzungsverhalten gegenüber ihrer Familie, ihrem Mann und den Leuten im Dorf. Es wird im Schlußgespräch deutlich, daß Magdalena dadurch Identität und Lebenslust gewonnen hat, die sich nun auch positiv auf ihre Ehe auswirken.

Und Magdalena hat erfahren, daß es Menschen gibt, die sie auf dem begonnenen Weg begleiten: ihr Mann, ihre Schwestern, ihre Therapeutin sowie eine psychologische Beraterin an ihrem Wohnort, die sie jetzt manchmal aufsucht.

4.
Was hat diese Therapie den Beteiligten gebracht? Epilog aus der Sicht der Therapeutin

Unsere Begegnung mit allen Mitgliedern der Familie Brenner mit Ausnahme der ältesten Tochter erlebten wir als Wechselbad zwischen ungeahnten Entwicklungsmöglichkeiten der jüngeren Generation (Magdalena und ihr Mann, Paul, Franz und Lisa) und Grenzen, auf die wir in der Beziehung zur älteren Generationen stießen. So trinkt Vater Brenner noch immer, wenn auch moderat und weniger auffällig als zu Beginn der Familiengespräche. Die Paarbeziehung der Eltern Brenner blieb ihrem hergebrachten Muster verhaftet. Frau Brenner bemuttert und verwaltet ihren Mann, als ob er ihr Sohn wäre, und dieser lädt sie immer wieder neu zu diesem Verhalten ein, indem er sich in Tagträume oder ins Wirtshaus flüchtet.

Wären uns Kategorien wichtig, könnten wir die Familie Brenner als „Multi-Problem-Familie" bezeichnen – eine Kategorie, die in therapeutischen Kreisen mit negativen Prognosen besetzt ist. Wenn man die Fülle der präsentierten Probleme betrachtet, liegen solche Prognosen nahe. Zwei Suizidversuche eines psychotischen jungen Mannes, der die Ablösung aus ambivalenten Bindungen zu Mutter und Vater noch nicht geschafft hat; chronifizierte Alkoholabhängigkeit des Familienvaters; bevorstehende Übergabe eines übermäßig verschuldeten Bauernhofes an den ältesten Sohn, der von seinem Vater abgelehnt, jedoch von der von ihrem Mann enttäuschten Mutter dringend als Nachfolger gewünscht wird; und schließlich, als langjähriges Familiengeheimnis, die Inzesterfahrungen der beiden älteren Töchter.

Und dennoch gibt es erstaunliche Entwicklungen, wie aus unserem Bericht hervorgeht. Wer hat davon profitiert, und wer hat dabei etwas verloren? War das nun eine erfolgreiche Therapie oder nicht? Und wie wurde der ursprüngliche Auftrag an die Therapeutin erfüllt?

Zur Wirksamkeit systemischer Therapie im Fall Brenner

Im Meilener Konzept gehen wir davon aus, daß eine Therapie innerhalb einer gewissen Zeitspanne nie allen Beteiligten gleich viel bringt, weil individuelle Entwicklungen typischerweise asynchron verlaufen. Indem erstarrte Regeln und Verhaltensmuster im Kontext der Familie und einiger der für sie wichtigen Bezugsfelder aufgelöst und neu entworfen werden, verschieben sich Positionen und Machtverhälnisse zugunsten einer anderen „Familiengestalt“. Typischerweise bedingt ein solcher Entwicklungsprozeß das Aufgeben vertrauter, aber erstarrter Sicherheiten, was von einem Teil der Familienmitglieder als Eröffnung von Entwicklungsräumen, von anderen jedoch als Verlust von Sicherheit erlebt wird, denn die früheren Interaktionsmuster waren vorhersehbar, die neuen sind es (noch) nicht.

Die Evaluation der Wirksamkeit von Therapie schätzen wir nicht in erster Linie anhand der Aussagen einzelner Familienmitglieder darüber ein, ob ihnen die Therapie etwas gebracht habe oder nicht, und wir addieren auch nicht die subjektiven Befindlichkeiten der einzelnen. Der Grund dafür liegt darin, daß sich die Wirksamkeit einer Therapie unseres Erachtens daran entscheidet, ob sich die Sinn- und Verhaltensstrukturen einer Familie, ihre „Muster“, soweit verändert haben, daß die Beteiligten direkter und konstruktiver mit kritischen Übergangssituationen umzugehen gelernt haben. „Konstruktiv“ kann heißen, daß die spezifischen, hergebrachten Lebensthemen (Melodien), die bisher den Familientanz zwischen den Polen von Bindung und Autonomie gesteuert haben, endlich in Worte gefaßt und damit verhandelbar werden. Im besten Fall wird dank sich anbahnender neuer Muster eine Balance gefunden, welche der Entwicklung der jungen Generation zu eigenen Flügeln dient, ohne daß sie deshalb die Wurzeln ihrer Herkunft kappen muß.

Weil wir in unserem Evaluationskonzept Struktur (Muster) und Inhalt (Familienthemen) nicht gegeneinander ausspielen, also neben den beobachtbaren Verhaltensweisen auch die zugrundeliegenden Sinnkonstruktionen für wichtig halten, treten wir am Schluß einer Therapie mit den Klienten in ein Gespräch darüber ein, welche Ziele erreicht worden sind und für wen, wie sie das bewerten und was die einzelnen durch das gemeinsame Erzählen und das Entwerfen neuer Möglichkeiten gelernt haben. Das bedeutet, daß genau so, wie die ursprüngliche Definition der präsentierten Probleme gemeinsam ausgehandelt wurde, auch die therapeutische Evaluation Sache des gemeinsamen Prozesses ist. Dieser kann mit einzelnen Familienmitgliedern erfolgen, wie im vorliegenden Fall, und auch indirekt durch Fragen an die Anwesenden angestoßen werden, wie z. B. „Was würde wohl Frau Brenner sagen, wenn man sie fragen würde, was diese Therapie ihr gebracht hat?“ Es geht also um Evaluation im Blick auf jedes einzelne Familienmitglied. Sie dient der Selbstkontrolle der Therapeutin oder des Therapeuten und spiegelt deren fortlaufenden Lernprozeß.

Lösungen der ursprünglich präsentierten Probleme sind in unserer Sichtweite immer zeitlich begrenzte Ereignisse, abhängig von den Beziehungs- und Bewältigungsmustern in einem spezifischen Kontext. Das heißt, daß die Wirksamkeit einer Psychotherapie mehr an den Veränderungen in diesen Mustern abgelesen wird als an den momentanen Lösungen. Damit unterscheidet sich unser Evaluationskonzept deutlich von behavioristischen, sogenannten lösungsorientierten Therapien und den dort geltenden Kriterien von Wirksamkeit.

Von dieser auf die therapeutische Praxis bezogenen Sichtweise abzugrenzen ist eine Therapieevaluation aus wissenschaftlichem Interesse. Zwar ist hier wie dort der inhaltliche Fokus derselbe, beide Ansätze unterscheiden sich aber in der Reichweite der Objektivität der erhobenen Daten. Diese wird im Falle der wissenschaftlichen Evaluation durch außenstehende, nicht am Prozeß beteiligte Beobachter hergestellt, während die in der therapeutischen Praxis übliche Evaluation der Selbstkontrolle dient.

Familie Brenner vier Jahre nach Abschluß der Therapie

Mit *Magdalena,* die ursprünglich die Therapie veranlaßte, steht die Therapeutin noch in losem Kontakt. Auch hat sie kurz vor Drucklegung dieses Buches in einer anderen Angelegenheit einen Anruf des Hausarztes der Eltern Brenner bekommen und ihn gefragt, wie er deren Situation beurteile. Demnach ergibt sich vier Jahre nach Abschluß der Therapie folgendes: Der ursprüngliche Auftrag an die Therapie wurde insofern erfüllt, als der damalige Patient Paul heute auf eigenen Füßen steht, indem er eine ihm zusagende Arbeit in einer Baumschule gefunden hat, mit einer Freundin zusammenlebt und keinen Suizidversuch mehr unternommen hat. Nach der Hofübergabe wurde das Bauernhaus so umgebaut, daß beide Generationen je eigene Wohnungen haben und auch räumlich besser voneinander abgegrenzt sind. Vater Brenner hat dank der Intervention des Hausarztes eine Teil-Invalidenrente zugesprochen bekommen und arbeitet in klar bestimmten Bereichen auf dem Hof mit. Er trinkt moderat, das heißt vor allem abends nach der Arbeit, während er sich früher jeweils am Morgen nach dem Melken schon betrunken ins Stroh legte. Mutter Brenner definiert das Trinken ihres Mannes inzwischen nicht mehr als Charakterschwäche, sondern als Krankheit. Das habe einiges zur Entlastung der Paarbeziehung beigetragen, berichtet die Tochter Magdalena, Mutters Respekt für ihren Mann jedoch nicht erhöht. Das Jungbauernpaar hat nun drei Kinder, was Lisa vorläufig daran hindert, ihren Beruf auszuüben, und die finanzielle Lage weiter anspannt. Zum Altbauernpaar im oberen Stockwerk bestehe eine freundliche, aber nicht konfliktfreie Beziehung. Sie werde dank der Kompromißbereitschaft der jungen Frau und der Liebe der Großeltern zu den Enkeln immer wieder „ausgebügelt".

Durch Informationen von Magdalena, ihrem Mann und vom Hausarzt wissen wir, was die einzelnen Familienmitglieder rückblickend vom therapeutischen Prozeß halten. Magdalena erklärt, daß sie und ihr Mann ohne diese Therapie nicht mehr zusammen wären und daß sie, hätte sie ihr Inzest-Geheimnis weiter unter Verschluß gehalten, vielleicht ähnlich wie ihr Bruder Paul in tiefe depressive Ausweglosigkeit versunken wäre. Diese hatte sich in Form behindernder Angstzustände bereits angebahnt. Für Magdalena war darum die Auseinandersetzung mit den erlittenen Traumata in der Familie, in Verbindung mit dem gleichzeitigen Auftauen ihrer Opferrolle in Richtung selbstbestimmten Durchsetzungsverhaltens, ein bedeutsamer Entwicklungsschritt.

Pauls positive Entwicklung zu mehr Autonomie und Selbstverantwortung und zur Gestaltung eines eigenen Lebensentwurfs wurde durch die Familiengespräche unterstützt. Er konnte seine alte Doppelrolle als loyaler „Familienretter" und gleichzeitiger „Patient" so nutzen, daß er seiner Familie als Eintrittskarte für deren Umgang mit ungelösten Konflikten diente und damit gleichzeitig die Freiheit zu wichtigen eigenen Individuationsschritten erwarb. Zu seiner persönlichen Entwicklung trug wohl auch ein für unser Konzept typischer Beziehungsmodus zwischen Paul und der Therapeutin bei: Einerseits forderte sie mittels Strukturierung kräftig zu klaren Positionen heraus und traute ihm weit mehr Aktivität und Eigenverantwortung zu, als dies in der Familie ihm gegenüber bisher üblich gewesen war. Andererseits war die Therapeutin immer auch bereit, Paul „eine warme Decke umzulegen", das heißt, mit ihm zu lachen oder ihm Halt zu geben, wenn er sich durch seine Rolle als Familienretter überforderte.

Nach unserer Auffassung war Paul bei Beginn der Therapie auf dem besten Wege, die Karriere eines chronisch psychisch Kranken einzuschlagen. Man stelle sich nur vor, seine suizidale Krise hätte nicht zur Überweisung zu einer Familientherapie durch eine sozialpsychiatrisch engagierte Klinik geführt, sondern wäre nach klasisch-psychiatrischer Vorgehensweise abgewickelt worden. Das hätte vermutlich bedeutet: Langzeitneuroleptika, Arbeitstherapie, betreute Wohngemeinschaft; kurzum: einen Prozeß der Invalidisierung (Simon und Weber 1988). Die psychiatrische und familientherapeutische Arbeit mit Paul ist damit ein Beispiel für eine moderne Psychiatrie, welche anstelle des Invalidisierungskonzeptes jenem der Autonomisierung zumindest eine Chance gibt. Allerdings entspricht dieses Autonomisierungskonzept, wie Ciompi (1982) bemerkt, nicht den allgemeinen Entwicklungen der heutigen Psychiatrie.

Wie *Frau Brenner* die erfolgten Entwicklungen bewertet, wissen wir vorwiegend über ihre Kinder. Ob sie diese positiv mit der Familientherapie in Verbindung bringt oder die Therapeutin eher als Stein des Anstoßes zu Ablösungsprozessen jener Kinder sieht, die bisher am meisten für sie getan haben, bleibt offen. Der begonnene Individuationsprozeß bei Magdalena, Franz und Paul, die ihr nicht nur Sorgen gemacht haben, sondern mit denen sie intensiv verbunden war, ist für die Mutter wohl zwiespältig besetzt. Obwohl das Vorgehen der Therapeutin von Verständnis für Frau Brenners Tendenz geleitet war, sich real von ihren Kindern benützen, aber emotional versorgen zu lassen, war die Beziehung der Mutter zur Therapeutin notwendigerweise ambivalent. Zwar hat diese Frau Brenners neues Durchsetzungsverhalten kräftig unterstützt, aber es ist nicht zu übersehen, daß Frau Brenner durch die Differenzierung ihrer besonders gebundenen Kinder auch ein Stück Geborgenheit und Kontrolle verloren hat. Wir können uns gut vorstellen, daß Frau Brenner bei einer Befragung durch unbeteiligte Forscher das Ergebnis der Therapie darum weniger positiv beschreiben würde als die anderen Familienmitglieder.

Gerade solche Überlegungen in bezug auf Gewinn und Verlust für die einzelnen Klienten müßten unseres Erachtens notwendig über die eigentlichen Problemlösungen hinaus auch in wissenschaftliche Therapieforschungsprojekte einfließen. Was zum Beispiel hier von der Generation der erwachsenen Kinder der Familie Brenner positiv als Anstoß ihrer Autonomieentwicklung und als Alternative zu den bisherigen, autonomieschädigenden Lebensmustern verstanden wird, mag von ihren Eltern vorwiegend als Verlust erlebt werden. Letztlich bleibt es eine Frage der therapeutischen Ethik, ob leidbringende Verhaltensmuster über Generationen hinweg zugunsten gutmeinender, aber beharrender Eltern hingenommen oder von neuen Möglichkeiten abgelöst werden.

Eine andere Frage ist noch offen: Was hat denn *Vater Brenner* durch seine zwei individuellen Gespräche bei uns sowie die Familientherapie insgesamt gewonnen oder vielleicht verloren? Sein Ziel war, in Übereinstimmung mit dem der gesamten Familie, die Hofübergabe in nüchternem Zustand. Er verband dieses Ziel mit der Erwartung, daß er und seine Frau weiter auf dem Hof leben und – unter begrenzten Bedingungen – mitarbeiten könnten. Dieses Anliegen hat sich für ihn zum Teil erfüllt, wenn auch unter sehr schmerzhaften Auseinandersetzungen, zum Beispiel was die Schulden betrifft, die er früher quasi blind eingegangen war.

Das andere Ziel, das der Suchtfreiheit von Herrn Brenner, war von Anfang an jenes seiner Frau und seiner Kinder, nicht aber sein eigenes. Er wollte selbst bestimmen, ob, wann und wieviel Alkohol er zu sich nimmt, während seine Familie absolute Abstinenz forderte. Der Therapeutin war dieser Widerspruch klar. Er spiegelt sich ja auch theoretisch im Konflikt zwischen zwei gegensätzlichen theoretischen Zugängen zum Phänomen Alkoholsucht (Welter-Enderlin 1992). Einerseits gibt es die durch die Bewegung der Anonymen Alkoholiker weitverbreitete Suchttheorie, welche normativ, d. h. für alle Süchtigen, geltend macht, daß Abstinenz ihre einzige Heilungsmöglichkeit sei. Diese Theorie geht davon aus, daß der „symmetrische Kampf mit der Flasche" (Bateson 1983) ein lebenslanger sei, der nie gewonnen, sondern nur mittels Aussteigen in die Abstinenz (also Aufgabe der Symmetrie) immer wieder neu bewältigt werden könne. Im Gegensatz dazu steht eine systemisch-konstruktivistisch geprägte Suchttheorie (Schmidt 1991), die davon ausgeht, daß Süchtige fähig sind, ihre Ziele selber zu definieren, und daß ein normatives Urteil „entweder gesund und trocken oder krank und naß" eher die bestehenden Beziehungsprobleme stabilisiert. Unsere Idee bei der Arbeit mit Herrn Brenner war es, wie die Schlußintervention des ersten Gesprächs deutlich zeigt, zu Beginn des therapeutischen Prozesses die Definition der anwesenden Familienmitglieder zu akzeptieren („Vater soll den Hof in nüchternem Zustand übergeben") und sie in einer Konfrontation des Vaters mit dieser Meinung zu unterstützen. Aus dieser Konfrontation und der anschließenden kurzen Hospitalisierung von Vater Brenner ergab sich, mit seinem Einverständnis, die hausärztliche Verschreibung von Antabus, das er über die kritischen Monate der Hofübergabe auch regelmäßig einnahm. Als er es schließlich absetzte, war er gesundheitlich und in der Beziehung zu seiner Familie in einer wesentlich günstigeren Situation. Die notwendigen Familiengespräche zur Generationenablösung hatten stattgefunden, der Hof war in guten Händen, und Herr Brenner hatte eine Teilzeitstelle in einer Sägerei gefunden.

Obwohl Herr Brenner diese Stelle inzwischen wegen der Rezession in der Baubranche vor kurzem verloren hat, ist er nicht mehr in exzessiven Alkoholabusus „abgestürzt". Daß dem so ist, hat wohl wesentlich mit seiner Beziehung zu einem klugen Hausarzt zu tun, der Herrn Brenner geholfen hat, durch den Antrag einer Teilinvalidenrente die Zeit bis zur Erreichung des Rentenalters zu überbrücken.

Nachdem Magdalena im Lauf ihrer Therapie das Familiengeheimnis der sexuellen Übergriffe durch Vater Brenner in ihrer Kindheit innerhalb der Familie eröffnet hatte, hat sie (wie ihre mitbetroffene Schwester) den Kontakt zu den Eltern nicht abgebrochen, sondern ihn auf eine neue, distanzierte Basis gestellt. Über Magdalena wissen wir, daß ihr Vater zwar nicht direkt, aber indirekt sich „für seine Fehler" entschuldigt hat und daß auch Mutter Brenner Magdalenas Abgrenzung von der Familie respektiert.

Der Vorschlag der Therapeutin zu einem eigentlichen Entschuldigungs- und Versöhnungsritual, wie es in den meisten aus USA stammenden familientherapeutischen Modellen zum Umgang mit Inzest gefordert wird, fiel sowohl bei Magdalena selber als auch bei ihrer Familie auf steinigen Boden. Wir nehmen an, daß es im kulturellen Kontext der Familie Brenner keiner Ritualisierung solcher Prozesse bedarf, weil hier auch subtile Veränderungen in alltäglichen Begebenheiten (Vater Brenner setzt sich bei der Beerdigung ihres Schwagers neben Magdalena auf die Kirchenbank; Magdalena lädt die Eltern zum erstenmal in ihr Haus zum Sonntagskaffee zu sich ein) als versöhnliche Angebote aufgenommen werden können. Man könnte auch sagen, daß in einer Familie, in der Alltagsrituale gut ausgebaut sind, Veränderungen in den Beziehungsmustern wie von selbst in diese einfließen.

Wir haben in der Begegnung mit Familie Brenner gelernt, wie hilfreich es ist, menschliches Verhalten (auch wenn es noch so „verrückt" ist) im Rahmen seiner Geschichtlichkeit, in den einmaligen Sinnstrukturen einer Familie sowie in den allgemeinen Verhältnissen eines bestimmten Milieus und einer bestimmten Kultur zu verstehen. Dank eines solchen vielperspektivischen Verstehens gelingt es nach unserer Erfahrung Therapeutinnen und Therapeuten leichter, die Motive für die auf den ersten Blick seltsamen „Familientänze" zu erkennen, statt sich gebannt auf die Defizite zu konzentrieren. Das erleichtert es ihnen, den Klientinnen und Klienten mit Respekt und wohlwollender Neugier zu begegnen.

Durch das affektiv-emotionale Sicheinlassen auf jeden einzelnen in der Familie sowie die Kooperation mit deren Helfernetz konnten wir sowohl die Ressourcen als auch den Leidensdruck aller im Prozeß Beteiligten als Aufforderung verstehen, ihnen bei der Eröffnung von Handlungsfreiräumen und bei dem Entwurf von Zukunftsperspektiven behilflich zu sein. Daß die lange professionelle Erfahrung von Therapeutin und Prozeßbeobachter dazu beigetragen hat, die Zusammenhänge zwischen dem der Familie Brenner „Vorgegebenen" und dem ihr zur Gestaltung „Aufgegebenen" von Stunde zu Stunde besser zu erfassen, hat uns den emotionalen Anschluß an die anwesenden Familienmitglieder, auch an Vater Brenner als „Täter", sehr erleichtert. Wer in der Begegnung mit Klienten immer wieder die Vogelperspektive eines kognitiven „Überblicks" zu Geschichte, Gegenwart und Zukunftsperspektiven gewinnt, kann sich um so leichter von Angesicht zu Angesicht mit jedem einzelnen Familienmitglied einlassen. Aus solchen affektiven Begegnungen ergibt sich dann wie von selbst der notwendige „lange Atem" für den Therapieprozeß. Dieser hat es möglich gemacht, uns dem Entwicklungsrhythmus der Beteiligten anzuschließen, statt der Versuchung nachzugeben, ihnen auf ihre drängenden Fragen jeweils vorgekaute Lösungen aufzutischen.

III
Therapeutisches Handeln in Lehre und Forschung

1.
Die Vermittlung des Meilener Konzepts systemischen Wissens und Handelns in der therapeutischen Zusatzausbildung

Der Ausbildungskurs

Grundlinien unserer Ausbildungpraxis

Das Hauptanliegen unseres Ausbildungsteams bei der Konzeption und Organisation eines Ausbildungskurses in systemischer Therapie und Beratung besteht darin, eine Art „Metapraxis" unseres Wissens- und Handlungsmodells zu entwerfen. In Anlehnung an die Definition des Begriffs „ Metalog" von Bateson (1983[6]: 31) *(„Ein* Metalog *ist ein Gespräch über ein problematisches Thema. In diesem Gespräch sollten die Teilnehmer nicht nur das Problem diskutieren, sondern die Struktur des Gesprächs als ganzes sollte auch für eben dieses Thema relevant sein")* verstehen wir unter Metapraxis eine Ausbildung, in der das entsprechende Wissens- und Handlungsmodell zum Thema wird und in welcher die Struktur der Ausbildung sinnlogisch den vermittelten Inhalten entspricht. Unsere Ausbildungspraxis soll den Kursteilnehmerinnen und Kursteilnehmern ermöglichen, eine praxis- und einzelfallorientierte Theoriebildung einerseits und eine theorieorientierte Therapie- und Beratungspraxis andererseits erfahren und schrittweise erlernen und ausdifferenzieren zu können – sowohl individuell als auch in der Gruppe. Unsere Ausbildung verstehen wir als einen Prozeß, der durch Reflexion im Ausbildungsteam und in der Kursgruppe ständig vorangebracht wird und der dabei den Grundideen verpflichtet bleibt, die wir in Kapitel I dieses Buches niedergelegt haben.

Anhand dieser Grundideen haben wir ein praxisbezogenes Ausbildungskonzept entwickelt, in dem der berufliche und persönliche Alltag der Kursteilnehmerinnen und der Kursteilnehmer sowie des Dozententeams reflektiert wird. Die Übersetzung allgemeiner systemischer Denk- und Handlungsmodelle auf den jeweils spezifischen Arbeitskontext, in welchem die Kursteilnehmer tätig sind, ist uns ein erstrangiges Anliegen. Diesem Zweck dienen unter anderem themenzentrierte Klein- und Supervisionsgruppen, in welchen Beiträge einzelner aus ihrem Arbeitsbereich zur Entwicklung und Aneignung spezifischer Handlungsmodelle aufgegriffen werden. Unsere Didaktik entspricht dem Prinzip der Selbstorganisation menschlichen Lernens. Dies bedeutet, daß wir großen Wert auf die Eigenverantwortlichkeit der Teilnehmerinnen und Teilnehmer bei der gemeinsamen Entwicklung des Kursablaufs und der Supervision legen.

Voraussetzungen zur Teilnahme; Zusammensetzung des Kurses

Bei der Zusammensetzung unseres zweijährigen berufsbegleitenden Ausbildungskurses spiegelt sich unter den 24 Teilnehmenden die Vielfalt, mit der sie an ihren Arbeitsorten konfrontiert sind. Gleich viele Frauen wie Männer aus den Berufen Psychologie, Psychiatrie/Hausarztmedizin und Sozialarbeit, bei denen wir voraussetzen, daß sie in der Praxis stehen und seit Abschluß ihrer Grundausbildung eine mindestens zweijährige Berufserfahrung haben, nehmen wir mittels eines individualisierten Auswahlverfahrens (Einzelinterview mit einem Mitglied des Dozententeams; anschließend Teamdiskussion und bei mehreren „gleichwertigen" Kandidaten Losentscheid) in den Kurs auf. Eine Chance für die Kursteilnehmenden liegt bei dieser Zusammensetzung darin, daß sie einander mit ihrer je spezifischen beruflichen sowie biographischen und geschlechtsabhängigen Sozialisation zu Ressourcen werden. Das Erlernen der gegenseitigen „Fremdsprachen" von Ausbildung und persönlicher Erfahrung dient dem Verstehen des Gemeinsamen und macht gleichzeitig Verschiedenheit deutlich. Daraus ergeben sich in der Praxis gute Möglichkeiten der Zusammenarbeit über die unterschiedlichen Organisationsebenen und Spezialgebiete hinaus. Wir erleben, wie sich dadurch klassische interdisziplinäre Konfliktfelder (z. B. zwischen Psychiatrie und Sozialarbeit) auflösen.

Daß diese Vielfalt sich auch im Dozententeam spiegelt, ist für uns selbstverständlich. Unsere unterschiedlichen persönlichen Erfahrungen sowie unsere Grundberufe von Psychologie, Soziologie, Psychiatrie und Sozialarbeit eröffnen ebenfalls vielfältige Perspektiven. Auf dieser Basis gelingt es, asymmetrische Beziehungsdefinitionen zu den Lernenden zu vermeiden. Wenn zum Beispiel Frauen ausschließlich Männer als Lehrtherapeuten haben oder wenn Sozialarbeiterinnen und Sozialarbeiter vorwiegend von Psychiatern ausgebildet werden, reproduziert dies Verhältnisse, die den Lernenden das Finden eines eigenen Standpunktes erschweren.

Nach unserer Meinung schafft erst eine gute interdisplinäre Kooperation die nötige Voraussetzung für jene Multi-Perspektivität, die für das individuelle Fallverstehen sowie für den gesamten therapeutischen Prozeß wesentlich ist. In diesem Sinn wirkt die Erfahrung mit interdisziplinären Auseinandersetzungen – bei denen es ja nie nur um Therapiefragen, sondern vor allem auch um das Prestige der alten Profession der Medizin und der neueren von Psychologie und Sozialarbeit geht, fördernd auf den Umgang mit den Kompetenzen aller Beteiligten aus. Voraussetzung ist, daß sie konstruktiv geführt werden, so daß das Wissen aller Disziplinen kombiniert wird zu einem multiperspektivischen Verständnis des Falls. Die Frage ist dann nicht mehr, wer aus Statusgründen wie definiert und interveniert, sondern in welchen Situationen und mit welchen Anliegen dies geschieht.

Ein ausgewogenes Verhältnis von Theorie und Praxis ist ein wesentliches Element unserer Ausbildung. Pro Ausbildungskurs, der zwei Jahre dauert, werden pro Jahr zusätzlich zu den 22 ganzen Kurstagen an 20 halben Tagen Fallsupervisionen (auch mit Life-Gesprächen) in 4 Kleingruppen bei denselben Dozentinnen und Dozenten absolviert, die auch die Themen der Kurstage theoretisch vorbereiten und präsentieren. Auf diese Weise wird die Erfahrung eines Zusammenhangs zwischen den vielfältigen Perspektiven von Wissen, Handeln und Verstehen ermöglicht und die Entwicklung eines professionellen Habitus gefördert.

Das theoretische Curriculum als fallbezogene Theoriearbeit

Wir geben nun einen Überblick über die theoretischen Inhalte des zweijährigen Ausbildungskurses. Während die Themen im ersten Jahr vorwiegend anhand von Fällen entwickelt werden, die aus der eigenen Arbeit der Dozentinnen und der Dozenten stammen, bereiten im zweiten Jahr die Kursteilnehmerinnen und Kursteilnehmer zu den jeweils angekündigten Themen eigene Fallpräsentationen vor.

Die Kurseinheiten und -themen stellen jeweils Teilaspekte des ganzen Lehrgangs dar. Nicht selten überlappen, ergänzen und wiederholen sich einzelne Themenbereiche mit Inhalten anderer Kurseinheiten. Dies ist von uns explizit erwünscht und in gemeinsamen Klausuren sowie in den Protokollen zu den jeweiligen Kurstagen so vorbereitet. Auf diese Weise kann mit der Zeit ein vernetztes Ganzes mit Verdichtungen und Schwerpunkten, aber auch mit nur losen Verbindungen entstehen. Jeder Kursteilnehmerin und jedem Kursteilnehmer bleibt letztlich die Aufgabe gestellt, Schritt für Schritt ihren und seinen eigenen Theorieteppich zu weben, auch über die Grundausbildung hinaus.

Einführungstage. Das Hauptziel der Einführungstage besteht darin, ein entspanntes und gleichzeitig anregendes Ausbildungsklima für die Kursteilnehmenden zu schaffen, in dem alle mit Respekt und gegenseitiger Unterstützung sich begegnen und gemeinsam neugierig lernen können. Entsprechend wird dem gemeinsamen Sich-Kennenlernen viel Zeit eingeräumt. Gleichzeitig präsentieren wir in den Einführungstagen unseren eigenen beruflichen Bezugsrahmen sowie unsere Grundideen der Ausbildung, und zwar im Sinne einer ersten Vorstellung vorläufig und in groben Zügen. Das Ganze wird wiederum metalogartig vermittelt, was bedeutet, daß die Vorstellungstage nicht nur der Vorstellung an und für sich gelten, sondern daß die Struktur dieser Einführungstage die für unsere Einführungstage anfangs formulierten Ziele und Themen spiegelt.

Die wesentlichen Programmpunkte der Einführungstage sind: Unser Konzept systemischer Therapie in der Begegnung stellen wir als Team mit verteilten Themen anhand von Fällen vor und geben damit gleichzeitig einen Einblick in unseren Arbeitsstil. Besonders wichtig sind uns dann zwei Gruppenarbeiten:

- In der ersten Gruppenarbeit diskutieren die drei berufsspezifisch zusammengesetzten Gruppen (Ärzte, Psychologen, Sozialarbeiter) unter sich zunächst ihr eigenes professionelles Selbstbild und ihr Fremdbild über die beiden andern Berufsgattungen und danach das vermeintliche Fremdbild der andern über ihre eigene Berufsgruppe. Im Plenum werden dann die Resultate der Gruppenarbeit im berufsspezifischen Rahmen in Form eines Panels („Fishbowl") dargestellt, an der jeweils ein Berufsvertreter aus seiner Gruppe die wichtigsten Positionen vorträgt. Dies gibt in der Regel zu einem heftigen und –

hier beginnt das entspannte Klima während der Einführungstage Früchte zu tragen – humorvollen Austausch der gängigen Vorurteile über die eigene und die fremden Berufsgruppen. Indem diese Vorurteile einen Namen bekommen, können sie dann während des gesamten Kursverlaufs nüchtern oder spielerisch am jeweiligen Fall aufgegriffen und eingeordnet werden.

- In der zweiten Kleingruppenarbeit werden erste Vermutungen über mögliche Veränderungen im Arbeitsfeld und evtl. auch im privaten Bereich aufgrund der jetzt begonnenen Ausbildung in systemischer Therapie und Beratung angestellt. Wir ermuntern die Kursteilnehmenden, sich darüber Notizen zu machen. Diese können dann am Ende der Ausbildung wieder hervorgeholt werden und dienen so der Einschätzung des Entwicklungsprozesses, den sie während der Ausbildung gemacht haben.

Während der Einführungstage werden auch die Supervisionsgruppen zusammengestellt. Dies bewerkstelligen die Kursteilnehmerinnen und Kursteilnehmer unter Abwesenheit des Dozententeams selbst, wobei sie gehalten sind, unseren Vorgaben der Durchmischung der verschiedenen Berufsgruppen und der gleichmäßigen Geschlechterverteilung zu folgen.

Schließlich ist noch auf den Aperitif und das anschließende Abendessen am zweiten Kurstag hinzuweisen, zu dem auch die Partnerinnen, Partner, Kinder und weitere enge Angehörige der Kursteilnehmenden eingeladen sind, wobei diese Veranstaltung wiederum dem Kennenlernen und der Vernetzung dient.

Das theoretische Curriculum. Im folgenden führen wir die Themen der Kurseinheiten im Ausbildungskurs 1992/94 in chronologischer Reihenfolge auf. Kurstage finden über zwei Jahre hinweg jeweils einmal im Monat freitags und samstags mit einer Sommerpause im Juli statt. Um den Leserinnen und Lesern einen Einblick in die Dynamik der einzelnen Kurseinheiten zu geben, wird der Ablauf von deren vier ausführlich dargestellt. Dabei greifen wir auf die Protokolle zurück, die von den Dozentinnen bzw. Dozenten im Anschluß an die Tage verfaßt und den anderen Teammitgliedern zugesandt werden.

1. Kurseinheit: Therapiekontext und Erstgespräch.

Im ersten Teil werden in einer Kleingruppenarbeit verschiedene Therapiekontexte reflektiert, in denen die Kursteilnehmer/innen täglich arbeiten, z. B. Jugendamt bzw. -beratungsstelle (z. B. Freiwilligkeit versus Zwang der Zuweisungen), medizinischer Kontext (z. B. Hierarchisierung der Verantwortlichkeiten), privater Praxiskontext (z. B. Bezahlungsmodi), Überweisungsmodus. Die Ergebnisse werden anschließend im Plenum diskutiert. Als Fazit ist festzuhalten: Ganz wichtig ist es, den Klienten angemessene Informationen über den institutionellen Rahmen der Beratungssituation zu geben. Dazu gehört z. B. auch, sie zu informieren, wie mit ihren Informationen aus der Therapie umgegangen wird.
Im zweiten Teil dieser Kurseinheit werden vom Dozenten zwei eigene Erstinterviews (Familienerstgespräche) in voller Länge gezeigt und analysiert. Theoretisch werden anhand dieser Fälle schwerpunktmäßig die jeweiligen Ziele und die Vorgehensweisen thematisiert, wie sie sich häufig in Erstgesprächen ergeben (z. B. Angst und Spannung reduzieren; Therapiekontext klären; erste Hypothesen bilden; gemeinsame systemische Problemdefinitionen als gemeinsame, d. h. im Gespräch entwickelte, nicht notwendig übereinstimmende Wirklichkeitskonstruktionen zwischen Klientensystem und Therapeut entwickeln; Motivationsarbeit leisten; Therapievertrag abschließen.)
Stimmungsbild: Die Gruppe war interessiert dabei, u.a. wurde folgender Kommentar abgegeben: Es werde jetzt verständlich, warum die Einführungstage so sorgfältig durchgeführt worden seien – es sei ja ganz ähnlich wie beim Beginn einer Therapie, wo es auch darum gehe, eine Beziehung zu knüpfen und Raum für eigenes zu geben.

2. Kurseinheit: Zusammenhänge und Wechselwirkungen zwischen Individuum, Familie und deren Kontext.

3. Kurseinheit: Zum Konzept Familie – Sozialgeschichte der Familie; Familie als Milieu; Familie als Ort sozialiatorischer Interaktion.

4. Kurseinheit: Geschichtlicher Überblick zur Entwicklung systemischen Denkens und Handelns; Systemische Problemdefinitionen in der Aufnahmephase von Klienten; Einführung in die eigene Biographiearbeit mit Aushändigung des Fragenkatalogs „Meine Familie und ich" (vgl. S. 220)

5. Kurseinheit: Fallaufnahme – Aufträge, Anliegen, Widerstand im Klientensystem.

6. Kurseinheit: Chronisch – Einfrieren und Auftauen von Beschreibungen kritischer Lebensverläufe (diese Kurseinheit wurde integriert in die vom Ausbildungsinstitut veranstaltete gleichnamige Tagung an der ETH Zürich, 1.–3.4.1993).

7. Kurseinheit: Familiendiagnostik – Krankheit und Gesundheit; Interdisziplinarität.

8. Kurseinheit: Adoleszenz und Ablöseprozeß.

9. Kurseinheit: Paare und Paartherapie – Systemische und Geschlechter-Perspektiven.

Als Kursleitfaden dient das Buch „Paare – Leidenschaft und lange Weile" von Rosmarie Welter-Enderlin sowie deren Untersuchung zu „Paarkonstellationen und Krise". Es wird zunächst die systemische Sichtweise in der Paartherapie besprochen: Das Paar ist nicht als abgeschlossene Einheit zu verstehen, sondern in Wechselwirkung mit sozio-historischen Makrosystemen.
Mit folgender Übung erleben die Teilnehmenden therapeutische Triaden (Paar und Therapeut) mit ihren Möglichkeiten und Fallen:
A) Videobetrachtung aus einem Erstgespräch mit einem Paar;
B) Kleingruppenarbeit und Rollenspiel mit Triade Frau, Mann, Therapeutin und Beobachtergruppe (die Kleingruppen hatten verschiedene Paarkonstellationen zu spielen, zusammengestellt nach den Dimensionen a) Lebenszyklus, b) Rollenarrangements, c) lebensgeschichtlich bedingte Themen).

C) Plenum nach Fishbowl-Methode (Erfahrungsaustausch über die Gruppenarbeit).
Wichtigste Erkenntnis aus dieser Übung: Jene, die Klienten spielen, wehren sich grundsätzlich gegen ein „Fall-Management“ ausschließlich auf der Verhaltensebene, mit sprachlich tollen Interventionen und Hausaufgaben, jedoch wenig „Fallverständnis“ bzw. wenig emotionales Sich-einlassen durch jeweilige Therapeutin/Therapeuten. Reaktion: „Wenn der oder die schon so sehr in unsere Intimsphäre eindringt (was zur Paartherapie gehört), soll er/sie dafür auch einen warmen Mantel bereithalten, d. h. unsere regressive Seite ‚nähren‘, statt durch distanzierende Anweisungen nur auf die progressive Seite zu gehen“.
Fazit: Die Metaposition oder Vogelperspektive mag ja bei Familien in Therapie wichtig sein, um nicht in deren Sog zu geraten und um Eltern in ihrer Verantwortung zu stützen. Bei Paaren ist das Sich-einlassen auf ihre regressiven Seiten, sind Nähe und Intimität, also eine punktuelle Froschperspektive, gegenüber beiden Partnern die bessere Möglichkeit. Die Balance zwischen Fallverstehen über eine affektive Begegnung einerseits und Intervenieren aus der Metaperspektive andererseits zu finden ist hier besonders wichtig.
Eindruck: Sehr herzlicher Einstieg der Gruppe nach der Sommerpause. Trotz großer Hitze engagiertes Mitarbeiten durch alle 24, erleichtert durch viele Kleingruppenarbeiten (sonst wären wir alle eingeschlafen, vor allem nach dem Bad im See über Mittag).

10. Kurseinheit: Selbstsupervision in schwierigen Phasen; Therapieabschluß.

11. Kurseinheit: Familientherapie mit Kindern und Jugendlichen.

In dieser Kurseinheit wird eine größere Anzahl „typischer“ Situationen und Problemlagen bei (Klein-)Kindern und Jugendlichen thematisiert und an konkreten Fallbeispielen aus der Praxis analysiert und diskutiert. Therapeutische Interventionsmöglichkeiten werden im Rollenspiel geübt. Wichtige Themen sind:
a) Pränatale Diagnostik unter dem Aspekt, daß das menschliche Erleben vor der Geburt beginnt;

b) Systemische Betreuungsmöglichkeiten beim behinderten Kleinkind (aufgezeigt an einem Fallbeispiel mit einem Langzeitverlauf von Geburt bis z. Z. achtjährig). Ein besonderes Augenmerk gilt in diesem Fall dem frühkindlichen Entwicklungspotential einerseits und den elterlichen Ressourcen andererseits);
c) Wieviel Halt brauchen Kinder? – Heteronomie versus Autonomie beim Kind und Erziehungsstil der Eltern;
d) Das Problem der Einschulung aus öko-systemischer Perspektive und die Schulpsychologie in systemischer Sicht ;
e) Systemische Kinderpsychosomatik und Kinderpsychiatrie;
f) Jugendfragen und Jugendpolitik (Adoleszenz und Ablöseprozesse, vgl. auch die entsprechende Kurseinheit).
Fazit: Im wesentlichen geht es in dieser Kurseinheit um die Position und die Rechte der Kinder und Jugendlichen in der Familientherapie. Im Gegensatz zu traditionellen Hierarchiekonzepten (Minuchin, Haley), in denen in erster Linie Generationengrenzen und klare Hierarchien betont werden, steht hier die Gleichstellung und das gleichwertige Ernstnehmen aller an der Therapie Beteiligten (auch der Kinder) im Vordergrund.
Einschätzung: Bei Themen wie Macht, Gewalt und sexuellen Übergriffen an Kindern nehmen alle Kursteilnehmerinnen und Kursteilnehmer engagiert Partei für eine aktive Kinderschutzpolitik, auch wenn dazu therapeutische Grundprinzipien wie Allparteilichkeit und Neutralität im Widerspruch zu stehen scheinen. Das Aushalten von Widersprüchlichkeit und Grenzen im therapeutischen Alltag löst bei diesen Themen Betroffenheit aus.
Eindruck: Im Kurs waren alle gut motiviert und zeigten sich am Thema interessiert, obwohl mehrere nur selten beruflich mit Kindern und Jugendlichen zu tun haben. Alle freuen sich auf die Kurswoche, die bereits in 14 Tagen im Wallis stattfinden wird und in deren Mittelpunkt die Arbeit an der eigenen Biographie der Kursteilnehmerinnen und Kursteilnehmer sowie die darauf bezogene Supervision steht (vgl. hierzu die entsprechenden Abschnitte S. 220 ff.).

12. Kurseinheit: Familientherapie in der Institution; Familien- und systemische Therapie als Profession.

13. Kurseinheit: Von Opfern und Tätern(innen), Patienten und hilflosen Helfer(innen).

14. Kurseinheit: Systemische Therapie bei Drogenabhängigkeit.

15. Kurseinheit: Systemische Therapie der Depression.

16. Kurseinheit: Systemische Arbeit mit ausländischen Familien.

In der Gruppenarbeit, die der Einleitung in das Thema mit Hilfe von Fallvignetten folgt, werden folgende Themen als wichtig herausgearbeitet:
- Expertengläubigkeit von vielen Ausländern und die damit verbundene Schwierigkeit, ein kooperatives Arbeitsbündnis zu begründen
- Abgrenzungsprobleme bei kulturtypisch anderen Definitionen von Nähe und Distanz
- Abgeschlossenheit von ausländischen Kulturen; Frage der Schaffung von Übergangswirklichkeiten
- Rückkehrfrage/Situation der 2. und 3. Generation
- Überanpassung der ersten Generation an Werte des Gastlandes (z. B. wirtschaftlicher Erfolg)
- Konflikt zwischen Offenheit gegenüber Ausländern vs. Wut auf spezifische, mit unserer Kultur nicht oder nur schwer verträgliche ausländische Interaktions- und Deutungsmustermuster, z. B. bezogen auf Geschlechterverhältnisse

Der erste Nachmittag ist schwerpunktmäßig Süditalien gewidmet. Theoretisch wird das Thema über einen Aufsatz von M. Rainer Lepsius „Immobilismus: Das System der sozialen Stagnation in Süditalien" (1965) einführt. Hierzu wird auch empfohlen Carlo Levi, „Christus kam nur bis Eboli" (1982, vgl. auch den gleichnamigen Film). Anhand eines Falls einer Kursteilnehmerin (Familie aus Sizilien, die, ausgehend von Schwierigkeiten des ältesten Sohnes im Kindergarten, über mehr als 10 Jahre ein immer mehr ausuferndes Helfersystem beschäftigt und der zum Schluß wegen der Kriminalität des ältesten Sohnes eine Familientherapie empfohlen wird),

wird wiederum die Genogrammarbeit erprobt, und anschließend werden wesentliche Aspekte der Arbeit mit ausländischen Familien besprochen (Lanfranchi 1993).
Am Samstag geht es um therapeutische Perspektiven beim obengenannten Fallbeispiel mit der Zielrichtung, daß über die Kernfamilie hinaus die möglichen Ressourcen im engeren und weiteren Fami lienumfeld erkundet werden sollen. Dazu wird das Migrationsphasenmodell nach Güc (1991) diskutiert, welches orientiert ist an David Olson u. a. (1983).
Danach folgt die Fallrekonstruktion einer türkischen Familie, wiederum vorgestellt von einem Kursteilnehmer. Es werden Gemeinsamkeiten und Unterschiede im Familienkonzept verschiedener Ethnien herausgearbeitet, und zusammenfassend werden nochmals Besonderheiten der Beratung und der Therapie bei ausländischen Familien besprochen.

17. Kurseinheit: Die Bedeutung der Religion in der Familientherapie; Adoption (Themen aufgrund der während der Kurswoche erstellten Wunschliste der Teilnehmerinnen und Teilnehmer).

18. Kurseinheit: Tod, Abschied, Trauer, Weiterleben.

19. Kurseinheit: Trennung und Scheidung.

20 Kurseinheit: Sexualität und Sexualtherapie in der Allgemeinpraxis systemischer Therapie und Beratung.

21. Kurseinheit: Dokumentation in systemischer Sicht; Sozialisatorische Triaden in systemischer Perspektive.

22. Kurseinheit: Systemische Therapie-Evaluation.

Zum Abschluß: ein von der Kursgruppe veranstaltetes Fest.

Die Supervision als theoriegeleitete Fallarbeit

Das theoretische Konzept. Ausbildungs-Supervision unterscheidet sich nicht grundlegend von der Fall-Supervision in anderen Kontexten; hier wie dort wird der alltägliche Fall zum einmaligen Fall gemacht. Sowohl das Alltägliche als auch das Einmalige am Fall wird in der Supervision thematisiert, damit ohne Handlungsdruck neue Möglichkeiten von Erkennen und Handeln gedacht und eingeübt werden können. Zweifellos wird im Rahmen eines Ausbildungskurses fast jeder Fall für die Ausbildungsteilnehmer zum besonderen Fall werden, weil der Prozeß der Habitusformation, das Erkennen und Verändern von Fallstrukturen unter Handlungsdruck, in der Ausbildung noch nicht stark ausgebildet sein kann. Aber dadurch entsteht nicht ein grundlegender, sondern lediglich ein tendenzieller Unterschied zur Supervision von erfahrenen Therapeutinnen und Therapeuten, die – was idealerweise zu fordern ist – immer wieder ihre Vorannahmen, Vorurteile und Ungewißheiten thematisieren.

Supervision und Therapie sind in unserm Verständnis eng miteinander verwandt. In beiden Kontexten geht es darum, alternative Möglichkeiten anzuregen, wie die Dinge auch gesehen und entwickelt werden könnten. Wie die Therapie, so kann auch die Supervision nicht nach dem Prinzip von richtig und falsch verfahren.

Im Rahmen des Meilener Konzepts therapeutischen Wissens und Handelns betrachten wir den sokratischen Dialog als Modell des Verhältnisses von Therapeut und Klient. Dasselbe kann auch für das Verhältnis von Supervisorin und Supervisions-Teilnehmer gesagt werden. Traditionelle Supervisions-Modelle gehen davon aus, daß Supervisoren Experten sind, die ihr berufliches Wissen dem Therapie-Neuling vermitteln. Das dialogische Prinzip hingegen sieht den Supervisor eher als Mentor denn als Experte; Lernen erfolgt stärker mittels diskursiver Exploration eines Sachverhalts, in deren Verlauf der Supervisor mehr Fragen stellt oder die Gruppe dazu anregt, als daß er Informationen gibt.

Dies kann zu Beginn der Ausbildung, wo der Bedarf nach Orientierungshilfen besonders groß ist, durchaus verunsichernd wirken. Aber der Ausbildungs-Teilnehmer lernt gerade durch diese Erfahrung, wie man einen Kontext schafft, wo neue Bedeutungen und Sichtweisen entstehen können – und das ist die grundlegende Dimension von Therapie (Anderson und Goolishian 1990).

Wie die Klientinnen und Klienten in der Therapie lernen Supervisions-Teilnehmer am besten, wenn sie auf ihren persönlichen und beruflichen Stärken aufbauen können. Das soll nun nicht bedeuten, daß alles, was die Ausbildungsteilnehmer tun und denken, positiv konnotiert werden muß (was mit der Zeit ohnehin künstlich und unglaubwürdig wirkt), sondern daß sie darin unterstützt werden, Lösungen zu finden, in denen sie eigene Stärken anwenden können.

Analog der Therapie setzt auch der Supervisions-Prozeß eine offene und respektvolle Gesprächsatmosphäre voraus. Die Teilnehmer stellen ihre Arbeit vor die damit verbundenen Problemstellungen. Dadurch geben sie sich auch als Person zu erkennen, wobei es dem einzelnen Teilnehmer überlassen bleibt, wie weit sie bzw. er sich persönlich exponieren will. Dieser Schritt an eine – wenn auch sehr begrenzte – Öffentlichkeit ist in der Regel begleitet von Ängsten, nicht genügend zu können. Hier ist es die erste Aufgabe des Supervisors, solche Ängste ernst zu nehmen und die Supervisanden darin zu unterstützen, blockierende Ängste zu überwinden. Der Supervisor muß also doch Experte sein: Experte darin, einen Kontext zu schaffen, wo angstfrei und möglichst lustvoll kommuniziert werden kann.

Fall-Supervision thematisiert Fragestellungen, welche aus dem professionellen Handeln der Supervisions-Teilnehmer hervorgehen. Professionelles Handeln findet in ganz unterschiedlichen Kontexten mit ganz unterschiedlichen Auftragssituationen statt. Die alte Streitfrage, wie sie Haley (1993) wieder formuliert hat und die davon handelt, ob Supervision eher therapeutisches Handlungswissen (skills) oder Aspekte des Erlebens der Therapeutin zum Thema machen müsse, erübrigt sich nach unserer Auffassung: Je nach Fragestellung kann sowohl das eine als auch das andere im Zentrum stehen. Fall-Supervision bezieht sich auf alle Aspekte professionellen Handelns, wie wir sie bereits schematisch dargestellt haben. Die Frage der Supervisandin, mit der sie in die Supervision kommt, kann darin bestehen, daß sie mehr Fallverständnis entwickeln möchte, weil die Perspektiven bzw. Hypothesen, mit denen sie bisher gearbeitet hat, sich als unzureichend herausgestellt haben oder daß sie – wie es im Ausbildungskontext häufig der Fall ist – gar keine handlungsrelevante Fallstruktur-Hypothese herausbilden konnte. Die Frage kann aber auch in einer Klärung der Überweisungs- und Auftragssituation bestehen, und sie kann neue Möglichkeiten des Handelns zum Inhalt haben, wenn die bisherigen Vorgehensweisen keine Bewegung im Klientensystem mehr erbringen. Schließlich können die Fragen das eigene Erleben des Therapeuten betreffen, wenn das Therapeuten-Klienten-System in einer Krise ist und der Therapeut sich blockiert fühlt, diese Krise in der Therapie anzusprechen und zu seiner Auflösung beizutragen.

Diese Thematisierung von professionellem Handeln geschieht in einem Kontext, der wiederum ähnliche Merkmale wie der Therapie-Prozeß aufweisen muß, nämlich ebenfalls von einer Begegnungs- und einer Wissensachse gerahmt ist. Auch in der Supervision muß es, damit diese ihr volles Potential entfalten kann, zu einer Begegnung von Supervisorin bzw. Supervisor und Supervisanden kommen. Im Unterschied zum Klienten im therapeutischen Prozeß ist der Supervisand ein professionell Handelnder, das heißt, er verfügt über mehr oder weniger ausgebildete Distanzierungsmöglichkeiten, durch die er den therapeutischen Prozeß auf einer Meta-Ebene reflektieren kann. Hier wäre auf der Wissensachse ein Dialog über verschiedene Möglichkeiten von Fallverstehen und Vorgehensweisen denkbar, ohne daß die Begegnungsachse in der Supervision in den Vordergrund treten müßte. Dies geschieht - und durchaus sinnvollerweise - in den vielen Falldiskussionen, die mit Kolleginnen und Kollegen geführt werden.

Supervision muß aber umfassender sein: Da die Therapeutin oder der Therapeut als ganze Person im therapeutischen Prozeß steht, muß sie oder er auch als ganze Person im Supervisionsprozeß erscheinen können. Damit sie oder er dies tun kann (und je nach Fragestellung muß sie bzw. er es zwingend tun können, damit die relevante Fragestellung bearbeitet werden kann), setzt auch die Supervision eine Begegnungsachse voraus.

Das Nutzen von Möglichkeiten, die in der Biographie der Supervisions-Teilnehmer enthalten sind, erscheint so als zentrales Element des Lernens; hier findet Supervision in unserm Ausbildungskontext ihren Bezug zur biographischen Rekonstruktion während des Ausbildungskurses.

Der Supervisor muß demzufolge den Teilnehmern helfen, das zu finden und zu nutzen, was schon (in ihren biographischen Möglichkeiten) vorhanden ist (Welter-Enderlin 1991).

Wie sehr effektive Therapie gerade auch in einer Ausbildungsphase davon abhängt, daß die Ausbildungsteilnehmer ihre eigenen persönlichen Fähigkeiten nicht zudecken lassen von der Vielzahl neuer therapeutischer Vorgehensweisen, wie sie in einer Ausbildung vorgestellt werden, und wie wichtig es ist, daß Neues in einen persönlichen Stil integriert wird, zeigt eine Ausbildungs-Evaluationsstudie (Stolk und Perlesz 1990). Hier zeigte es sich, daß Klienten-Familien ihre Therapie weniger hilfreich erlebten, wenn ihre Therapeuten ausbildungsmäßig fortgeschritten waren. Der Grund dafür wird darin gesehen, daß Klienten fortgeschrittene Therapeuten im Gegensatz zu Anfängern als emotional distanziert und zu methodenorientiert empfanden. Dies stand im übrigen völlig im Gegensatz zur Selbsteinschätzung der entsprechenden Therapeuten.

In der Ausbildungs-Supervision besteht vielfach das Problem, daß die Teilnehmer sehr viele Informationen zum Fall gesammelt haben. Dazu gehören Beobachtungen von einzelnen Interaktionssequenzen, Hypothesen zu einzelnen Aspekten und umfangreiche Einzeldaten aus der Geschichte der Klienten. Jedoch sehen sie vor lauter Bäumen den Wald nicht mehr. Die Einzelbeobachtungen können nicht zu einem einheitlichen Bild im Sinne einer handlungsrelevanten Fallstruktur-Hypothese zusammengefügt werden. Hier muß es Aufgabe des Supervisors sein, die Komplexität zu reduzieren. Dazu eignen sich beispielsweise Metaphern vortrefflich. Metaphern haben die Fähigkeit, unsere Sicht der Dinge zu filtern und zu bündeln. Sie offerieren – oder negativ formuliert – diktieren eine bestimmte Sichtweise, indem sie spezifische Aspekte betonen, dadurch allerdings andere vernachlässigen oder gar verdecken (Lakoff und Jahnson 1980).

Die Reduktion von Komplexität kann demzufolge ein zweischneidiges Schwert sein, aber sie erscheint unverzichtbar, wenn die vorhandenen Informationen handlungsrelevant verwendet werden sollen.

Es entspricht unserem Ausbildungskonzept, daß Supervision und Theorievermittlung von den gleichen Dozentinnen und Dozenten angeboten wird. Einerseits hält dies die Anzahl der Personen niedrig, mit denen die Ausbildungs-Teilnehmer im Laufe der Ausbildung zu tun haben, und dies wirkt sich unserer Erfahrung nach günstig auf Verbindlichkeit und Intensität des gemeinsamen Prozesses von Dozenten und Studierenden aus.

Andererseits – und dies dürfte der wichtigere Aspekt sein – kann in der Supervision, ausgehend von der Arbeit an einem bestimmten Fall, immer wieder auf die Theorien verwiesen werden, die im Rahmen des Kurses diskutiert worden sind. Des weiteren kann überprüft werden, in welchem Ausmaß eine Theorie in diesem spezifischen Fall praktische Relevanz aufweist oder in welchem Maße ein eher respektloser Umgang mit Theorien (Cecchin u. a. a.a.O.) für die Lösung des Supervisions-Problems günstig ist.

Der äußere Rahmen der Supervision. Im Rahmen des Ausbildungskurses bieten wir jährlich 15 Halbtage Supervision an. Die Supervision findet in Gruppen von jeweils 6 Teilnehmern statt. Die Gruppen bilden sich zu Beginn des Kurses selbständig, wobei wir auf eine Durchmischung nach den Kriterien Geschlecht und berufliche Disziplin Wert legen.

Nach einem Jahr wechselt die Gruppe den Supervisor oder die Supervisorin, sie kann als Gruppe zusammenbleiben oder sich neu konstituieren, dies wird in der Kurswoche (siehe dort) entschieden. Ausgehend von unserem Verständnis von Therapie und Supervision als analogen Prozessen, die durch den zentralen Aspekt der Begegnung gekennzeichnet sind, trägt auch die Supervision die unverwechselbar persönliche Note des Supervisors. Aus diesem Grund erscheint es uns als Vorteil, wenn die Supervisions-Teilnehmer mehr als nur einen Stil kennenlernen. Dadurch wird der Gefahr begegnet, daß ein persönlicher Stil einer Supervisorin verabsolutiert und statt professioneller Eigenständigkeit Imitation („cloning“) gefördert wird.

In der Regel bereiten sich die Supervisions-Teilnehmer mittels eines Supervisions-Leitfadens (siehe S. 218) vor. Die Gruppenmitglieder erhalten die Informationen und die Fragestellung im voraus. So können in der Regel pro Halbtag zwei bis drei Fälle besprochen werden. Wenn bei allen Teilnehmern hoher Handlungsdruck besteht, kann auch eine Form von 30minütigen Kurz-Supervisionen angewendet werden, bei der auf einen Aspekt des Falles fokussiert wird.

Der Teilnehmer entscheidet selbst, wie er seinen Fall vorstellen und welche Hilfsmittel er dabei verwenden will. Dazu gehört auch die Entscheidung, ob sie Video- oder Audio-Aufzeichnungen von Therapiesitzungen in der Supervision verwenden will. Aufgrund unserer Erfahrung ermuntern wir die Ausbildungs-Teilnehmer sehr, dies zu versuchen und die dabei üblichen Anfangsängste zu überwinden. Wir meinen, daß es Teil der Professionalisierung ist, einen permanenten Diskurs über die Therapiearbeit zu führen. Dazu ist Transparenz notwendig. Video-Aufzeichnungen von Therapiesitzungen haben den großen Vorteil, daß sie eine sehr hohe Transparenz ermöglichen. Wenn in der Supervision vorrangig Fragen auf der Begegnungsachse, z. B. Umgang mit ‚Widerstand‘

oder die Beziehung des Therapeuten zu einzelnen Mitgliedern des Klientensystems, thematisiert werden sollen, stellen Video-Aufzeichnungen ein hervorragendes Hilfsmittel dar. Der Teilnehmer bzw. die Teilnehmerin entscheidet selbst, weil er oder sie auch selbst einschätzen muß, inwieweit Video-Aufzeichnungen von Beratungsgesprächen in seinem bzw. ihrem Arbeitskontext angemessen sind.

Ähnliches gilt für das Supervisions-Instrument des Live-Gesprächs, wo Supervisor und Supervisions-Gruppe zumindest einen Teil des Gesprächs hinter dem Einwegspiegel verfolgen. Hier ist das direkte Erleben des therapeutischen Prozesses uneingeschränkt hergestellt. Dadurch ist auch die Möglichkeit gegeben, diesen Prozeß direkt zu beeinflussen. Allerdings ist der Supervisand bei der Live-Supervision nicht oder nurmehr teilweise vom Handlungsdruck entlastet. Wenn man einmal davon ausgeht, daß die Klienten, die häufig einen langen Weg auf sich genommen haben und bereit waren, sich in eine ihnen nicht vertraute Situation zu begeben, dafür gerne eine Rückmeldung hätten, ist die vorherige Vereinbarung, wer dies wie tun wird, hilfreich. Oft kann ein nicht direkt am Therapieprozeß beteiligter Supervisor oder ein Kollege die Beobachtungen der Gruppe für eine Familie so formulieren, daß sich für diese danach radikal neue Perspektiven ergeben. Ein solcher „Kurswechsel“ wird mit der Therapeutin bzw. mit dem Therapeuten, der bzw. die die Familie eingeladen hat, in einer Pause sorgfältig besprochen, wobei Supervisorin bzw. Supervisor die Hauptverantwortung tragen. Das Live-Gespräch ist ein wertvolles Supervisions-Instrument; es schafft für alle Beteiligten, insbesondere auch für die Klienten, einen intensiven und von hoher Aufmerksamkeit geprägten Moment, aber es ist *eine* Möglichkeit unter anderen.

Die Supervisions-Gruppe kann das Lernen des einzelnen machtvoll unterstützen oder auch hemmen. Sie prägt wesentlich die Arbeitsatmosphäre. Die interdisziplinäre Zusammensetzung der Teilnehmer erlaubt eine zusätzliche Außenperspektive, einen frischen und unbefangenen Blick auf Traditionen des organisatorischen Kontexts des einzelnen Supervisions-Teilnehmers, welche aus der Innenperspektive kaum mehr in Frage gestellt werden. Darüber hinaus lassen sich eigene Fragestellungen sehr gut am Fremden, am Unterschiedlichen, das die andern Gruppenmitglieder verkörpern, entwickeln.

Leitfaden für die Supervision. Der nachfolgende Leitfaden zur Falldarstellung in der Supervision dient den Teilnehmern als Raster zur Vorbereitung und Präsentation.

1. Genogramm mit den wichtigsten Lebensdaten, mit Berufsbezeichnungen und soziokulturellem Hintergrund.

2. Aktueller Lebenskontext der Klienten (Wohn- und Arbeitssituation, Finanzen, etc.).

3. Überweisungsmodus:
- wie kam der Klient/die Klientin in die Institution oder Praxis?
- welche Erwartungen hat die überweisende Instanz?
- welche weiteren Helfer sind aktuell involviert? Frühere Helfer?

4. Aktuelle Situation:
- wer beschreibt Probleme wie?
- Auslöser für jetzige Krise bzw. für den Entschluß, Hilfe in Anspruch zu nehmen?

5. Bisherige Lösungsversuche:
- des Klienten/der Klientin
- wichtiger Bezugspersonen
- involvierter Helfer

Welche dieser Lösungsversuche wurden von den Klienten als hilfreich erlebt?

6. Was erhoffen bzw. befürchten die Beteiligten in bezug auf die Beratung?
Welche Veränderungsanliegen wurden bisher angesprochen und von wem?

7. Hypothesen zum Fallverständnis:
Wie verstehe ich die präsentierten Probleme vor dem Hintergrund von Biographie und Familienstruktur?

8. Therapeutische Beziehung:
Beschreibung der Beziehung des Therapeuten/der Therapeutin zu den Klienten.

9. Bisherige therapeutische Vorgehensweisen.

10. Fragestellung für die Supervision.

Zur Arbeit mit dem Leitfaden geben wir den Teilnehmern folgende Hinweise an die Hand: (Zu 1) Im Genogramm sollen möglichst drei Generationen erfaßt werden, da erfahrungsgemäß dieser Grad an Generationentiefe erforderlich ist, um Hypothesen über die Bildung von Mustern im Generationsprozeß bilden zu können. (Zu 2): Zur Kontextsensibilität gehört, daß sich der Therapeut ein Bild der Lebenswelt der Klienten machen kann. Das präsentierte Problem soll ja mit der Lebens- und Sinnwelt des Klientensystems vernetzt werden können. Hier ist es von Vorteil, wenn die Informationen der Klienten rasch in ein Bild eingefügt werden können. Gelingt dies nur ungenügend, muß sich der Therapeut gründlicher mit den Verhältnissen vertraut machen. (Zu 3) Informationen über den Überweisungsmodus und über die ‚Helfer-Landschaft' dienen der Auftragsklärung. Auftragsklärung bedeutet auch, daß Klienten und Therapeut über den Auftrag verhandeln können und müssen. (Zu 4): Systemisches Vorgehen bedeutet multiperspektivisches Vorgehen: Verschiedene Sichtweisen stehen gleichberechtigt nebeneinander. (Zu 5): Hier geht es darum, von den bisherigen Anstrengungen der Klienten zu lernen, denn diese vermitteln wertvolle Hinweise darauf, wie Klienten eigene Möglichkeiten mobilisieren. (Zu 6): Hier wird erneut das zentrale Moment der Auftragsklärung angesprochen. (Zu 7): Hier geht es um die Wissensachse im Schema professionellen Handelns. (Zu 8): In diesem Punkt wird die Begegnungsachse im Schema professionellen Handelns angesprochen. (Zu 9): Es handelt sich hier um die Evaluation der bisherigen Vorgehensweisen mit dem Ziel, daraus Schlüsse für das weitere Vorgehen zu ziehen.

Die Biographiearbeit in der Kurswoche

In der Mitte der Ausbildung findet eine Kurswoche statt, in welcher die Arbeit an der eigenen Biographie der Teilnehmerinnen und Teilnehmer in Verbindung mit einer Fallsupervision im Zentrum steht. Die Kurswoche findet in reizvoller und abgelegener Umgebung in den Bergen statt.

Die Kurswoche wird von Beginn der Ausbildung anhand eines Fragenkatalogs zur eigenen Geschichte und der Familiengeschichte vorbereitet. Die Ausbildungsteilnehmer führen ein Tagebuch ihrer persönlichen Auseinandersetzung mit den im Fragenkatalog angesprochenen Themen, das sie zur Kurswoche mitbringen, aber dort nicht „abgeben" wie eine Hausaufgabe.

Zunächst stellen wir diesen Fragenkatalog vor:

Meine Familie und ich – Bausteine zur familialen
und therapeutischen Wirklichkeitskonstruktion

Vorbemerkung

(1) Wie wir Menschen verstehen und mit ihnen umgehen, ist geprägt von unseren persönlichen Vorstellungen über Frauen, Männer und Kinder und die Formen ihres Zusammenlebens, z. B. als Familie. Ob wir darüber reflektieren, was unsere Konstrukte sind oder ob wir diese als quasi objektiven Maßstab im therapeutischen Prozeß verstehen, ist entscheidend dafür, wie wir mit Unterschieden zwischen uns und anderen umgehen: indem wir z. B. das, was anders ist, pathologisieren oder als eine Möglichkeit sehen, zu leben und Probleme zu bewältigen. Die Auseinandersetzung mit der eigenen Geschichte dient einerseits dem Erkennen eigener Familien- und Selbstbilder und soll andererseits die Möglichkeiten vielfältiger Zugänge zu Klientenfamilien erweitern.
(2) Diese Fragen sollen und können nicht ein für allemal beantwortet werden. Sie dienen als Leitfaden für ein Tagebuch, das, wenn möglich, während der Zeit der Ausbildung immer wieder nachgeführt und ergänzt wird, vor allem auch, wenn Krisen in der eigenen Familie im Zusammenhang mit der persönlichen Entwicklung von Therapeutinnen und Therapeuten aufbrechen.

1 Herkunftsfamilie (Familiale Interaktionsmuster)

1.1 Dyaden verkörpern temporäre oder dauernde Verbindungen zwischen zwei Menschen. Innerhalb einer Familie existieren viele solcher Verbindungen. Einige von ihnen sind von kurzer Dauer (z.B. während der Abwesenheit eines Familienmitglieds in Schlüsselstellung), andere sind mehr oder weniger permanent. Zählen Sie die wichtigsten Dyaden Ihrer Herkunftsfamilie auf. Beachten Sie besonders diejenigen, an denen Sie selbst beteiligt waren oder sind, in ihrer Bedeutung in Ihrem jetzigen Leben.

1.2 Nach welcher Dimension waren diese Dyaden organisisiert: Generation, Geschlecht, Interessen, andere?

1.3 Wie wirkten sich diese Subsysteme auf Ihr Leben aus (z. B. jetzige Paar- und Familienbeziehungen)?

1.4 Keine Familie ist ohne Probleme, und kein Individuum bleibt davon verschont. In welcher Beziehung vermuten Sie, in einer „gestörten" Familie aufgewachsen zu sein?
Welches waren die negativen Folgen für Sie und Ihre Geschwister? Resultierten daraus auch positive Folgen für Sie und/oder andere Familienmitglieder? Welcher Art waren sie und für wen?

1.5 Wie wirkte sich Ihre Position in der Geschwisterreihe als Rahmenbedingung Ihrer Biographie aus?
Wie prägte dies Ihre Erfahrung?
Was haben Sie daraus gemacht?

1.6 Während verschiedener Phasen im Lauf des Familienlebens werden Familienmitglieder manchmal bezeichnet mit „Indexpatient" oder „Symptomträger".
Geschah dies in Ihrer Familie, und um wen handelte es sich?
Wie beeinflußte dieses Ihr Verhalten im Alltag und die Vorstellungen, die Sie selbst von sich haben?

1.7 Aufzeichnung Ihres familialen Lebenszyklus unter spezifischer Berücksichtigung aller Engpässe (ausgelöst durch unerwartete kritische Ereignisse, z. B. finanzielle Rückschläge, lange Krankheiten, unerwarteter Todesfall), welche besondere Familienprobleme verursachten. Welcher Art waren diese Probleme?

Entwickelten sich daraus „Symptome“ bei einem Familienmitglied (z. B. Depressionen, Alkoholismus, körperliche Krankheiten, Ängste), und wie ging wer damit um?

1.8 Wie wirkte sich eine allfällige Scheidung bzw. ein Verlust durch Tod auf Ihre Familie aus?

1.9 Beschreiben Sie Situationen, bei denen Ihre Familie einen Lösungsversuch mit Distanzierung innerhalb des existierenden Systems machte, obwohl vielleicht eine Scheidung oder Ablösung bzw. ein Austragen des Konflikts nötig gewesen wären?

2. Jetzige Lebenssituation und Situation in Herkunftsfamilie und eigener Familie.

2.1 In welchem Stadium ihres Lebenszyklus ist Ihre jetzige und Ihre Herkunftsfamilie derzeit?
Welche Ihrer jetzigen Familienprobleme sind typisch, welche sind atypisch für dieses Stadium?

2.2 Denken Sie an ein persönliches, Sie derzeit beschäftigendes Problem. Welchen Anteil hat Ihre Familie daran (wenn überhaupt), daß sich das Problem entwickeln konnte?
Wie wird das Problem durch Ihr Verhalten und jenes wichtiger Bezugspersonen aufrechterhalten?
Welche Lösungsversuche unternehmen Sie?

2.3 Wie unterscheidet sich Ihre jetzige Rolle als Ehemann, Ehefrau, Alleinlebende(r), Lebenspartner von der Ihres gleichgeschlechtlichen Elternteils in derselben Lebensphase?

2.4 Entwerfen Sie ein Bild (sprachlich oder „bildlich“) von der Familie Ihrer Kindheit.
(Dieses Thema wollen wir in der Kurswoche mit Bildern – z. B. Collagen – und Geschichten vertiefen. Material dazu ist hilfreich.)

2.5 Welchen Einfluß hatten die sozio-ökonomischen und kulturellen Hintergründe Ihrer Familie in bezug auf Ihre jetzige Haltung zu Geld, Politik, Zugehörigkeit zur Gesellschaft (Gemeinde, Vereine etc.), zu Institutionen etc.?

3. Funktionaler und dysfunktionaler Familienprozeß

3.1 Alle Familien haben ihre speziellen Familienregeln, wie z. B. „keine Diskussion über Sex", „Verleugne Mutters Alkoholismus", „Wenn Du nichts Nettes über jemanden sagen kannst, dann schweig" etc.
Notieren Sie einige Regeln, welche in Ihrer Herkunftsfamilie gebräuchlich waren (auch wenn sie vielleicht nicht verbalisiert waren). Beschreiben Sie, wie diese Regeln sich auf Sie bzw. auf Ihre Familie auswirkten und wie Sie damit umgingen.

3.2 Nennen Sie einige unausgesprochene, aber geltende Vereinbarungen zwischen den Erwachsenen Ihrer Herkunftsfamilie, z. B. „Vater ist logisch und realistisch", „Mutter ist gefühlvoll und feinfühlend", „ich bin ..." etc.

3.3 Wie wurde in Ihrer Herkunftsfamilie mit Geld umgegangen, wer hatte das letzte Wort in Geldfragen?

3.4 An welche in Ihrer Kindheit aktiven Mechanismen in Ihrer Familie, die abweichendes Verhalten korrigierten, erinnern Sie sich? Erleben Sie diese noch, wenn Sie mit Ihren Eltern oder Geschwistern zusammen sind?

3.5 Welche korrigierenden Verhaltensweisen setzen Sie heute in einem Konflikt mit einer Ihnen nahestehenden Person ein?

3.6 Welche Art von positiven und negativen Kommentaren zu Ihrer Person erhalten Sie heute von Ihren Familienangehörigen?

3.7 Wie durchlässig waren die Grenzen zwischen den Generationen in Ihrer Jugend geregelt? Welche Auswirkungen hatte die relative Offenheit oder Geschlossenheit Ihrer Familie nach außen auf Ihre Entwicklung?

3.8 Falls Sie Fotos oder Filme Ihrer Familie betrachten: beobachten Sie diese in verschiedenen Stadien Ihres Familienlebens. Erläutern Sie allfällige Veränderungen in Beziehungsmustern über längere Zeit. Was fällt Ihnen auf? (Auch dieses Material ist in der Kurswoche hilfreich.)

3.9 Zeichnen Sie einen Grundriß des Hauses oder der Wohnung, worin Sie die längste Zeit Ihrer Kindheit verbracht haben. Welche Erinnerungen tauchen dabei auf, z. B. solche an bedeutsame Freunde und Bekannte? Notieren Sie Ihre Gefühle beim

Ausführen dieser Übung. Fragen Sie Ihre Eltern und Geschwister, ob sie den Grundriß erkennen und ob sie etwas anders in Erinnerung haben (auch dieses Material ist für die Kurswoche hilfreich).

3.10 Betrachten Sie ein Fotoalbum der Familie und beschreiben Sie die Entwicklung der Geschlechtsidentifikation bei Ihnen oder bei einem Geschwister über so viele Jahre, falls Fotos vorhanden sind.

3.11 Wie verändert der theoretisch-therapeutische Wechsel vom indivuumszentrierten zum systemischen Modell Ihre Beurteilung der Beziehungen in Ihrer Herkunftsfamilie (wenn überhaupt)?

3.12 Wie wirkt sich Ihr Wissen um Zirkularität auf alte lineare Ideen aus? Solche können sein: Wer tat was wem? Wer war Opfer, wer Täter?

4. Familienkrisen und ihre Bedeutung

4.1 Krisen kommen in allen Familien vor. Einige lassen sich in relativ kurzer Zeit lösen, andere schleppen sich dahin. Beschreiben Sie zwei Ihrer Familienkrisen, darunter eine, bei der das Problem gelöst wurde, sowie eine, wo das Problem ungelöst blieb und zu einem dauernden Thema wurde.

4.2 Nennen Sie Gründe, welche Ihrer Meinung nach eine Lösung der beschriebenen „endlosen Krise“ verhinderten.

4.3 Welche Erfahrungen, wenn überhaupt, machten Sie in Ihrer Familie mit dem Tod? Was waren Ihre Reaktionen? Was waren die Reaktionen der anderen Familienmitglieder?

4.4 Wie gingen die verschiedenen Familienmitglieder mit dem beschriebenen Todesfall nach einem Monat um? Wie nach einem Jahr oder später?

4.5 In welchem Zusammenhang wird voraussichtlich Ihre eigene nächste Entwicklungskrise stehen (z. B. Heirat, Kind, Scheidung)?

4.6 Beschreiben Sie die vorherrschende Kommunikationsweise in Ihrer Herkunftsfamilie, unter Berücksichtigung verbaler und nicht-verbaler Kommunikation. Wer spricht mit wem worüber?

4.7 Kam es je zu körperlichen Gewalttätigkeiten und Verletzungen (auch sexueller Art) in Ihrer Familie? Wenn ja, in welcher Form? Wie reagierten Ihre Familienmitglieder darauf? Auf welche Mechanismen griffen sie zurück, um dem Geschehen Einhalt zu gebieten?

4.8 In welchen Situationen Ihres Lebens wäre Ihnen und Ihrer Familie eine Krisenintervention oder eine Familientherapie nützlich gewesen? Beschreiben Sie die damalige Situation und wie eine Therapie evtl. geholfen hätte bzw. wer Widerstand geleistet hätte.

5. Familiale Sinnbildungsprozesse

In jeder Familie gibt es Geschichten, Mottos, Mythen. Sie haben die Funktion von Orientierungshilfen im Alltag und bei der Bewertung kritischer Ereignisse. Sie dienen als „innere Regieanweisungen" für sprachliches und nichtsprachliches Handeln. In der Familienforschung werden sie „Familien-Paradigma" (Reiss) oder „Episteme" genannt und als identitätsstiftend bezeichnet.

5.1 Welche von früheren Generationen überlieferten Mottos existieren in Ihrer Familie (z. B. „Kinder gebären ist schwer", „Männer verlieren das Interesse an ihrer Ehefrau und schauen sich nach anderen um, wenn sie älter werden", „Frauen haben zwar Sex zu erdulden, dürfen ihn aber nicht genießen" etc.?

Hier einige Familien-Mottos und wie sie meine Entwicklung beeinflußten:

- Unsere Familie ist halt ...
- „ „ ist doch ...
- „ „ ist immer ...
- „ „ ist nie ...
- „ „ ist zwar ... aber ...

5.2 Welche Bedeutung hat Ihr Name?

- Allgemein
- In Ihrer Familiengeschichte
- Wer hat ihn, mit welcher Geschichte verbunden, gewählt?
- Was bedeutet mein Name mir heute?

5.3 Welche Geschichten/Anekdoten haben sich in Ihrer Herkunftsfamilie erhalten? Welche Funktion haben sie in Ihrer Familie: solidarisierend, individualisierend, sedativ, rechtfertigend, andere?

5.4 Werden von der mütterlichen Seite andere Geschichten erzählt als von der väterlichen Seite? Andere von Männern als von Frauen?

5.5 Welche Geschichten waren für Sie persönlich als Kind von Bedeutung (z. B. weil sie auf Sie gemünzt waren), und was bedeuten sie Ihnen heute (z. B. „Du bist ein Sonntagskind“)?

5.6 Welche Familiengeheimnisse gab es während Ihrer Kindheit? Wie haben Sie sie herausgefunden, was taten Sie damit, und was bedeuten sie Ihnen heute?

5.7 Welche Krisen-Paradigmata existieren in Ihrer Herkunftsfamilie und mit welcher Wirkung (z. B. „nur fest auf die Zähne beißen“)?

6. Ich als Therapeut/in und meine Familie

6.1 Würden Sie Ihre Herkunftsfamilie (mit Ihnen selbst) in eine Familientherapie überweisen, falls ein Problem auftaucht, das Sie nicht gut selbst lösen können? Würden Sie mit Ihrem jetzigen Partner, Ihrer jetzigen Familie eine Familientherapie machen? Wenn nein, warum nicht? Würden Sie diese eher bei einer Frau oder bei einem Mann machen wollen?

6.2 Welche Familien sind Ihnen als Therapeut/in die angenehmsten? Berücksichtigen Sie die Aspekte sozialer Status, Lebensstil, Religion etc.

6.3 Arbeiten Sie lieber mit Frauen oder mit Männern, Jungen oder Mädchen?

6.4 Mit welcher Art von Paaren arbeiten Sie gerne oder nicht so gerne, haben Sie am meisten bzw. am wenigsten Erfolg?

6.5 Wie erklären Sie Ihre Vorlieben bzw. Ängste oder Unsicherheiten mit bestimmten Paar- oder Familiensituationen (z. B.: Trennung, Gewalt, Sucht)?

6.6 Was hilft Ihnen im Umgang mit Ihren Unsicherheiten und Ängsten im Beruf?

In der Kurswoche wird das Resultat dieser Arbeit – Antworten und Fragen – den Kolleginnen und Kollegen der Supervisionsgruppe, die zu diesem Zeitpunkt ein Jahr gemeinsame Supervisionserfahrung teilen, erzählt und mit Fotos illustriert. In einem weiteren Schritt wird die Lebensgeschichte des Kursteilnehmers wieder auf die Fallarbeit zurückgeführt, indem ein in der Supervision bereits bearbeiteter Fall thematisiert wird unter der Perspektive: Wie lassen sich die Interventionen, Gefühle, Beziehungsgestaltungen, Blockaden usw. des Therapeuten in diesem spezifischen Fall verstehen vor dem Hintergrund der eigenen lebensgeschichtlichen Sinnstrukturen? Der Fall wird gleichsam auf die Folie der Lebensgeschichte des Therapeuten gelegt. Im dritten Schritt werden die Erkenntnisse aus der Biographiearbeit in der Kurswoche übertragen auf den Supervisionsprozeß im zweiten Kursjahr.

Wir werden nun über die Erfahrungen berichten, die wir üblicherweise mit der Biographiearbeit im Rahmen der Kurswoche machen. Wir beginnen mit einem generellen Punkt, dem Unterschied zwischen Biographiearbeit und Lehranalyse unter dem Aspekt der Entwicklung eines therapeutischen Habitus, fahren fort mit dem Ablauf der Kurswoche und den Themen, die diese Woche in den Supervisionsgruppen erfahrungsgemäß bestimmen, und schließen mit einigen Beobachtungen und Überlegungen zur Gruppendynamik während der Kurswoche.

Zur Frage der Bedeutung der Biographiearbeit für die Entwicklung einer professionellen Haltung. Hier wäre zunächst zu sagen, daß die Beschäftigung mit der eigenen Biographie im Rahmen der Ausbildung nach der Kurswoche nicht abgehakt werden kann. Statt dessen eröffnet sie Perspektiven für einen lebenslangen Prozeß der Beschäftigung mit der eigenen Person des Therapeuten bzw. der Therapeutin, die allerdings nicht zum Selbstzweck werden, sondern die Qualität des eigenen therapeutischen Handelns sichern helfen soll.[1]

In diesem Punkt liegt eine gewisse Nähe zur Auffassung der Psychoanalyse vor, derzufolge „jeder Psychoanalytiker nur so weit kommt, als seine eigenen Komplexe und inneren Widerstände es gestatten" (Laplanche und Pontalis 1994[12]: 164f.). Was der Psychoanalyse jedoch Komplexe und innere Widerstände sind, die aus dem Unbewußten des Therapeu-

[1] Dies muß besonders betont werden, weil Akteure im therapeutischen Feld zu kontinuierlicher Selbstthematisierung und Selbsbespiegelung neigen und diese Tendenz durch ein Angebot der Biographiearbeit in der Kurswoche gefördert werden kann.

ten im psychoanalytischen Sinne stammen, sind der systemischen Richtung Muster der Weltauffassung und Sinnstrukturierung, die die gesamte Biographie eines Therapeuten, die über weite Strecken auch Familienbiographie ist, kennzeichnen und darüber hinaus von spezifischen Zeitverhältnissen, Generationenlagen, Soziallagen geprägt sind. Im Verlauf einer Familiengeschichte wurden Wirklichkeitskonstruktionen entwickelt und tradiert, die für das alltägliche Handeln und Denken von Therapeuten wie auch für ihre professionelle Arbeit mit Individuen, Paaren und Familien einen Rahmen bilden. Diesen Rahmen zu reflektieren, ihn also auf die Ebene des Bewußtseins zu heben und so zu vermeiden, daß er unbefragt aus dem Hintergrund die fachliche Arbeit steuert, ist Aufgabe eines Prozesses, der mit der Biographiearbeit in der Kurswoche fachlich fundiert und befördert werden soll.

In der systemisch geprägten Biographiearbeit von Therapeutinnen und Therapeuten ist der Fokus also verlagert auf die gesamte Lebensgeschichte und nicht eingeengt auf den Aspekt des klassischen psychoanalytischen Verständnisses vom Unbewußten. Darin liegt für uns einer der zentralen Unterschiede zwischen systemischer Biographiearbeit und Lehranalyse.

Ein weiterer Unterschied liegt darin, daß wir den Rahmen, den die eigene Geschichte für das aktuelle Handeln als Alltagsmensch und als Therapeut abgibt, nicht nur unter dem Aspekt von „Komplexen und Widerständen" sehen, sondern auch unter dem Aspekt, daß in dieser Geschichte Ressourcen liegen für das Erkennen von Bewältigungsmöglichkeiten aktueller Probleme. Diese Ressourcen auf aktuelle Problemlagen von Klientinnen und Klienten unbefragt zu übertragen wäre jedoch unangemessen, weil die Kontexte von eigener Lebens- und Familiengeschichte und jene von Klientinnen und Klienten unterschiedlich sind. Diese lebensgeschichtlichen Ressourcen haben den Status von Möglichkeiten und müssen einen Reflexionsprozeß durchlaufen, um fruchtbar zu werden. Eben dazu dient die Arbeit an der eigenen Geschichte.

Zum Ablauf der Kurswoche. Die Arbeit in den Supervisionsgruppen beginnt mit einem Austausch von Erfahrungen mit dem Tagebuch anhand des Fragebogens, mit der Sammlung von Schwerpunkten und der anschließenden Vorstellung der Ergebnisse der eigenen Biographiearbeit in der Kleingruppe. Diese Arbeit wird um so lebendiger, je mehr Material die Teilnehmerinnen und Teilnehmer vorbereitet und damit die Anregungen im Fragebogen aufgenommen haben. Beonders eindrücklich sind dabei die Schilderungen der Teilnehmerinnen und Teilnehmer von Begegnungen mit und Fragen an Angehörige, welche neues Licht auf die Beziehungen zu ihnen warfen. Hier ist viel Zeit erforderlich, so daß in der Regel zusätzliche Sitzungen am Abend erforderlich sind.

Während der Fragebogen ein weites Spektrum an möglichen Themen abdeckt, ergeben sich in der Kurswoche folgende typische Themenschwerpunkte: Abhängigkeit und Autonomie; Entwicklung in der Familie und Dysfunktionalität von Familienmitgliedern; Kommunikation innerhalb der Familie; Grenzen innen und außen; biographische Abbrüche in der Familie; Fluchttendenzen, fehlende Kontinuität; ungeahntes Wiederholen von Familientraditionen und Familienmustern; Reproduktion von Familienthemen auf jeweils anderen Stufen, z. B. das Thema Flucht, über Generationen.

In der anschließenden Fallsupervision in bezug auf eigene Familienbiographie stellen folgende drei Themen den Rahmen dar: (1) Warum habe ich diesen Fall ausgewählt? (2) Welchen Zusammenhang zwischen dem ausgewählten Fall und den eigenen biographischen Themen kann die Gruppe erkennen (a) in bezug auf Ressourcen, (b) in bezug auf blinde Flecken der eigenen Biographie? (3) Wie kann ich künftig – bezogen auf Ressourcen und blinde Flecken – mit ähnlichen Fällen arbeiten?

Zur Gruppendynamik während der Familienrekonstruktionen in den Supervisionsgruppen. Hier war verschiedentlich zu beobachten, daß von den Teilnehmerinnen und Teilnehmern, ganz im Stile von Selbsterfahrungsgruppen, Beweise von „Mitleiden" verlangt wurden. In der Diskussion im Ausbildungsteam wurde demgegenüber betont, daß Mitleiden adäquat für freundschaftliche Beziehungen ist, während die Supervisionsgruppen berufsbezogene Formen der Vergesellschaftung darstellen, weitgehend willkürlich zusammengekommen sind und nur partiell Freundschaftsbeziehungen sich daraus entwickelten. Daher halten wir eine gewisse Distanz für unverzichtbar, um die Kurswoche nicht abgleiten zu lassen in eine narzißtische Gefühligkeit. Allerdings erwarten wir von den Teilnehmerinnen und Teilnehmern Respekt für den anderen, der mitunter schmerzvoll seine persönliche und seine Familiengeschichte darstellt.

Der Kurs aus der Sicht der Teilnehmerinnen und Teilnehmer: Ergebnisse unserer Kursevaluationen

Wie schätzen die Kursteilnehmerinnen und Kursteilnehmer den Ausbildungskurs drei Monate nach Abschluß ein? Dies wurde in einem Fragebogen erhoben, der Angaben zu folgenden Aspekten der Ausbildung erbat:

- Entwicklung persönlicher Konstrukte im Sinne von Menschenbildern und Entwicklung von therapeutischen Grundhaltungen
- Kompetenzerweiterung durch Aneignung von Handwerksregeln
- Erweiterung des theoretischen Wissens durch Vermitteln der Fachliteratur
- Biographische Rekonstruktion, um eigene Perspektiven des Sehens und Verstehens zu erkennen
- Interdisziplinarität von Dozententeam und Kursteilnehmern und Thematisierung des eigenen Arbeitskontexts.
- Thematisierung von Fragen des Geschlechterverhältnisses

Zum Thema der Entwicklung persönlicher Konstrukte und therapeutischer Grundhaltungen haben wir folgendes erfahren: Für die meisten Kursteilnehmer haben sich nicht nur spezifische therapeutische Vorgehensweisen verändert, sondern auch Glaubenssysteme und Rollenverständnis. Voraussetzung dazu war – wie immer wieder betont wird – eine offene, angstfreie und kreative Atmosphäre im Ausbildungskurs; „ohne die gruppenübliche Exhibitionspflicht", wie eine Sozialarbeiterin meint. Eigenverantwortlichkeit der Teilnehmer und Respekt vor der persönlichen wie beruflichen Identität, wie sie durch Biographie und berufliche Sozialisation geprägt worden ist, sind zentrale Begriffe, die sich durch die Antworten ziehen. Dazu einige Äußerungen: „Wir Kursteilnehmer entscheiden selbst, was uns wichtig ist; Dozenten stellen ihre Ideen und Vorgehensweisen als Möglichkeiten zur Diskussion" (Psychologin in Rehabilitationsklinik). „Wichtig war für mich, Neues lernen zu können, ohne Altes über Bord werfen zu müssen. Ein Saulus-Paulus-Bekehrungserlebnis im Sinne eines systemischen Bekenntnisses war nie gefordert und hätte lächerlich gewirkt. Gefordert war allerdings, immer wieder zu überprüfen, wie die neuen Gedanken der systemischen Therapie mit meiner psychoanalytischen Identität zu vereinbaren sind. Vermutlich hat diese Offenheit meinen bisherigen Leitgedanken gegenüber mir ermöglicht, eine kritische Auseinandersetzung mit diesen zu führen" (Schulpsychologe).

Zum Thema der Entwicklung einer therapeutischen Grundhaltung der Ausbildungsteilnehmer haben die Teilnehmerinnen und Teilnehmer zwei Aspekte formuliert: Zum einen lassen sie sich nun stärker auf die Geschichte und die dazugehörenden Geschichten ein und entwickeln Neugier auf die sozialen und kulturellen Milieus, welche für die Klienten maßgebend sind. Zum andern gelingt es ihnen, ihre Klienten stärker als eigenverantwortliche Menschen wahrzunehmen, die sehr wohl Verantwortung, auch wenn diese eingeschränkt sein mag, übernehmen können. Gleichzeitig wird die eigene Verantwortung stärker bewertet, wobei es sich um eine Verantwortung für den therapeutischen Prozeß handelt: „Ich bin neugieriger geworden, den Menschen ‚hinter dem Symptom oder dem Problem' kennenzulernen; seine Ängste und Sehnsüchte, das, was ihn im Innersten bewegt. Weil ich nicht mehr das Gefühl habe, ich müsse sofort etwas ändern, habe ich weniger Angst, mich auf sehr persönliche Themen einzulassen" (Sozialarbeiterin in Alkohol-Rehabilitationsklinik). „Viel gezielter sehe ich den Patienten verwoben in eine spezifische soziale und historische (und damit auch politische) Situation; ich habe gemerkt, daß ich wieder begonnen habe, nebst der Fachliteratur im engeren Sinne historische und gesellschaftspolitische Bücher zu lesen" (Psychiater in Klinik).

Risikofreude und Bescheidenheit, so zeigen weiter die Äußerungen zum Thema der therapeutischen Grundhaltung, scheinen sich miteinander zu verbinden: „Mein Machbarkeitsmythos hat sich abgebaut: Ich fühle mich nicht mehr allein verantwortlich für das Gelingen einer Beratung" (Sozialarbeiter in Drogenklinik). „Ich habe eher Mut, die Klienten selbst Lösungen finden zu lassen, was mich aber oft in Konflikt bringt mit dem Kontrollauftrag meines Dienstes" (Sozialarbeiterin im Jugendamt). „Der Glaube an Super-Interventionen wurde ziemlich erschüttert; ich vertraue mehr auf Versuch und Irrtum. Dadurch bin ich aber aktiver geworden und wage mich im Therapieprozeß mehr auf die Äste hinaus" (niedergelassener Psychiater).

Zur Frage nach der Kompetenzerweiterung durch Aneignung von Handwerksregeln erfuhren wir, daß aus der Sicht der Teilnehmerinnen und Teilnehmer therapeutische Vorgehensweisen in erster Linie durch häufiges Üben in Rollenspielen, in zweiter Linie durch Lernen am Modell (Video-Aufzeichnungen von Therapieverläufen) erlernt wurden. Speziell hervorgehoben wurden die Verwendung von nonverbalen Elementen in der Familientherapie, insbesondere Familienskulpturen, Interview- und Fragetechniken, die Konstruktion von Übergangsritualen, systemische Problemdefinitionen als Abschlußintervention eines Erstgesprächs sowie die Thematisierung des Umgangs mit ‚Widerstand', d. h. der Nicht-Übereinstimmung zwischen Therapeut und Klient: „Mein Handwerkskoffer ist nach und nach voller geworden. Ich habe einige neue Verhaltensweisen erlernt, die gut zu meiner Person und zu meinem Arbeitskontext passen. Ich merke, daß es einen Unterschied macht, ob ich zum ersten oder zum zehnten Mal mit meinen Klienten einen Brief an die Eltern entwerfe" (Psychologin in Eheberatungsstelle).

Es bleibt bei den Kursteilnehmerinnen und -teilnehmern eine gewisse Ambivalenz bestehen: Einerseits erleben sie die enge Verschränkung von Fallverstehen und Handwerksebene als ermutigend, weil es sie vom Mythos der ‚richtigen Intervention' befreit und ihr Vertrauen in die eigene Intuition und Kreativität als Voraussetzung für das Fallverstehen stärkt. Andererseits ist besonders in bezug auf die Handwerksebene bei vielen Teilnehmern – gerade auch bei sehr erfahrenen – doch ein Gefühl des Ungenügens vorhanden in dem Sinne, nicht genügend Technik erlernt zu haben. Dies weist u.E. darauf hin, wie stark im Feld der systemischen Therapie die Verheißung der richtigen Technik noch vorhanden ist und wie sehr man mit der Idee der notwendigen Verknüpfung von Fallverstehen und Technik ein gewisses Maß an Abschied von dieser Verheißung nehmen muß.

Als nächstes haben wir nach der Erweiterung des theoretischen Wissens durch das Lesen von Fachliteratur gefragt. Im Ausbildungskurs wurde der kritischen Rezeption von Texten ein hoher Stellenwert zugesprochen. Zu den einzelnen Kurstagen wurden zwei bis drei Aufsätze zum Thema im Umfang von ca. 50 Seiten vorab verschickt. An den Kurstagen selbst wurde eine meist recht umfassende Literaturliste mit weiterführender und vertiefender Literatur abgegeben. Die wichtigste Erkenntnis aus den Antworten war für uns die, daß diese Texte wirklich auch gelesen wurden. Hierzu einige Äußerungen: „Die oft kontroversen Texte haben in mir Fragen entstehen lassen, die ich dann jeweils in der Diskussion habe einbringen können. Die Tatsache, daß Sachverhalte kontrovers dargestellt wurden, z. B. in der Spezifitätsdebatte, hat bei mir wohl zu einem insgesamt respektloseren Umgang mit Theorie geführt" (Hausarzt in eigener Praxis). „Ich habe während der Berufsausbildung recht viel und gern gelesen, dann in den 8 Jahren meiner Berufspraxis immer weniger – und wenn, dann eher direkt Praxisbezogenes. Während des Ausbildungskurses ist meine Lust am Lesen und Diskutieren von theoretischen Positionen wieder erwacht – es bleibt für mich eine offene Frage, ob ich diese Lust auch nach der Ausbildung bewahren kann" (Sozialarbeiter in psychiatrischer Klinik). „Erst jetzt, nach Abschluß der Ausbildung, erkenne ich, wieviel Material sich angesammelt hat, vor allem auch durch die Hinweise auf den Literaturlisten. Auch wenn ich kaum dazu komme, alles zu lesen, ist es doch gut zu wissen, wo ich im Bedarfsfall suchen muß. So ist für mich ein eigentliches Koordinatensystem entstanden" (Ärztin in eigener Praxis).

Zur Kurswoche mit dem zentralen Thema der biographischen Rekonstruktion, die ja, wie wir weiter vorne ausgeführt haben, einen entscheidenden und kritischen Wendepunkt innerhalb der zweijährigen Ausbildungsphase darstellt, wäre vieles zu sagen, doch wir möchten uns auf die Wiedergabe von zwei Auffassungen beschränken: „Ich habe den Fragenkatalog über Monate immer wieder zur Hand genommen und mich in die eine oder andere Frage vertieft. Je mehr Antworten ich fand, desto mehr Fragen tauchten auf. Es war für mich wichtig, meine Erfahrungen mit dem Tagebuch in einer mir vertrauten Gruppe diskutieren zu können, wo ich auch erlebte, wie bei aller Unterschiedlichkeit doch immer wieder historisch bedingte Parallelen aufschienen, also das Allgemeine oder Politische hinter dem Persönlichen – Unverwechselbaren erkennbar wurde" (Psychologe in eigener Praxis). „Ich habe schon einiges an Selbsterfahrung und Therapie gemacht und bin mir eigentlich der Themen meiner Lebensgeschichte recht bewußt. Neu und verblüffend war mir die Erkenntnis, wie sehr ich meine Themen in der Fallarbeit hineintrage – sowohl als Stärken wie auch als blinde Flecken" (Kinder- und Jugendpsychiaterin in Therapieheim).

Aufgrund der interdisziplinären Zusammensetzung des Teilnehmerkreises erwarten wir uns eine Auseinandersetzung mit unterschiedlichen beruflichen Sozialisationen, aber auch mit unterschiedlichen Arbeitskontexten und Aufgabenstellungen im Kurs mit dem Ziel, Möglichkeiten der Kooperation am Arbeitsplatz zu fördern. Ob diese Rechnung aufgegangen ist, zeigen folgende Äußerungen: „Heikle Themen wie Macht und Hierarchie konnten gelassener ausgesprochen werden als am Arbeitsplatz, wirkten aber auf diesen zurück" (Psychologin in Kinderklinik). „Es war für mich lehrreich, anderen Kolleginnen und Kollegen in der Supervision gleichsam über die Schulter blicken zu können. Meine Stereotypien bezüglich anderer Berufsgruppen haben sich deutlich aufgeweicht. Ich habe eine Vielzahl von unterschiedlichen Aufgabenstellungen kennengelernt. Gerade am Fremden habe ich die eigenen Arbeit besser erkennen können" (Schulpsychologin). Und noch eine letzte Stimme: „Interdisziplinarität, wie sie im Ausbildungskurs thematisiert und gelebt wurde, heißt für mich Abgrenzung und Kooperation. Daß auch die Dozenten aus unterschiedlichen Berufsgruppen stammen, hat die Diskussion zu diesen Themen erleichtert" (Hausarzt).

Aspekte von männlich und weiblich. Wenn Therapeutinnen und Therapeuten im Rahmen einer Therapie-Ausbildung eigene Perspektiven des Sehens und Handelns erkennen lernen, müssen auch Unterschiede im therapeutischen Verhalten von Männern und Frauen thematisiert werden. Zur Frage, wie die Kursteilnehmerinnen und Kursteilnehmer ihrem eigenen Urteil nach auf geschlechtsspezifische Differenzierungen sensibilisiert worden sind, seien zwei Auffassungen wiedergegeben: „Die zentrale Idee der Begegnung von Therapeut und Klient hat mich persönlich stark herausgefordert, weil ich über die Art meiner Beziehungsgestaltung generell nachdenken konnte; eine Art, die ich als objektivierend, distanzierend, vorsichtig bezeichnen würde. Ich erkenne hier Grundzüge meiner männlichen Sozialisation. Die Frage, wie ich in meiner therapeutischen Arbeit meine Vorsicht überwinden und mehr Risiken eingehen konnte, indem ich meine eigene Person mehr ins Spiel brachte, konnte ich in der Supervision immer wieder bearbeiten" (Psychiater in eigener Praxis). „Meine persönlichen Werthaltungen in bezug auf das Verhältnis von Männern und Frauen zueinander fließen in jeden Aspekt meiner Arbeit ein: Scheidung, sexuelle Probleme, familiäre Gewalt, aber auch Anorexie und Depression, was immer ich herausgreife, es muß aus der Geschlechter-Perspektive betrachtet werden. Dies ist mir im Laufe des Ausbildungskurses immer deutlicher geworden. Neutralität – wenn überhaupt – fußt auf dem Erkennen eigener Werthaltungen und dem Versuch, darüber Transparenz herzustellen" (Psychologin in eigener Praxis).

Das Weiterbildungsangebot

Mit unseren Weiterbildungsveranstaltungen verfolgen wir drei Ziele. Zum ersten möchten wir „fertigen" Therapeutinnen und Therapeuten ermöglichen, sich regelmäßig über die Entwicklungen im Feld der systemischen Therapie und Beratung auf dem laufenden zu halten. Zum zweiten geben wir speziell jenen Kolleginnen und Kollegen, die bei uns ihre Therapieausbildung gemacht haben, durch das Weiterbildungsangebot die Möglichkeit, an der Entwicklung des Instituts teilzunehmen und ihre Erfahrungen auszutauschen. So gesehen, dient das Weiterbildungsangebot vor allem auch der Entwicklung und Pflege eines Netzwerks systemisch Arbeitender im weiteren regionalen Umfeld der Ausbildungsinstitution.

Schließlich ermöglichen wir mit einem speziellen Angebot im Rahmen des Weiterbildungsprogramms „Anfängern", sich zunächst einmal über systemisches Denken und Handeln zu informieren, bevor sie sich für eine solche Ausbildung entscheiden.

Der Breite dieser Zielsetzungen entspricht die Breite des Angebots, das im übrigen teils von Angehörigen unseres Instituts, teils von Kolleginnen und Kollegen außerhalb des Instituts, mit denen wir seit Jahren persönlich und beruflich verbunden sind, bestritten wird. Zunächst gibt es im jeweiligen Jahresprogramm natürlich Veranstaltungen, die die Sicht- und Handlungsmöglichkeiten erfahrener Praktikerinnen und Praktiker speziell bezogen auf therapeutische Fragestellungen erweitern helfen. Entsprechend dem Meilener Konzept gelten dabei immer mehrere Kurse dem Umgang mit der Familiengeschichte und den persönlichen Ressourcen von Therapeutinnen und Therapeuten. Wir bieten in diesem Zusammenhang auch Veranstaltungen zu therapeutischen Techniken an, die erwartungsgemäß immer gut besucht sind, wobei uns jedoch wichtig ist, deutlich zu machen, daß Techniken das Fallverstehen in der Begegnung nicht ersetzen können.

Neben der Kontinuität dieses an der Praxis orientierten Angebots liegen uns aber auch Innovation und Erweiterung des Horizonts am Herzen. Hier erlauben wir uns „Blicke über den therapeutischen Zaun". So bieten wir im Weiterbildungsprogramm 95/96 eine Veranstaltung zu dem Thema an, wie die Wendezeit der 50er Jahre die heutige gesellschaftliche Situation bestimmt und einen spezifischen, teils hemmenden Einfluß auf den notwendigen Perspektivenwandel hat. Ein weiteres Beispiel für solche grenzüberschreitenden Veranstaltungen wäre eine solche über „Kulturbegegnungen", wo es um ethnische, familienspezifische und Organisationskulturen gleichermaßen geht.

Aber auch bei solchen Veranstaltungen verlieren wir die therapeutischen Anliegen nicht aus dem Blick, denn es handelt sich etwa bei dem zuerst erwähnten Beispiel um das Gespräch über eine Generation, deren Vertreter uns als Klientinnen oder Klienten begegnen und therapeutisch relevante Fragestellungen mitbringen, zu deren Verständnis eben diese Veranstaltung einen Beitrag leisten kann.

Mit der Breite unseres Weiterbildungsprogramms möchten wir wiederum unsere Auffassung unterstützen, daß Therapeut sein mehr heißt, als Techniken zu beherrschen. Zu diesem Beruf gehört, daß die darin Tätigen über eine umfassende Persönlichkeitsbildung verfügen, das heißt aus unserer Sicht: eine Vielfalt von Perspektiven einnehmen können.

Der Postgraduiertenkurs

Unser Angebot einer Postgraduierten-Fortbildung dient dazu, erfahrenen Therapeutinnen und Therapeuten eine Möglichkeit zu geben, neuere Entwicklungen in den Bereichen Therapie und Beratung kennenzulernen. Wir legen dabei besonderen Wert auf den Anschluß dieses Angebots an die Alltagspraxis der Teilnehmerinnen und Teilnehmer und verknüpfen daher, verteilt auf 14 Monate, sechs volle Theorietage mit zwölf halben Supervisionstagen.

Für den Kurs stellen wir 18 Plätze zur Verfügung. Aufnahmekriterien sind eine bereits absolvierte Ausbildung in systemischer Therapie bzw. Beratung sowie eine praktische Tätigkeit, die den Interessentinnen und Interessenten noch Fragen aufgibt und damit neugierig auf Weiterentwicklungen des systemischen Denkens und Handelns macht. Auch in diesem Kurs bemühen wir uns, eine möglichst vielfältige Zusammensetzung der Gruppe nach Geschlecht, beruflichem Hintergrund und Variabilität der Arbeitskontexte zu erreichen.

Die drei Supervisionsgruppen werden von Mitgliedern unseres Ausbildungsteams geleitet. Von den sechs Theorietagen bestreiten wir fünf selbst, einer wird von einer Außendozentin übernommen.

Im soeben abgeschlossenen Fortbildungskurs wurden folgende Themen bearbeitet: Wir stellten unser Modell der Professionalisierung systemischen Denkens und Handelns sowie ein von Rosmarie Welter-Enderlin entwickeltes systemisches Paartherapiemodell vor und diskutierten unterschiedliche Möglichkeiten von Supervision (Selbstsupervision, Fall- und Teamsupervision). Zum Abschluß wählten die Teilnehmerinnen und Teilnehmer das Thema der eigenen Biographiearbeit von Therapeuten und suchten sich dazu eine Außendozentin aus, die auf diesem Gebiet arbeitet.

2.
Zum Verhältnis von Forschung und Praxis in der systemischen Therapie

In unserem Konzept professionellen Handelns haben wir der Wissenschaft eine eindeutige Stellung zugewiesen (vgl. S. 51 ff.): Sie ist der Achse *Fallverstehen in der Begegnung* beigeordnet. Der Prozeß des Fallverstehens in der Begegnung wird nicht alleine vom wissenschaftlichen Wissen gesteuert, sondern unterstützt diesen. Daß Wissenschaft in unserem Konzept keine handlungsleitende Bedeutung erhält, hängt damit zusammen, daß zwar die *Gegenstände* von Wissenschaft und Therapie – menschliches Handeln – identisch, die *Erkenntnisinteressen* jedoch unterschiedliche sind: Wissenschaft zielt auf das Erkennen allgemeiner Strukturen. In der Therapie geht es um den einzelnen Fall eines Klientensystems. Wissenschaftliches Wissen wird zum Verständnis des Verhältnisses von Allgemeinem und Einmaligem herangezogen, entscheidend jedoch ist die einzelfallbezogene Erfahrungsbildung des Therapeuten im Verlauf vielfältiger Prozesse der Begegnung.

In diesem Kapitel werden wir nun die Wissenschaft in den Mittelpunkt rücken und fragen, welche Form der wissenschaftlichen Haltung unserem Verständnis von Therapie angemessen ist. Dazu werden wir zunächst das Verhältnis beider aus der Perspektive des Dichters thematisieren. Dann werden wir die Ergebnisse einer Untersuchung vorstellen, die Rosmarie Welter-Enderlin (1992a) bei Praktikerinnen und Praktikern zu diesem Thema durchgeführt hat. Danach stellen wir die zentrale Frage dieses Kapitels: Welche Forschung braucht systemische Therapie? Wir werden uns hierbei auf den Bereich der Evaluationsforschung beschränken und ein Forschungskonzept vorstellen, in welchem der Prozeß der Erfahrungsbildung des Therapeuten und der Prozeß der Erfahrungsbildung des Forschers dergestalt in ein Passungsverhältnis gebracht wird, daß sie als komplementäre Perspektiven beschreibbar werden.

Wozu Forschung?

DER ZWEIFLER

Immer wenn uns
Die Antwort auf eine Frage gefunden schien
Löste einer von uns an der Wand die Schnur der alten
Aufgerollten chinesischen Leinwand, so daß sie herabfiel und

Sichtbar wurde der Mann auf der Bank, der
So sehr zweifelte.

Ich, sagte er uns
Bin der Zweifler, ich zweifle, ob
Die Arbeit gelungen ist, die eure Tage verschlungen hat.
Ob was ihr gesagt, auch schlechter gesagt, noch für einige Wert hätte.
Ob ihr es aber gut gesagt und euch nicht etwa
Auf die Wahrheit verlassen habt dessen, was ihr gesagt habt.
Ob es nicht vieldeutig ist, für jeden möglichen Irrtum
Tragt ihr die Schuld. Es kann auch eindeutig sein
Und den Widerspruch aus den Dingen entfernen; ist es zu eindeutig?
Dann ist es unbrauchbar, was ihr sagt. Euer Ding ist dann leblos.
Seid ihr wirklich im Fluß des Geschehens? Einverstanden mit
Allem, was wird? Werdet i h r noch? Wer seid ihr? Zu wem
Sprecht ihr? Wem nützt es, was ihr da sagt? Und nebenbei:
Läßt es auch nüchtern? Ist es am Morgen zu lesen?
Ist es auch angeknüpft an Vorhandenes? Sind die Sätze, die
Vor euch gesagt sind, benutzt, wenigstens widerlegt? Ist alles belegbar?
Durch Erfahrung? Durch welche? Aber vor allem
Immer wieder vor allem andern: Wie handelt man
Wenn man euch glaubt, was ihr sagt? Vor allem: Wie handelt man?

Nachdenklich betrachteten wir mit Neugier den zweifelnden
Blauen Mann auf der Leinwand, sahen uns an und
Begannen von vorne.

(Bertolt Brecht, Gesammelte Werke, Bd. 9, S. 587f.)

Würde man sich nur auf die letzte Frage in diesem Gedicht konzentrieren, dann könnte man daraus den Schluß ziehen, daß nach Brechts Ansicht Wissenschaft unmittelbar handlungsleitend zu sein habe. An den Lebensverhältnissen der Menschen orientiert sein heißt aber nicht, Handlungsanleitungen zu geben. Dazu taugt die Wissenschaft nicht, wie eben der Zweifler mahnt. Wissenschaft ist nicht eindeutig, und sie bringt keine ewig gültigen Wahrheiten hervor. Sie ist immer im Fluß, sie ist Prozeß, sie hat es mit den Widersprüchen in den Dingen (d. h. in den individuellen und gesellschaftlichen Lebensverhältnissen) zu tun, sie läßt verschiedene Sichtweisen zu, und sie gründet auf Erfahrung und entwickelt sich mit dieser.[2]

Wenn wir uns also im folgenden mit der Frage nach einer Forschung befassen, die systemischem Handeln angemessen ist, dann werden folgende Leitmotive unsere Überlegungen beherrschen: Wie kann man die Kluft zwischen Forschung und Praxis überbrücken? Was ist die Bedingung dafür, daß die Beziehung zwischen Forschung und Praxis keine Einbahnstraße wird, wo erstere letzterer vorschreibt, was zu tun ist? Wie kann Forschung sich offenhalten für die Interessen, theoretischen Grundlagen und Arbeitsweisen der Praktiker, wie kann sie ein Sensorium dafür entwickeln? Wie verhalten sich Multiperspektivität in der Arbeit mit Klienten und Multiperspektivität im Forschen?

Die Kluft zwischen Forschung und Praxis in der systemischen Therapie: Ergebnisse einer Befragung von Praktikern

Im Herbst 1989 führten die Teilnehmerinnen und Teilnehmer eines Ausbildungskurses an unserem Institut 20 ausgedehnte Interviews bei Praktikerinnen und Praktikern der Familientherapie in der Schweiz durch. Sie benützten dabei einen halbstrukturierten Fragebogen, der von Rosmarie Welter-Enderlin, unterstützt von Bruno Hildenbrand, entwickelt worden war.

Die meisten Befragerinnen und Befrager wählten ihre Interviewpartner selbst nach den Kriterien von regionaler Nähe und Bekanntheit im Feld der Familientherapie. Die Namen von drei Interviewpartnern wurden aus dem Kreis erfahrener Supervisionsteilnehmer unseres Instituts vermittelt. Fast alle Befragten haben formelle Ausbildungen in Familientherapie gemacht, die mehrere Jahre zurückliegen, und verfügen über ausgedehnte Berufserfahrung. Sechzehn der zwanzig Befragten gaben an, ihre Familientherapieausbildung sei systemisch bzw. integrativ. Elf arbeiten in öffentlichen Theapiekontexten (stationäre und ambulante Kinder- und Jugendpsychiatrie, Erziehungs- und Familienberatungsstellen), neun in privaten Praxen (teils interdisziplinäre Gemeinschaftspraxen für Kinder, Jugendliche und Erwachsene). Nicht vertreten ist die stationäre Erwachsenenpsychiatrie, da, zumindest in der deutschsprachigen Schweiz, zum Befragungszeitpunkt der familientherapeutische Ansatz dort schwach vertreten war.

Die Interviews dauerten in der Regel zwischen eineinhalb und zwei Stunden und wurden von den Befragerinnen und Befragern vom Tonband verschriftet. Sie wurden von Rosmarie Welter-Enderlin hinsichtlich folgender Fragen ausgewertet:

1. Wie bilden familientherapeutische Praktiker sich ihr Urteil (Hypothesen, Diagnosen) in bezug auf die von den Klienten präsentierten Probleme?

2. Wovon leiten Praktiker ihre Interventionen ab:

- Eigene therapeutische bzw. persönliche Erfahrungen
- Konsultation, Supervision
- Fachspezifische Literatur (Forschungsberichte, explikative und Handlungstheorien)
- Diagnostische Instrumente
- Andere

3. Besteht die vermutete Kluft zwischen Wissenschaft und Praxis in der Wahrnehmung von Praktikerinnen und Praktikern, und wen beeinträchtigt sie? Welches sind die Wünsche der Praktiker an Theoriebildung, Forschung und Praxis?

Zur Einführung in diese Fragestellung wurden die Interviewten gebeten, zuerst ein Fallbeispiel aus ihrer Praxis zu erzählen, das ihnen in der letzten Zeit Sorgen gemacht hatte. Das Erzählen „von unten nach oben“,

---

[2] Wer Theaterstücke und Gedichte als Anregungen für das eigene professionelle Denken oder Brecht überhaupt nicht schätzt, kann sich auch an Max Weber halten und dessen einschlägigen Aufsatz *Die ‚Objektivität‘ sozialwissenschaftlicher und sozialpolitischer Erkenntnis,* in: ders., Gesammelte Aufsätze zur Wissenschaftslehre, Tübingen 1988[7], S. 146–214, zum vorliegenden Thema heranziehen.

das Beschreiben eines Falles aus der Sicht der Praxis unter Handlungsdruck (Probleme müssen gelöst werden) sollte Anlaß sein zu Reflexionen allgemeinerer Natur über die Stellung von Familientherapeuten im Spannungsfeld von Praxis, Theorie und Forschung. Dieses Vorgehen sollte die Befragen ermutigen, primär aus der Handlungsperspektive und nicht aus der (womöglich an Kriterien der sozialen Erwünschtheit orientierten) Perspektive allgemeinen Urteilens zu antworten.

Diagnostische Überlegungen (Urteilsbildung). Hier wurden zwei Themenbereiche angesprochen, welche derzeit das Feld der Familientherapie besonders bewegen:

1. Die Frage der Spezifizität (welche familiale Beziehungsproblematik führt zu welchem Krankheitsbild?), und in diesem Zusammenhang auch die Frage der Nützlichkeit standardisierter diagnostischer Instrumente; und

2. Die Frage des Therapiekontexts. Bei den Antworten unterscheiden wir zwischen Therapeuten aus dem öffentlichen Therapiekontext und solchen aus dem privaten Therapiekontext.

Öffentlicher Therapiekontext. Von den Befragten haben drei Fälle geschildert, in denen sie bei Jungen mit ähnlicher Symptomatik (Aggression, Schulversagen, Ängste, Enkopresis) und hilflos überforderten Eltern im Kontext einer Tagesklinik dysfunktionale Familienkonstellationen diagnostizierten, d. h. bindende und überverantwortliche Mütter sowie unterverantwortliche Väter, die am Rande der Familie standen. In der Tradition der strukturellen Familientherapie wurden die diagnostischen Informationen nach dem Raster unterschiedlicher Lebens- und Erziehungsvorstellungen sowie dysfunktionaler Familienhierarchien und Koalitionen über die Generationengrenzen hinweg kodiert. Dabei reflektierten die Befragten die Ohnmacht der Familientherapie im Hinblick auf karge Ressourcen innerhalb von Paar- und Familienbeziehungen.

Bei drei weiteren Fällen aus dem Bereich der stationären und ambulanten Kinderpsychiatrie, in denen es um Eßstörungen ging, fällt auf, daß die Befragten zwar Konzepte der strukturellen Familientherapie heranziehen, sich bei ihrer Urteilsbildung jedoch zusätzlich nach den Sinnwelten der Patientinnen und ihrer Familien fragten, sich also auch um spezielle Motive, Normen und Bedeutungsstrukturen der Betroffenen kümmerten. Besonders wird der gesellschaftliche Kontext von Eßstörungen und damit das Thema des Geschlechts als sozialem Konstrukt erwähnt.

Bei den fünf Fällen aus der Erziehungsberatung berichten die Befragten, daß sie bei der Urteilsbildung sowohl die Persönlichkeit der Indexpatienten, die Familienstrukturen wie auch den institutionellen Kontext als „typisch" wahrnehmen. Es wird z. B. auf „typische" Pflege- und Adoptionsprobleme sowie auf Suchtprobleme und schichtabhängige Besonderheiten hingewiesen. Dazu gehören vor allem Frühverwahrlosung und die dafür typischen Folgen. Im Fall eines Drogenabhängigen wird das präsentierte Problem in Verbindung gebracht mit einer typischen Ablösungssituation. Auch die Stieffamilienproblematik wird in einem Fall im Zusammenhang mit spezifischen depressiven Bewältigungsmustern als „typisch" beschrieben. Es scheint, daß hier durch den institutionellen Kontext eine gewisse Auswahl von Problemsituationen vorgegeben wird, die von den Therapeutinnen und Therapeuten relativ rasch als „bekannt" bzw. „déjà-vu" in ihre Urteilsbildung aufgenommen wird.

In drei Fällen, bei denen es um Probleme von Kindern geht, ist der starke Fokus auf die individuelle Problematik interessant, welche mittels Testverfahren analysiert wird. Die Frage nach hirnorganischen bzw. Lernstörungen steht hier im Vordergrund, nicht aber die Klassifizierung der kindlichen Persönlichkeit. Als „typisch" wird hier eher die Situation in Familie und Schule, wo die Probleme auftreten, dargestellt.

Als Fazit kann festgehalten werden, daß das Kriterium der Spezifizität von Praktikern in Erziehungs- und Familienberatungsstellen eher auf den familialen und schulischen Kontext als auf die Persönlichkeit des Indexpatienten bezogen wird. Auffällig ist außerdem, daß bei allen Fällen mit Eßstörungen in der Kinderpsychiatrie die Spezifizität der Problematik vor allem in typischen Sinnstrukturen von Individuum, Familie und Gesellschaft und weniger in der Persönlichkeitsstruktur der betroffenen Patientinnen gesucht wird.

Privater Therapiekontext. Eine Abweichung von der Annahme, es gäbe typische soziale bzw. Sinnstrukturen in Verbindung mit Eßstörungen, wird beim Interview mit einer Therapeutin aus der Privatpraxis erkennbar. Sie zieht zur Urteilsbildung vielfältige theoretische Zugänge des strukturellen wie auch des systemisch-konstruktivistischen Modells der Familientherapie heran und bezieht den Kontext der betreffenden Familie (Bauernfamilie) explizit ein. Jedoch lehnt sie eine Spezifizitätsorientierung bezüglich besonderer Persönlichkeits- oder Familienmerkmale bei Eßstörungen entschieden ab.

Ähnliches berichten acht andere Kollegen aus der Privatpraxis. Bei den hier präsentierten Fallbeispielen wird nur zweimal ein Individuum als Indexpatient deklariert. Ansonsten werden unspezifische Beziehungsprobleme als Anlaß der Therapie genannt. Die Befragten bilden ihr Urteil aus vielfältigen Perspektiven und beziehen sowohl biographische Aspekte von Individuum, Paar und Familie als auch den Zeitgeist (Individualismus und Narzißmus) in ihre Überlegungen ein. Auch regionale Besonderheiten werden von einigen Privatpraktikern ausdrücklich bei der Urteilsbildung berücksichtigt. Dies geschieht hier übrigens in weit höherem Maße als bei den Befragten aus öffentlichen Therapiekontexten.

Privatpraktiker betonen deutlich einen vielfältigeren Zugang zum „Lebenspanorama" von Familien, von Frauen und Männern, Jungen und Mädchen als ihre Kollegen aus öffentlichen Beratungsstellen. Schon bei der Diagnosestellung kommen bei ihnen eher Metaphern vor als wissenschaftliche Klassifizierungskriterien. Ein Privatpraktiker sagt: „Ich versuche, mich nicht zu verfangen in den verschiedenen Rastern. Ich habe Vorstellungen über die Diagnose, aber meine Raster sind außerordentlich locker und unpräzise. Ich lege sie wie ein Koordinatennetz über eine Gesamsituation und orte ein Symptom." Interessant ist, daß hier (wie auch bei Kinderproblemen) Symptome eher als „Vorboten von Wandel" anstatt als „Funktion" zur Stabilisierung eines gestörten Familiensystems beurteilt werden.

Diesem Unterschied zwischen öffentlichen und privaten Therapiekontexten entspricht ein Unterschied im Gebrauch standardisierter Instrumente. Die meisten Privatpraktiker lehnen solche entweder aus Überzeugung ab oder setzen sie nur hin und wieder gezielt bei Kindern ein. Hierzu äußert ein Privatpraktiker aus der Kinderpsychiatrie: „Tests, sogenannte objektive Daten, engen die Wahrnehmung ein. Sie führen auf Nebengeleise und sind deshalb irrelevant. Eher lasse ich mit visuellen Mitteln z. B. einen Stammbaum der Familie darstellen und verschaffe ihr und mir damit ein Bild ihres Lebenspanoramas. Damit vergleiche ich dann, was ich sehe und höre." Bei Kinderproblemen werden in der Privatpraxis standardisierte Instrumente vorwiegend bei der Abklärung von Begabungsfragen und im Zusammenhang mit Schulproblemen eingesetzt.

Ein Psychiater und Familientherapeut mit „vorwiegend humanistischer Orientierung" akzeptiert im Falle einer Patientin mit manifester Psychose zwar die von der Klinik verfaßte Diagnose einer manisch-depressiven Störung, erweitert diese aber auf Paar- und Familienstrukturen und -prozesse und lehnt den Gebrauch von standardisierten Tests entschieden ab.

Bei den Therapeuten aus dem öffentlichen Bereich fällt das Bild weniger einheitlich aus: Während zwei davon Tests oder Fragebögen entschieden ablehnen, verwenden die anderen neun ab und zu Tests zur Abklärung von hirnorganischen Störungen und Leistungsdefiziten. Vor allem projektive Tests bei Kindern und Jugendlichen werden von den Befragten als hilfreich zum Verstehen der Innenwelt ihrer Patienten dargestellt.

Ein Befragter aus der Universitäts-Kinder- und Jugendpsychiatrie beklagte den Druck, Testbatterien allein für den Forschungsbetrieb einsetzen zu müssen, die jedoch wenig für die Therapie bringen. Ein Kollege aus demselben Bereich sagt: „Früher habe ich ‚Tests' verwendet, z. B. habe ich Leute, die bei mir privat eine Psychoanalyse machen wollten, durch eine Testbatterie von ca. sechs projektiven Tests gehen lassen. Heute, als systemischer Therapeut im öffentlichen Kontext, bemerke ich, daß ich schneller zu einem Bild der Situation komme, wenn ich eine halbe Stunde mit den Betroffenen spreche, und daß ich früher die Testerei brauchte, um die Distanz zwischen mir und den Klienten zu regulieren, als Instrument zur Überbrückung der Unsicherheit in den ersten Therapiephasen, als ‚Füller' sozusagen."

Zusammenfassend läßt sich zum Thema der Verwendung standardisierter Verfahren sagen, daß es einen deutlichen Unterschied gibt zwischen privaten und öffentlichen Therapiekontexten. Kritisch werden Testergebnisse deshalb gesehen, weil sie Wirklichkeiten erzeugen und zementieren können. Jedoch wenden viele der Befragten Tests vor allem in bezug auf Lern- und Verhaltensstörungen bei Kindern und Jugendlichen an. Diese Probleme werden aber vorwiegend im öffentlichen Therapiekontext bearbeitet. Im universitären Bereich der Kinderpsychiatrie wird ebenfalls die Fragwürdigkeit von Testerhebungen festgestellt, wenn sie keinen direkten Bezug zum präsentierten Problem hat.

Es scheint, daß Privatpraktiker und -praktikerinnen sich auch deshalb den „Luxus" leisten können, in ihrer Urteilsbildung auf die eigene und auf die Wahrnehmung der Betroffenen einzugehen, weil sie weniger unter Handlungsdruck durch die Überweiser geraten und weniger spezifisch beschriebene Symptome zu beheben haben. In der Privatpraxis kann sich offenbar vielfach die eigene Professionalität ohne die Zwänge konkurrierender, teils dem systemischen Denken fernstehender Paradigmata entfalten.

Woher beziehen Praktikerinnen und Praktiker die Grundlagen für ihre Urteilsbildung? Diese Frage beziehen wir zunächst darauf, was und wieviel systemisch bzw. familientherapeutisch orientierte Praktikerinnen und Praktiker lesen. Hierzu ergibt sich aus unserer Befragung von zwanzig systemisch arbeitenden Therapeuten: Sogenannte Grundlagenarbeiten der Familientherapie (z. B. Haley, Minuchin, Satir, Stierlin, Simon, Hoffman) werden durchgängig während der Ausbildung gelesen, später dagegen kaum mehr konsultiert. Nach der Ausbildung werden die erworbenen Grundlagen oft ergänzt durch tiefenpsychologische und psychoanalytische Konzepte neuerer Richtungen. Interessen an Grundlagen der Erkenntnistheorie und der Soziologie bekunden vier von zwanzig Praktikern. Gelesen werden häufiger technikorientierte Arbeiten wie solche über NLP, Fragetechniken, Hypnotherapie usw. Hier spiegeln sich neuere Entwicklungen der Familientherapie; daneben stoßen auch Techniken der Gesprächspsychotherapie und der Verhaltenstherapie auf Interesse.

Rücken Grundlagentexte nach der Ausbildung in den Hintergrund, so werden jetzt kurze fallorientierte Fachbuchartikel mit Rezeptcharakter bevorzugt. Jedoch werden Fachzeitschriften nur selten gründlich studiert, statt dessen werden gezielt jene Artikel aufgenommen, auf die Kollegen in Supervision und Konsultation hinweisen und die in erster Linie fallbezogen Handlungsideen vermitteln – ein Indiz dafür, daß Praktiker eher Kollegen konsultieren als die Fachliteratur, wenn sie in der konkreten Fallarbeit Verstehens- und Handlungsprobleme haben.

Mangelnde Zeit zum Lesen bzw. mangelnder Zugang zur Fachliteratur werden von einigen beklagt. Guter Zugang, wie in Kliniken vorhanden, führt jedoch nicht notwendig dazu, daß regelmäßig die Fachliteratur gelesen wird, wobei wir jedoch auf eine Ausnahme gestoßen sind.

Auf der anderen Seite heißt dies jedoch nicht, daß Praktiker schlechte Leser sind. Sie scheinen jedoch ihre Kreativität eher aus der Belletristik zu beziehen, so wurden Texte moderner Prosa oder Familiengeschichten (Fritz Zorn, Isabel Allende, Gabriel García Márquez) sowie Märchen und Comics öfter genannt.

Nun geht es um die Frage der Verbindung zwischen diagnostischen Überlegungen (Urteilsbildung) und Konzepten der Veränderung. Es ist im vorigen Abschnitt bereits klar geworden, daß Praktiker bei Schwierigkeiten mit Fällen eher Kolleginnen und Kollegen konsultieren, als nach Literatur aus Theorie und Forschung zu suchen. Dies ist bei sechzehn von zwanzig Interviewten der Fall. Diese sechzehn Kollegen sind Teilnehmer von Supervisions- bzw. Intervisionsgruppen und berichten, daß sie dort neben Erfahrungen auch „wichtige und nützliche Literaturhinweise" austauschen. Intensiven Austausch in bezug auf Konzepte der Veränderung pflegen auch die Mitglieder von Gemeinschaftspraxen, vor allem in Form von Co-Therapien und Live-Supervisionen, wobei jedoch auf großen personellen Aufwand, beispielsweise in der Form von „reflecting teams", verzichtet wird.

Die vier Befragten, die nicht in regelmäßiger Supervision bzw. Intervision sind, greifen, wenn sie Schwierigkeiten im theapeutischen Handeln haben, auf Einzelfallstudien bzw. auf Forschungsarbeiten in der Literatur zurück, welche ihnen Orientierungshilfen geben.

Zusammenfassend läßt sich sagen, daß Handlungskonzepte und -techniken sowohl im öffentlichen wie auch im privaten Therapiekontext vorwiegend in Supervisions- und Intervisionsgruppen entwickelt werden. Hier werden intensiv Konzepte diskutiert und praktische Vorgehensweisen vermittelt. Die Weitergabe familientherapeutischen Wissens scheint daher im wesentlichen durch „mündliche Überlieferung" und weniger durch Texte zu erfolgen.

Die geringe Bedeutung von Literatur wird von den Praktikerinnen und Praktikern folgendermaßen begründet: „Der Trend zur Epistemologie in der Familientherapie hat wenig mit Praxis zu tun" (fünf Befragte); „Jeder Fall ist einmalig" (drei Befragte); „Ich lese nicht gerne den Fachjargon; Forschungsergebnisse werden oft so präsentiert, daß sie mir nichts sagen" (sechs Befragte); „Drei Viertel der Fachliteratur sind langweilig bzw. schlecht geschrieben" (sieben Befragte); „Forscher kümmern sich nicht um die Anliegen der Praktiker" (sieben Befragte); „Der subjektive Teil der Betroffenheit fehlt in der Fachliteratur; sie läßt mich kalt" (drei Befragte); „Forschung kümmert sich nicht um Konzepte der Veränderung, sie ist nur deskriptiv" (vier Befragte).

Ob die „Kluft" zwischen Forschung und Praxis durch die Publikation von Forschungsergebnissen bzw. Handlungstheorien überwunden werden kann und soll, bleibt zumindest in bezug auf Konzepte der Veränderung offen. Hier scheint die kognitive und emotionale Unterstützung durch eine Gruppe von Kollegen wirksamer zu sein, Fachliteratur kann sie nicht ersetzen. Allenfalls könne, so der Tenor, einzelfallorientierte

Literatur, in denen der Therapeut (oder der Forscher) „spürbar" wird, an die erlebte Erfahrung von Supervision und Intervision heranreichen.

Die „Kluft" zwischen Forschung und Praxis und die Wünsche der Praktikerinnen und Praktiker an Forschung und Theoriebildung

Von den zwanzig Befragten ist die „Kluft" zwischen Forschung und Praxis für etwa die Hälfte ein Problem, sowohl bei den Befragten aus dem öffentlichen als auch bei jenen aus dem privaten Therapiekontext. Alle jedoch sind sich darin einig, daß sie Anliegen und Wünsche an Forschung und Theorie haben.

Wünsche der Befragten aus dem öffentlichen Therapiebereich. Fünf Befragte wünschen sich andere als die üblichen Forschungsgegenstände. Man solle weniger über Schizophrenie, Depression und Psychosomatik und mehr über Armut, Inzest und Gewalt in Familien forschen. Man solle weniger beschreiben und mehr Handlungsmodelle entwickeln. Insbesondere durch Einzelfalldarstellungen sei der Praxisbezug zu der Forschung zu steigern.

Auch der mögliche Beitrag der Praxis zu Fragestellungen der Forschung wird thematisiert. So könnten zum Beispiel Praktiker den Forscher zu katamnestischen Untersuchungen anregen, und sie könnten, ausgehend von ihren Fällen, zur integrativen Darstellung verschiedener Diagnose- und Handlungsmodelle beitragen.

Wünsche der Befragten aus dem privaten Therapiebereich. Auch die Privatpraktiker betonen die Notwendigkeit von Katamnesen und bringen sich damit als Kooperierende im Forschungsprozeß ins Spiel (wobei Privatpraktiker, anders als die Kollegen aus dem öffentlichen Therapiebereich, auch fragen, wie es mit der Bezahlung bei der Mitarbeit an Forschungsprojekten aussieht). Forderungen nach Therapieverlaufsstudien und nach therapeutischer Erfahrung der Forscher werden erhoben. Darin sieht man eine Möglichkeit, von den quantitativen Datenerhebungen wegzukommen und die Fallorientierung zu steigern. Zentrales Anliegen der Praktiker ist, daß über die Methodik und die Ergebnisse von Forschungsarbeiten so berichtet wird, daß auch der Nicht-Wissenschaftler dem folgen kann.

Zusammenfassend zeigt sich, daß Praktiker sich zwar häufig Theorie-

und Forschungsfragen stellen, sich jedoch vielfach daran gehindert sehen, selbst etwas zu deren Beantwortung beizutragen. Als Gründe dafür werden nicht mangelnde Kompetenz, sondern fehlendes Geld und fehlende Zeit genannt.

Diese kleine Studie über das Verhältnis von Praktikerinnen und Praktikern zu Fragen von Theorie und Forschung in der Familientherapie zeigt, daß diese Wissenschaft nicht als das Fremde empfinden, sondern als genuinen Bestandteil des eigenen Handelns betrachten. Dies entspricht unserem Professionalisierungskonzept. Praktikerinnen und Praktiker haben *im Prinzip* keinerlei Mühe, ihre Erfahrungen und Probleme im therapeutischen Handeln in relevante Forschungsfragen umzuformulieren und auf diesem Wege die theoretische Entwicklung und Differenzierung familientherapeutischer Modelle voranzubringen. Was sie daran *hindert*, tatsächlich ihren Beitrag zu Forschung und Theorie zu leisten, ist die – aus ihrer Sicht – zunehmende Therapieferne von Forschung. Insbesondere wird dafür die Dominanz eines wissenschaftlichen Paradigmas verantwortlich gemacht, für das der Einzelfall keine relevante Forschungsgröße darstellt. Bei Praktikern steht die Person, das Paar, die Familie im Vordergrund, mit ihnen befassen sie sich in ihrem alltäglichen Handeln, und hier sehen sie einen Ansatz für Forschung.

Familientherapie zwischen praxisorientierter Forschung und forschungsorientierter Praxis: Welche Forschung braucht die systemische Therapie?

Wenn man die vorgestellten Überlegungen von Praktikern und Praktikerinnen zum Verhältnis von Forschung und Praxis durchsieht, dann ist es an erster Stelle die Erfahrungsbildung, welche den Blick des Forschers verdient. Ein erster Schritt zur Überwindung der Kluft zwischen Forschung und Praxis besteht darin, die Erfahrungsbildung von Therapeuten und Forschern zusammenzusehen. Dies ist allerdings kaum je der Fall, und mit diesem Problem stehen Familientherapeutinnen und Familientherapeuten nicht allein, es durchzieht alle therapeutischen Handlungsfelder, vor allem auch die Medizin. Erlauben wir uns kurz einen Blick auf die Perspektive eines Mediziners, der sowohl Praktiker als auch Forscher im Bereich der medizinischen Erfahrungsbildung ist. Peter Matthiessen (Ms. o. J., S. 9) schreibt:

Es soll daher geschlossen werden mit einem Plädoyer für eine Aufwertung der N1-Forschung, in der intraindividuell eine große Zahl relevant erscheinender Verlaufsparameter aufeinander bezogen werden, um möglichst dichte, umfassende Funktionsbilder von Krankheits- und Gesundheitsverläufen zu erhalten. Und dies bedeutet zugleich ein Plädoyer dafür, die komplexe ärztliche Wahrnehmungs-, Erfahrungs- und Urteilsbildung am konkreten Patienten wissenschaftlich salonfähig zu machen. Denn in dem Maße, wie diesen Fähigkeiten das Recht abgesprochen wird, valide Elemente medizinischer Erkenntnisbildung zu sein, besteht die Gefahr, daß sie es im Zuge einer self-fulfilling prophecy am Ende wirklich nicht mehr sind. Und es ist eigentlich nicht einzusehen, warum in der Medizin, die es ja stets mit einem ganzen Menschen zu tun hat, nicht alle Fähigkeiten des forschenden Arztes in den Dienst der Erkenntnis gestellt werden sollen.

Wie aber hält es die Forschung in unserem Bereich, der systemischen bzw. der Familientherapie, mit dem Einzelfall? Betrachten wir die Therapie-Evaluationsforschung, welche für die Brechtsche Frage „Wie handelt man, wenn man euch glaubt, was ihr sagt?" von besonderer Bedeutung ist. Eine Übersicht über die derzeitige Diskussion in diesem Bereich ergibt folgendes:

Über eines scheint Einigkeit bei den wichtigen Forschern in unserem Feld zu herrschen: daß es nicht die präsentierten Probleme an sich sind, aus deren Veränderung oder Nicht-Veränderung im Verlauf eines therapeutischen Prozesses ein Urteil über Erfolg oder Nicht-Erfolg abgeleitet werden kann. Statt dessen habe die Veränderungsmessung sich auch auf das zugrundeliegende Interaktionsproblem (auf die Beziehungsmuster oder, in unserer Sprache: auf die Fallstruktur) zu erstrecken (Wynne 1988, Haley 1977, zustimmend zitiert von Ludewig 1992). In anderen Worten: Evaluation habe sich auf die Messung von Veränderungen im Bereich der Lösungen zweiter Ordnung und nicht auf die auf kurzfristige Änderungen abzielenden Lösungen erster Ordnung primär zu beziehen. Letztere sind dadurch charakterisiert, daß sie Symptome ändern, ohne die diesen Symptomen zugrundeliegenden Muster zu erreichen.

Hier enden jedoch bereits die Gemeinsamkeiten zwischen den zitierten Autoren.

Hinsichtlich der Stellung des Einzelfalles in der Therapie-Evaluationsforschung gehen die Auffassungen weit auseinander. Reiss (1988, zitiert in Buchholz 1993, S. 49) schlägt eine an der klinischen Erfahrung ausgerichtete Theoriebildung vor, die sich an Freuds Fallgeschichten orientieren könne. Auch Steiner und Reiter (1988) verweisen auf die Notwendigkeit einer Rekonstruktion des Systems Familie in Einzelfallstudien. Als Methoden der Wahl nennen sie hermeneutische Ansätze. Ähnlich auch Buchholz (a.a.O.), der es jedoch nicht, wie Reiter und Steiner, bei dem allgemeinen Hinweis beläßt, sondern einige der derzeit in den Sozialwissenschaften gängigen Verfahren referiert.

Eher implizit plädiert Haley für rekonstruktive, einzelfallorientierte Verfahren, wenn er z. B. projektive Tests mit der Begründung ablehnt, daß diese Metaphern erzeugten, welche mit dem Forscher in Verbindung stehen, während der Patient jedoch mit seinen Angehörigen und nicht mit dem Forscher zusammenleben müsse (Haley 1977: 104). Mit anderen Worten: Haley interessiert sich für die Wirklichkeitskonstruktionen von Individuen, Paaren und Familien. Unseres Erachtens müssen Wege gefunden werden, diese in die Erfahrung der Forscher eingehen zu lassen – sie sind der Gegenstand der Forschung.

Einzelfallrekonstruktionen beziehen sich auf den Sinn sozialer Wirklichkeit für die Handelnden und auf die Prozesse der Konstruktion dieses Sinns. Sinnbezüge lassen sich jedoch nicht in statistischen Korrelationen ausdrücken, sie sind Verfahren des Verstehens, nicht des Erklärens. Einzelfallrekonstruktionen dienen dazu, Typiken von Problemlagen und Bewältigungsmustern zu konstruieren, während auf Erklären ausgelegte Wissenschaften bekanntlich zum Ziel haben, empirisch beobachtbare Phänomene unter allgemeine Gesetze zu subsumieren, um so die Wirklichkeit beherrschbar zu machen. Einer der Vertreter dieser Richtung schreibt:

> Eine wissenschaftliche Richtung, die nicht empirisch überprüfbare Gesetzeshypothesen aufstellt und Erklärungen anbietet, kann nicht den Anspruch erheben, dem Menschen Möglichkeiten anzubieten, steuernd in Ereignisabläufe eingreifen zu können. Wer nicht die kausalrelevanten Faktoren aufdeckt, verspielt die Fähigkeit zu gezielten Einflußnahmen“ (Möller 1977, zitiert nach Blankenburg 1981).

Systemisches Handeln ist jedoch dadurch charakterisiert, daß hier empirische Phänomene nicht in Dinge verwandelt werden, um sie dann, herausgelöst aus ihrem Kontext, einer Theorie unterzuordnen und sie so „nomokratisch“ (Blankenburg 1981: 16), mithin technisch zu bewältigen. In systemischer Sicht gewinnen Phänomene ihre Bedeutung aus dem jeweiligen Kontext, der deshalb in der Forschung berücksichtigt werden muß. Haley hat diesen Punkt gesehen, während Wynne (1988) auf quantifizierende Verfahren wie Pfadanalyse und multivariate Analysen nicht verzichten will. Das den erklärenden Wissenschaften zugrundeliegende Denkmodell ist nach unserer Auffassung mit den systemtheoretischen Grundlagen schlicht nicht kompatibel. Während die erklärenden (nomothetischen) Wissenschaften immer nur sagen können, was nach ihren Theorien *zu sein hat,* geht es den systemischen Therapeuten darum, mit den Klienten herauszufinden, was ihr Problem und was ihre Entwicklungsmöglichkeiten vor dem Hintergrund einer je spezifischen Geschichte, die auch eine Problemgeschichte ist, *sein bzw. werden könnte.*[3] Systemische Therapeuten benötigen daher keine Evaluationsforschung im Stile der erklärenden Wissenschaften, die ihr Handeln unter vorgefaßte Auffassungen subsumieren. Sie benötigen allerdings, um den anderen Pol zu benennen, auch keine idiographischen (das je Eigenartige erfassende und beschreibende) Wissenschaften, die lediglich angeben können, was ist. Sie benötigen strukturtheoretische Wissenschaften: also solche, die Fallstrukturen (Beziehungsmuster) rekonstruieren, die sich in einem Feld mehr oder weniger offener Möglichkeiten gebildet haben und die analysieren, welche Entwicklungsmöglichkeiten bei einem gegebenen Fall (Individuum, Paar, Familie, Gruppe) typischerweise in der Zukunft vorhanden sind.[4] Kurz: Sie benötigen Wissenschaften, die rekonstruieren, was sein *könnte* (Eco und Sebeok 1985, Peirce 1934, Weber 1988[7]).

Einzelfallforschung ist daher keine „harte“ Wissenschaft in dem Sinne, wie es die Wissenschaft beansprucht, die mit objektiven Daten, Tests, Messungen sowie der Logik linearer Kausalität arbeitet. Wahrscheinlichkeitsprognosen auf der Basis von Prozentzahlen kann die Einzelfallforschung nicht erstellen. In diesem Sinne ist sie eine „weiche“ Wissenschaft. Sie ist aber – im Unterschied zu den „harten“ Verfahren – solide in mindestens zweierlei Hinsicht:

1. Sie ist auf Erfahrung in einem kontrollierten Prozeß gegründet, während quantitativ verfahrende Wissenschaften in der Regel den Prozeß der Umsetzung von Erfahrung in zahlenmäßig ausdrückbare Verhältnisse nicht kontrollieren (Cicourel 1970).

2. Fallrekonstruktive Verfahren subsumieren den einzelnen Fall nicht unter eine – die statistische Repräsentativität garantierende – Vielzahl von Fällen. Daher wird das Einmalige hier nicht zum Verschwinden gebracht. Am einzelnen Fall wird studiert, was das Verhältnis von Allgemeinem und Besonderem ist. Der Fokus der fallrekonstruktiven Forschung und der Fokus der Praktiker ist also identisch, die Kluft zwischen Forschung und Praxis ist aufgehoben.

Insbesondere Forschende an Universitäten haben Schwierigkeiten, die Einzelfallforschung als seriös anzuerkennen. Dies hängt damit zusammen, daß medizinische und psychologische Fachbereiche vorwiegend vom naturwissenschaftlichen Forschungsparadigma geprägt sind. Jede alternative Orientierung, und sei sie noch so angemessen – man wird zugeben, daß der Blickwinkel sehr eingeschränkt ist, wenn man Menschen ausschließlich unter dem Aspekt der naturwissenschaftlichen Methodologie betrachtet –, stellt ein Risiko für die eigene wissenschaftliche Karriere dar. Die Frage, ob Einzelfallforschung für Therapeuten (als wichtigste Ansprechpartner von Therapieforschern) relevant ist oder nicht, wird damit nicht in bezug auf die Sache, sondern von der Wissenschaftspolitik her entschieden. Relevante Forschung, wie sie von den Praktikerinnen und Praktikern in unserer Untersuchung gefordert wird, werden wir daher nicht in erster Linie von der universitären Medizin oder Psychologie zu erwarten haben, sondern eher an deren Rändern antreffen: dort, wo Praktiker ihr Forschungsinteresse kultivieren können und Quellen gefunden haben, um dieses zu finanzieren[5]; in Institutionen, die aus dem wissenschaftlichen *rat race* ausgestiegen sind und deren Mitarbeiter sich – frei von Karrierezwängen – der „Hingabe an die Sache" (Max Weber) widmen können, und – nicht zuletzt – von Angehörigen universitärer Fachbereiche am Rande der therapeutischen Fächer, wie etwa der Soziologie, die in ihrem Wissenschaftsverständnis offener ist als die Medizin oder (noch) die Psychologie (vgl.

---

[3] Insofern ist Cierpka nicht zuzustimmen, wenn er dekretiert, „daß auf die lineare Kausalität aus klinischen Gründen nicht verzichtet werden kann" (1989: 227). Systemische Therapeuten fragen eben nicht: „Woher kommt diese Änderung?" (ebenda), sondern sie fragen: Was bedeutet in diesem Kontext unter diesen Bedingungen diese Änderung? Diese Frage ist eben keine der linearen Kausalität.

[4] „Ästhetisch und intellektuell gilt, daß nur dann eine Wirklichkeit verstanden und gedacht worden ist, wenn ihr Wirklichsein (esse) in ihr Seinkönnen (posse) aufgelöst ist"(Kierkegaard 1994[3], S. 26).

Bergold u. Flick 1987). Vor allem diesen wissenschaftlichen Grenzgängern werden wir nun einen Vorschlag unterbreiten, wie Verfahren der Einzelfallforschung so eingesetzt werden können, daß sie sowohl für die Theoriebildung als auch für die Belange der Praxis bedeutsam sind.

Zur interpretativ-fallrekonstruktiven Methode. Fallrekonstruktive Verfahren haben eine lange Tradition in der Therapieforschung, wenn wir diese unter dem Aspekt der Entwicklung der theoretischen Grundlagen therapeutischen Handelns einerseits und als Verfahren zur Überprüfung der Wirksamkeit therapeutischen Handelns andererseits verstehen. Von den älteren Autoren haben wir bereits Freud genannt, der seine theoretischen Überlegungen jeweils an Fällen entwickelte. Auch Binswanger zog zur Fundierung der Daseinsanalyse Fallstudien heran, wobei er – im Unterschied zu und in Auseinandersetzung mit Freud – die aktive Auseinandersetzung des Individuums mit seinem „Triebschicksal" wie auch mit seinen allgemeinen Lebensverhältnissen und damit die Autonomie des Subjekts betont (Freud und Binswanger 1992). In diesem Zusammenhang ist auch das Kapitel über „Biographik" in der *Allgemeinen Psychopathologie* von Karl Jaspers (1946[4]) zu erwähnen, in welchem auf die Notwendigkeit der Fallstudie für die Theoriebildung im Bereich der Psychiatrie hingewiesen wird.

Nach einer Phase der Vorherrschaft von Forschungen, die im Geiste des quantitativen Paradigmas entstanden ist, werden seit einigen Jahren im universitären Bereich Therapiestudien veröffentlicht, die auf Fallrekonstruktionen gegründet sind. Dies bedeutet im übrigen auch, daß die von Praktikerinnen und Praktikern erhobene Forderung nach praxisnahen, auf Fälle bezogenen Untersuchungen zunehmend von der Forschung ernst genommen wird. Vorwiegend handelt es sich dabei allerdings um Autoren, die eine doppelte berufliche Orientierung haben, indem sie sowohl forschend als auch praktisch tätig sind. Für den Bereich der Sozialarbeit/Sozialpädagogik sei die Studie von Allert, Bieback-Diel u. a. (1994) erwähnt, in der die Autoren die sozialpädagogische Famili-

[5] Wir erinnern an unsere kleine Umfrage, die auch erbracht hat, daß kreative therapeutische Konzeptentwicklung systemisch orientierter Therapeutinnen und Therapeuten vorwiegend in der Privatpraxis zu erwarten ist, wo sie nicht, wie vielfach in öffentlichen Institutionen wie z. B. Universitätskliniken, durch imperialistisch sich verhaltende und damit die Vielfalt einengende wissenschaftliche Orientierungen restringiert werden.

enhilfe im Spannungsfeld zwischen Pädagogik und Therapie untersuchen und aus den Ergebnissen Folgerungen für die Praxis dieser Handlungsform ableiten. Der Schulpsychologe Andrea Lanfranchi (1993) hat die Frage des Schulerfolgs von Kindern aus Arbeitsmigrantenfamilien in der Schweiz im Verhältnis zu den Biographien dieser Familien untersucht und daraus praktische Folgerungen zur Einbeziehung der Familie unter dem Aspekt ihrer Fallstrukturproblematik in die Arbeit der Schulpsychologie entwickelt. Hildenbrand (1991) verwendete sowohl bei seiner Untersuchung der Familiensituation und alltagsweltlichen Orientierung Schizophrener als auch bei der Untersuchung von psychiatrischen Übergangseinrichtungen fallrekonstruktive Verfahren. Welter-Enderlin (1989) benutzte Verfahren der Einzelfallrekonstruktion sowohl in ihrer Studie zum *Krankheitsverständnis und zur Alltagsbewältigung in Familien mit chronischer Polyarthritis* als auch in ihrer Katamnese von Paaren, die in eine Krise geraten waren und therapeutische Hilfe aufgesucht hatten (Welter-Enderlin 1995[4]).

In diesen Studien ist das methodische Vorgehen jeweils ausführlich erörtert. Wir können uns daher in diesem Kapitel auf einige Stichworte zu theoretischen Grundannahmen und methodischen Vorgehensweisen beschränken.

Fallrekonstruktiven Verfahren liegt die Auffassung zugrunde, daß in der Analyse der historischen Konkretion eines Falles das Verhältnis von Allgemeinem und Besonderem von vornherein thematisch ist. Es kommt dann darauf an, zu rekonstruieren, wie der Fall seine spezifische Wirklichkeit im Kontext allgemeiner Bedingungen konstruiert hat:

Erstens kann davon ausgegangen werden, daß jeder Fall[6] (Individuum, Paar, Familie) seine besondere Allgemeinheit in dem Sinne konstituiert, daß er nicht ausschließlich allgemeinen Regelhaftigkeiten folgt, sondern in einer Auseinandersetzung mit diesen eine Eigenständigkeit herausbildet. *Zweitens* kann man sagen, daß ein Fall im Prozeß der Auseinandersetzung mit lebenspraktischen Erfordernissen eine Sinnstruktur entwickelt hat, die sich ständig reproduziert bzw. transformiert. Gegenstand der Fallrekonstruktion ist dann die Herausarbeitung der jeweils spezifischen Struktur in ihrer Reproduktions- und Transformationsgesetzlichkeit.[7] *Drittens* wird mit einer solchen Fallstruktur thematisiert, nach welcher regelhaft-habituellen Weise Menschen ihre Welt sehen, deuten und handelnd in sie eingreifen, kurz: sie als sinnhafte konstruieren.[8]

Dieser Sinnzusammenhang, den die Untersuchten ausbilden, ist vielschichtig. Seine höchste Komplexität erreicht er in der Sprache, die darum die zentrale Materialquelle bei der Fallrekonstruktion darstellt. Aber er zeigt sich auch in anderen Ausdrucksqualitäten, die beschrieben und damit vertextet werden können. Ein Beispiel hierfür ist das wechselseitige nonverbale Verhalten während eines therapeutischen Gesprächs, insbesondere Sitzordnung, Körperhaltung, Kleidung, Blickkontakt, Mimik etc. (Spengler 1994). Auch die Beschreibung von Wohnungseinrichtungen wäre zu nennen. Wir haben weiter oben die Auffassung vertreten, daß die Besonderheit des Falles im Kontext allgemeiner Regelhaftigkeiten in einem Prozeß erfolgt, in welchem die betreffenden Klienten aus einem Horizont objektiver Möglichkeiten spezifische (auferlegte oder selbstgesteuerte) Wahlen treffen. Dieser spezifische Selektionsprozeß steht im Mittelpunkt der Fallrekonstruktion. *Viertens* ist zu beachten, daß die Fallrekonstruktion, wenn es um Therapiestudien geht, im Dienste der Entwicklung eines allgemeinen Aussagezusammenhangs über ein jeweiliges theoretische Thema steht, für sich alleine also nichts erklärt.

Wir fassen zusammen: *Strukturell* ist die Logik des wissenschaftlichen Fallverstehens nicht unterschieden von der Logik der Fallrekonstruktion im Dienste der therapeutischen Arbeit. Es gibt jedoch drei Unterschiede zwischen wissenschaftlicher und therapeutischer Fallrekonstruktion: (1) Die wissenschaftliche Fallrekonstruktion erfolgt nicht unter Handlungsdruck. (2) Während die therapeutische Fallrekonstruktion ihren Zweck erfüllt hat, wenn das therapeutische Problem gelöst ist, und daher nur punktuell erfolgen muß, ist das Ziel der wissenschaftlichen Fallrekonstruktion, möglichst umfassend einen Fall zu beleuchten. (3) Bei der fallrekonstruktiven Forschung wird der Fallvergleich im Sinne einer minimalen und maximalen Kontrastierung (Strauss 1991) systematisch und explizit durchgeführt, während im therapeutischen Handeln Fallvergleiche zwar auch ständig vorgenommen werden[9], weil sie genuiner Bestandteil therapeutischer Erfahrungsbildung sind, jedoch eher impli-

---

[6] Im folgenden wird der Einfachheit halber immer vom „Fall“ die Rede sein, wenn dies auch mitunter hölzern-distanzierend wirkt, vor allem dann, wenn man sich in therapeutischen Kontexten bewegt, wo man es eben mit Menschen und nicht mit Fällen zu tun hat. „Fall“ ist, was „der Fall ist“, und diese Redeweise ziehen wir dem weitaus technischeren Begriff des „Systems“ vor.

zit bleiben. Nach diesen vier theoretischen Grundannahmen der fallrekonstruktiven Sozialforschung werden wir im weiteren *fünf methodische Schritte im fallrekonstruktiven Vorgehen* vorstellen.

Auswahl und Grenzen des Falles. Die Auswahl ergibt sich aus der Fragestellung des Forschungsvorhabens. Sie setzt umfangreiche Vorinformationen über das zu untersuchende Feld voraus. In einer gedankenexperimentellen Konstruktion wird erkundet, welcher Fall zur Bearbeitung des vorliegenden Forschungsproblems geignet sein könnte. Unter einem Fall wird dabei, wie erwähnt, eine soziale Einheit verstanden, die eine eigene Strukturiertheit ausgebildet hat: eine Person, ein Paar, eine Familie.

Was bei ihnen der Fall ist und wo die Grenzen ihres Falles liegen, kann vorab nur vermutet werden und ergibt sich schließlich aus der Auseinandersetzung mit der Individualität einer sozialen Einheit im Forschungsprozeß selbst. Ist z. B., wie in diesem Buch, die therapeutische Arbeit mit einer bäuerlichen Familie der Untersuchungsgegenstand, dann wäre die voreilige Eingrenzung der Falleinheit „bäuerliche Familie" auf die erweiterte Haushaltsfamilie oder, unter der Annahme, daß die bäuerliche Familie sich der städtischen Familie angeglichen habe, auf die Kernfamilie unangemessen. Die Familiengrenzen sind von Hof zu Hof unterschiedlich gezogen, und dies herauszufinden ist Teil der Untersuchung selbst. Es ergibt sich dann aus der Forschungsfrage, wie weit der Fall und seine Grenzen ausgelotet werden, d. h. wo man mit der Datenerhebung und Datenanalyse aufhört. Im systemischen Verständnis wird im übrigen unter „Fall" nicht ein a priori definiertes Klientensystem verstanden, sondern der Interaktionskontext, innerhalb dessen sich die Therapie entwickelt.

Zugang zum relevanten Feld. Während vielfach angenommen wird, der Zugang würde dadurch erleichtert, daß man möglichst das Bekannte untersucht, ist genau das umgekehrte Verfahren richtig: Je fremder das Feld, desto eher können Sozialforscher als Fremde auftreten, denen die Forschungssubjekte etwas Neues zu erzählen haben, und desto fragwürdiger wird für die Forscher die Alltäglichkeit des Lebenszusammenhangs der Forschungssubjekte. Die Fremdheit des Feldes hindert die

---

7 U. Oevermann (1981).

8 A. Schütz (1960²); A. Gurwitsch (1976).

Forscher daran, das Beobachtete zu normalisieren, indem sie sich an ihrem eigenen Verständnis des Alltäglichen orientieren.[10]

Datenerhebung. Zentral ist, daß Material generiert wird, welches sequentiell organisiert ist und somit die Rekonstruktion einer Fallstruktur ermöglicht, die ja gerade durch ihre Sequentialität definiert ist – die Fallstruktur entsteht im Prozeß, wird reproduziert und transformiert. Geht es um Individuen und Familien im Therapieprozeß, dann wird als Datenbestand erforderlich sein: ein Gespräch mit den Mitgliedern dieser sozialen Einheit, in dem vor allem deren Geschichte thematisiert werden sollte, eine in der Form eines Genogramms organisierte Aufstellung der sozialstatistischen Daten einer Familie über mehrere Generationen, Videobänder über den gesamten Therapieprozeß sowie Interviews mit der Therapeutin oder dem Therapeuten. Des weiteren sind nach der Beendigung der Therapie Nachfolge-Interviews mit den Klienten über mehrere Jahre hinweg unverzichtbar, will man Aussagen über die Wirksamkeit des therapeutischen Prozesses machen. Diese Informationen werden, sofern sie nicht schon textförmig vorliegen, anschließend verschriftet.

Datenanalyse. Das grundlegende Prinzip der fallrekonstruktiven Forschung ist die Sequenzanalyse. Ihr Ziel ist es, die Sinnstrukturen eines Falls im sequentiellen Ablauf ihrer Reproduktion zu rekonstruieren.[11] Datenerhebung und Datenanalyse sind keine getrennt voneinander durchzuführenden Schritte. Statt dessen beginnt die Analyse unmittelbar nach Erhebung des ersten Gesprächsmaterials, es werden erste Hypothesen gebildet und die nächsten Datenerhebungsschritte so angelegt, daß diese Hypothesen falsifikatorischen Tests unterzogen werden können.[12] Eine Fallrekonstruktion kann als vorläufig abgeschlossen gelten, wenn eine integrierte, d. h. alle für den Untersuchungszweck wichtigen Aspekte berücksichtigende Fallstrukturhypothese formuliert werden kann.

Fallkontrastierung. Fallkontrastierungen dienen dazu, das soziale Feld, das untersucht werden soll, möglichst umfassend zu erschließen. Dabei gehen wir so vor, daß auf der Basis einer herausgearbeiteten Fallstrukturhypothese ein Fall gesucht wird, der in bezug auf die zentralen Strukturierungsebenen des Handelns zu dem gerade untersuchten Fall maximal kontrastiert. Beispielsweise könnte der Therapieprozeß bei einer der

---

9 „Das ist doch ähnlich bzw. völlig anders als bei ...“

dargestellten Familie Brenner ähnlichen Familie mit einem chronifizierten Patienten in einer psychiatrischen Klinik untersucht werden. Die Kontrastierungsebene wäre dann die des therapeutischen Settings. Oder man würde nach einer Bauernfamilie suchen, die zwar kein Problem mit der Bewältigung des Modernisierungsprozesses zu haben scheint, in der gleichwohl Alkoholismus bzw. psychotische Episoden diagnostiziert wurden. In diesem Fall wäre die Kontrastierungsebene die Stellung der bäuerlichen Familie im Modernisierungsprozeß. Man könnte auch die Diagnose variieren und Bauernfamilien bzw. dort vorkommende Therapieprozesse untersuchen, in denen eine Drogenproblematik eines Sohnes oder einer Tochter der Fokus einer Therapie ist. Dieses kontrastierende Vorgehen wird in der Grounded Theory „theoretical sampling" genannt und ist geeignet, mit Hilfe relativ weniger Fälle zu weitreichenden theoretischen Aussagen zu kommen.

Supervisionsgruppen sind im übrigen hervorragend geeignete Orte, um relevante Kontrastfälle aufzuspüren. Der zur Kontrastierung ausgewählte Fall wird nach der Logik der Fallrekonstruktion untersucht. Daraufhin werden die nunmehr vorliegenden zwei Fallstrukturhypothesen miteinander verglichen. Insbesondere die Abweichungen von der erwarteten Kontrastierung sind dabei interessant. Dieses Verfahren wird so lange fortgesetzt, bis die sich im Rahmen dieses Verfahrens entwickelnde Theorie als hinreichend gesättigt erscheint.

Abschließend soll die Frage behandelt werden, wie sich dieses Konzept einer fallrekonstruktiven Forschung organisatorisch umsetzen läßt. Wir plädieren vor allem für *joint ventures zwischen Forschungseinrichtungen und Praxis* (Beratungsstellen, Kliniken, freie Praxen). Dem liegt die Überlegung zugrunde, daß ein Problem von Universitätskliniken darin besteht, daß sie in der Regel zu weit vom regionalen Kontext der Klienten entfernt liegen, um diesen angemessen in die Untersuchung einbeziehen zu können, und daß sie üblicherweise eine ausgewählte Klientel

---

10 Dies gilt natürlich auch für die – sei es zu Zwecken der Darlegung eines Therapiekonzepts, sei es zu Forschungszwecken – hier vorgelegte Studie des Therapieverlaufs bei der Familie Brenner. Wir haben uns dennoch für den mühsamen Weg, uns selbst zum Gegenstand der Reflexion zu machen, entschieden, weil wir unser eigenes Handlungskonzept und nicht das anderer vorstellen wollen.

11 Zum Vorgehen vgl. Oevermann u. a. 1979, Hildenbrand 1987. Zu den Grundlagen qualitativer Sozialforschung insgesamt vgl. Strauss 1991.

12 B. Glaser und A. Strauss 1967; A. Strauss a.a.O.

haben, weil sie nicht – bis auf Ausnahmen – in die Regelversorgung integriert sind, den Alltag von Beratung und Therapie daher nicht in vollem Umfang erfassen können. Ein zweites Hindernis für eine Forschung in unserem Sinne an Universitätskliniken ist, daß Forschung dort oft in den eingeschränkten Zeitrahmen von Forschungsprojekten bzw. von Qualifikationsarbeiten eingebunden ist und sich daher der zeitlichen Eigenlogik von Therapieprozessen nicht ohne weiteres einfügen läßt. Das dritte Problem der Forschung in Universitätseinrichtungen, der Paradigmen-Imperialismus, wurde bereits angesprochen.

Gegenüber diesen einschränkenden Bedingungen der klassischen Forschungsinstitutionen verfügen Praktiker außerhalb universitärer Einrichtungen in der Regel über eine regionale Vernetzung, sie kennen die Langzeitverläufe ihrer Klienten, und sie arbeiten mit einem offenen Zeithorizont. Daher verfügen Praktiker über einen wertvollen Fundus an Daten.

Eine weitere Quelle für Daten stellen Supervisionsgruppen dar. Auch diese (einschließlich der Supervisoren) können zur Therapieforschung einen beträchtlichen Beitrag leisten. Weil die Logik der Fallrekonstruktion im Rahmen einer Supervision und die Logik der Fallrekonstruktion im Rahmen der Therapieforschung strukturell nicht voneinander geschieden sind, wäre es sogar denkbar, beide Interessen zusammenzuspannen und dies dann in Form eines Lehrforschungsprojekts zu organisieren.

In jedem Falle wäre der Charakter des *joint venture* zu gewährleisten in Form einer Kooperation von Praktikern und Experten aus der Forschung.

Dach des Ganzen könnte eine Zeitschrift sein, in welcher fallzentriert praktische Forschung und forschende Praxis ihren Austausch öffentlich machen. Eine „Kluft" zwischen Forschung und Praxis sollte dann kein Thema mehr sein.

Mit unserem Ausbildungsinstitut für systemische Therapie und Beratung haben wir einen personellen und organisatorischen Rahmen geschaffen, der es uns ermöglicht, diesen Entwurf zur Überwindung der „Kluft" zwischen Theorie und Praxis in die Tat umzusetzen, und dieses Buch sollte einer der Prüfsteine dafür sein.

Literaturverzeichnis

Allert, T., Bieback-Diel, L. u. a. (1994) Familie, Milieu und pädagogische Intervention. Münster: votum

Anderson, H., Goolishian, H. A. (1990) Menschliche Systeme als sprachliche Systeme. Familiendynamik Jg. 15 Heft 3, S. 212–243

v. Baeyer, W. (1963) „Der Begriff der Begegnung in der Psychiatrie." In: E. Straus, J. Zutt (Hrsg.) Die Wahnwelten (Endogene Psychosen). Frankfurt a. M.: Akademische Verlagsgesellschaft, S. 218–235

v. Baeyer, W. (1978) „Über die Bedeutung psychiatrischer Schlüsselwörter". In: A. Kraus (Hrsg.) Leib Geist Geschichte. Brennpunkte anthropologischer Psychiatrie. Heidelberg: Hüthig, S. 29–44

Bateson, G. (1983[6]): Ökologie des Geistes, Frankfurt a. M.: Suhrkamp

Bateson, G. (1983[6]) Die Kybernetik des „Selbst" - Eine Theorie des Alkoholismus. In: ders., Ökologie des Geistes, Frankfurt a. M.: Suhrkamp, S. 400–435

Beck, A.T., Kovacs, M., Weissman, A. (1975): Hopelessness and suicidal behavior: An overview. Journal of the American Medical Association 234, S. 1146–1149

Beck, U., Beck-Gernsheim, E. (1993) Nicht Autonomie, sondern Bastelbiographie. Zeitschrift für Soziologie Jg. 22 Heft 3, S. 178–187

Bepko, C., Krestan, J., (1985): The responsibility trap: a blueprint for treating the alcoholic family, New York: The Free Press

Berger, P., Luckmann, T. (1970) Die gesellschaftliche Konstruktion der Wirklichkeit. Frankfurt a. M.: Fischer

Bergold, J. B., Flick, U. Hrsg. (1987) Ein-Sichten. Zugänge zur Sicht des Subjekts mittels qualitativer Forschung. Tübingen: dgvt

Bericht über die Lage der Psychiatrie in der Bundesrepublik Deutschland. Drucksache 7/4200 des Deutschen Bundestags, 7. Wahlperiode

Bernal, G., Ysern, E. (1986) Family therapy and ideology. JMaFamTher 12, S. 120–134

v. Bertalanffy, L. (1968) General system theory. New York: George Braziller

Binswanger, L. (1992) Formen mißglückten Daseins. Ausgewählte Werke Bd. 1, hrsg. von M. Herzog. Heidelberg: Asanger

Blankenburg, W. (1981) Nomothetische und idiographische Methodik in der

Psychiatrie. Schweizer Archiv für Neurologie, Neurochirurgie und Psychiatrie Bd. 128 Heft 1, S. 13–20
Blankenburg, W. (1984) „Biographie und Krankheit". In: „Medicus oecologicus" – Der Arzt im Spannungsfeld zwischen Innen- und Außenwelt. Mannheim: ima, S. 45–96
Blankenburg, W. (1985) „‚Geschichtlichkeit' als Perspektive von Lebensgeschichte und Krankengeschichte". In: K.-E. Bühler und H. Weiß (Hrsg.) Kommunikation und Perspektivität. Würzburg: Könighausen und Neumann, S. 67–73
Boscolo, L., Bertrando, P. (1994): Die Zeiten der Zeit. Heidelberg: Auer
Bowen, M. (1971/72): Toward the differentiation of self in one's family of origin, in: Andres F., Lorio J. (Hrsg.), Georgetown Family Symposia, Bd.1, Washington, DC: Department of Psychiatry
Bowen, M. (1978) Family therapy in clinical practice. New York: Jason Aronson
Brose, H. G., Hildenbrand, B. Hrsg. (1988) Vom Ende des Individuums zur Individualität ohne Ende. Opladen: Leske und Budrich
Buchholz, M. B. (1993) Dreiecksgeschichten - Eine klinische Theorie psychoanalytischer Familientherapie. Göttingen: Vandenhoek & Ruprecht
Burkart, G., Kohli, M. (1992) Liebe Ehe Elternschaft – Die Zukunft der Familie. München: Piper
Castel, R. (1979) Die psychiatrische Ordnung. Frankfurt a. M.: Suhrkamp
Castel, F., Castel, R., Lovell, A. (1982) Psychiatrisierung des Alltags. Frankfurt a. M.: Suhrkamp
Cecchin, G. (1988) Zum gegenwärtigen Stand von Hypothetisieren, Zirkularität und Neutralität: Eine Einladung zur Neugier. Familiendynamik 13, S. 190-203
Cecchin, G. u.a. (1992) Respektlosigkeit – Eine Überlebensstrategie für Therapeuten. Heidelberg: Auer
Cicourel, A. V. (1970) Methode und Messung in der Soziologie. Frankfurt a. M.: Suhrkamp
Cierpka, M. (1989) Das rote Tuch der linearen Kausalität. System Familie Bd. 2 Heft 4, S. 223–228
Ciompi, L. (1982): Affektlogik. Über die Struktur der Psyche und ihre Entwicklung. Ein Beitrag zur Schizophrenieforschung. Stuttgart: Klett-Cotta
Comfort, A. (1972): The joy of sex. New York: Simon und Schuster
Eco, U., Sebeok, T. A. (1985) Der Zirkel oder Im Zeichen der Drei – Dupin, Holmes, Peirce. München: Fink
Fischer, H. R., Retzer, A., Schweitzer, J. (1992) Das Ende der großen Entwürfe. Frankfurt a. M.: Suhrkamp
Fischer, H. R., Schweitzer, J. (1992) Zur Rezeption von Philosophie durch systemische Praktiker. In: J. Schweitzer, A. Retzer, H. R. Fischer (Hrsg.) Systemische Praxis und Postmoderne. Frankfurt a. M.: Suhrkamp, S. 78–86
Fivaz, E. u. a. (1994) Die non-verbale Kommunikation zwischen Therapeut und Paar. Beobachtungsdaten und ihre mikroanalytische Untersuchung. System Familie Jg. 7 Heft 2, S. 66–82

Frank, J. D. (1981) Die Heiler. Stuttgart: Klett-Cotta
Frank, M. (1986) Die Unhintergehbarkeit von Subjektivität. Frankfurt a. M.: Suhrkamp
Freud, S., Binswanger, L. (1992) Briefwechsel 1908–1938, hrsg. von G. Fichtner. Frankfurt a. M.: Fischer
Gadamer, H.-G. (1989) Hermeneutik. In: Historisches Wörterbuch der Philosophie Bd. 3 Sp. 1061–1073
Gadamer, H.-G. (1993) Über die Verborgenheit der Gesundheit. Frankfurt am Main: Suhrkamp
Gildemeister, R. (1992) Neuere Aspekte der Professionalisierungsdebatte. Neue Praxis 3, S. 207–219
Ginzburg, N. (1995) Meine Psychoanalyse. In: dieselbe, Nie sollst Du mich befragen. Frankfurt a. M.: Fischer, S. 39–46
Glaser, B. G., Strauss, A. L. (1967) The Discovery of Grounded Theory: Strategies for Qualitative Research. Chicago: Aldine
Grathoff, R. (1989) Milieu und Lebenswelt. Frankfurt a. M.: Suhrkamp
Güc, F. (1991) Familientherapie mit Immigrantenfamilien. Familiendynamik Jg. 16 Heft 1, S. 3–23
Gurwitsch, A. (1976) Die mitmenschlichen Begegnungen in der Milieuwelt. Berlin: de Gruyter
Haley, J. (1977) Direktive Familientherapie. München: Pfeiffer
Haley, J. (1981): Ablösungsprobleme Jugendlicher. München: Pfeiffer
Haley, J. (1993) Über die Kunst, ein Supervisor zu sein, ohne zu wissen, wie man jemanden verändert. Z. f. syst. Ther. Jg. 13 Heft 1, S. 39–50
Heidelberger Gruppe (1986): Zur Familiendynamik bei manisch-depressiven Psychosen. Familiendynamik Jg. 11 Heft 4
Hildenbrand, B. (1983): Alltag und Krankheit. Stuttgart: Klett-Cotta
Hildenbrand, B. (1985) Familiensituation und Ablöseprozesse Schizophrener. Soziale Welt 36, S. 336–348
Hildenbrand, B. (1987) Wer soll bemerken, daß Bernhard krank wird? Familiale Wirklichkeitskonstruktionsprozesse bei der Erstmanifestation einer schizophrenen Psychose. In: J. B. Bergold, U. Flick (Hrsg.) Ein-Sichten – Zugänge zur Sicht des Subjekts mittels qualitativer Forschung. Tübingen: dgvt, S. 161–162
Hildenbrand, B. (1990) Geschichtenerzählen als Prozeß der Wirklichkeitskonstruktion in Familien. System Familie Bd. 3 Heft 4, S. 227–236
Hildenbrand, B. (1991) Alltag als Therapie – Ablöseprozesse Schizophrener in der psychiatrischen Übergangseinrichtung. Bern, Stuttgart: Huber
Hildenbrand B., u. a. (1992) Bauernfamilien im Modernisierungsprozeß. Frankfurt a. M.: Campus
Hildenbrand, B., Jahn, W. (1988) „Gemeinsames Erzählen" und Prozesse der Wirklichkeitskonstruktion in familiengeschichtlichen Gesprächen. Zeitschrift für Soziologie Jg. 17 Heft 3, S. 203–217
Hoffman, L. (1982) Grundlagen der Familientherapie. Hamburg: ISKO
Honegger, C., Heintz, B. Hrsg. (1984) Listen der Ohnmacht. Zur Sozialgeschichte weiblicher Widerstandsformen. Berlin: EVA

Imber-Black, E. (1990) Rituale des Heilens und des Feierns. System Familie Bd. 3 Heft 4, S. 237–250

Imber-Black, E. u. a. (1993) Rituale in Familien und Familientherapie. Heidelberg: Auer

Jaspers, K. (1946⁴) Allgemeine Psychopathologie. Heidelberg: Springer

Kaufmann, L., Fivaz, E., Fivaz, R. (1980): Ein neues systemisches Modell für die therapeutische Funktion in der Familie. In: Duss-von Werdt, J., Welter-Enderlin, R., Der Familienmensch. Stuttgart: Klett Cotta, S. 138–149

Kelly, G. A. (1986) Die Psychologie der persönlichen Konstrukte. Paderborn: Junfermann

Kierkegaard, S. (1994³) Abschließende unwissenschaftliche Nachschrift zu den Philosophischen Brocken Zweiter Teil. Gütersloh: Gütersloher Taschenbücher

Kohli, M. (1988) Normalbiographie und Individualität: Zur institutionellen Dynamik des gegenwärtigen Lebenslaufregimes. In: H. G. Brose, B. Hildenbrand (Hrsg.) Vom Ende des Individuums zur Individualität ohne Ende. Opladen: Leske und Budrich, S. 33–54

Lacan, J. (1991) Gesammelte Schriften I. Weinheim: Quadriga

Lakoff, G., Johnson, M. (1980) Metaphors we live by. Chicago: The University of Chicago Press

Lanfranchi, A. (1993) Immigranten und Schule. Opladen: Leske und Budrich

Laplanche, J., Pontalis, J.-B. (1994¹²) Das Vokabular der Psychoanalyse. Frankfurt a. M.: Suhrkamp

Lepsius, M. R. (1965) Immobilismus: Das System der sozialen Stagnation in Süditalien. In: Jahrbuch für Nationalökonomie und Statistik Bd. 177, S. 304–372

Levi, C. (1982) Christus kam nur bis Eboli. München: dtv

Levold, T. (1994): Die Betonierung der Opferrolle. Zum Diskurs der Gewalt in Lebenslauf und Gesellschaft. System Familie Jg. 7 Heft 1, S. 19–32

Lewin, K. (1987) Titel in: Weisbrod, M. R. (Hrsg.) Productive Workplaces. San Francisco: Jossey-Bass, S. 88–91

Luckmann, T., Sprondel, W.M. (1972) Berufssoziologie. Köln: Kiepenheuer und Witsch

Ludewig, K. (1992) Systemische Therapie – Grundlagen klinischer Theorie und Praxis. Stuttgart: Klett-Cotta

Luhmann, N. (1973) Vertrauen – Ein Mechanismus zur Reduktion der sozialen Komplexität. Stuttgart: Enke

Mahoney, M. J. (1991) Human Change Processes - The Scientific Foundation of Psychotherapy, New York: Basic Books

Matthiessen, P. (o. J.) Zur Theorie und Empirie von Mistelgesamtextrakten in der Onkologie. Ms.

McDaniel, S. H., Landau-Stanton, J. (1991) Family-of-Origin work and family therapy skills training: both - and. Family Process Jg. 30, S. 459–471

McGoldrick, M. und Gerson, R. (1990) Genogramme in der Familienberatung. Bern: Huber

Mead, G. H. (1969) Philosophie der Sozialität. Frankfurt a. M.: Suhrkamp
Miller, D. (1994) Women who hurt themselves. New York: Basic Books
Möller, H.-J. (1977) Methodenkritische Untersuchung zu hermeneutischen und teleologischen Forschungsansätzen in der psychoanalytisch orientierten Psychosomatik. Fortschr. Neurol. Psychiat. Jg. 45, S. 579–595
Oevermann, U. (1980) Struktureigenschaften sozialisatorischer und therapeutischer Interaktion. Ms.
Oevermann, U. (1981) Fallrekonstruktion und Strukturgeneralisierung. Ms.
Oevermann, U. u. a. (1979) Die Methodologie einer „objektiven Hermeneutik" und ihre allgemeine forschungslogische Bedeutung in den Sozialwissenschaften. In: H. G. Soeffner (Hrsg.) Interpretative Verfahren in den Sozial- und Textwissenschaften. Stuttgart: Metzler, S. 352–434
Olson, D. H., McCubbin, H. I. u. a. (1983) Families – What makes them work. Beverly Hills: Sage Publ.
Papp, P., Imber-Black, E. (1996) Familienthemen: Übergänge und Wandel. System Familie Bd. 9 Heft 1
Parsons, T. (1965) Struktur und Funktion der modernen Medizin. Kölner Zeitschrift für Soziologie und Sozialpsychologie Sonderheft 3: Probleme der Medizin-Soziologie, S. 10–37
Peirce, C. S. (1934) Collected Papers Vol. V. Cambridge: The Belknap of Harvard University Press
Reiss, D. (1981) The family's construction of reality. Cambridge: Harvard University Press
Reiss, D., (1988) Theoretical vs. tactical inferences: Or, how to do family psychotherapy research without dying of boredom. In: Wynne, L. C. (Hrsg.) The state of the art in family therapy research. New York: Family Process Press, S. 33–45
Reiter, L. (1984) Interaktionelle und familientherapeutische Aspekte der Depression. In: U. Kropiunigg U. (Hrsg.) Umfelder der Medizin: Familie. Wien: Facultas-Verlag, S.101-133
Retzer, A. u. a. (1988) Katamnese manisch-depressiver und schizo-affektiver Psychosen. Familiendynamik Jg. 14 Heft 3, S. 214–235
Rotthaus, W. (1989) Die Auswirkungen systemischen Denkens auf das Menschenbild des Therapeuten und seine therapeutische Arbeit. Prax. Kinderpsychol. Kinderpsychiat Jg. 38, S. 10–16
Ruesch, J., Bateson, G. (1995) Kommunikation – Die soziale Matrix der Psychiatrie. Heidelberg: Auer
Rücker-Embden-Jonasch, J. Ebbecke-Nohlen, A. Hrsg. (1992) Balanceakte. Heidelberg: Auer
Sartre, J. P. (1964) Marxismus und Existentialismus – Versuch einer Methodik. Reinbek bei Hamburg: Rowohlt
Schaeffer, D. (1990) Psychotherapie zwischen Mythos und Entzauberung. Opladen: Westdeutscher Verlag
Schapp, W. (1976²) In Geschichten verstrickt – Zum Sein von Mensch und Ding. Wiesbaden: B. Heymann

Schmidt, G., (1991) Beziehungsmuster und Glaubenssysteme bei Kindern von Suchtkranken – eine systemische Betrachtung. In: J. Brakhoff (Hrsg.) Kinder von Suchtkranken. Freiburg: Lambertus, S. 25–52
Schütz, A. (1960²) Der sinnhafte Aufbau der sozialen Welt. Wien: Springer
Schütz, A. (1971) Das Problem der Relevanz. Frankfurt am Main: Suhrkamp
Schütz, A. (1971a) Wissenschaftliche Interpretation und Alltagsverständnis menschlichen Handelns. In: ders., Gesammelte Aufsätze 1. Den Haag: Nijhoff, S. 3–54
Schütz, A. (1971b) Der gutinformierte Bürger. In: ders., Gesammelte Aufsätze 3. Den Haag: Nijhoff, S. 85–101
Schweitzer J., Retzer, A., Fischer, H. R. (Hrsg.) Systemische Praxis und Postmoderne. Frankfurt a. M.: Suhrkamp, S. 78–86
Segalen, M. (1990) Die Familie. Frankfurt a. M.: Campus
Seligman, M. (1979) Erlernte Hilflosigkeit. München: Urban & Schwarzenberg
Selvini Palazzoli, Cecchin, G., Prata, G. (1981) Hypothetisieren, Zirkularität und Neutralität: Drei Richtlinien für den Leiter der Sitzung. Familiendynamik Jg. 7, S. 123–138
Selvini Palazzoli, M. (1983) Über die Familientherapie hinaus. Wie ein globales systemisches Konzept entsteht. Familiendynamik Jg. 8 Heft 2, S. 166–181
Shulman, L. (1992) The skills of helping. Itasca/USA: F. E. Peacock Publishers Inc.
Simon, F. B., Weber, G. (1988) Das Invalidenmodell in der Sozialpsychiatrie. In: T. Keller (Hrsg.) Sozialpsychiatrie und systemisches Denken. Bonn: Psychiatrie-Verlag, S. 58–72
Singer-Kaplan, H. (1990) Sexualtherapie. Stuttgart: Enke
Sluzki, C. (1985) A minimal map of cybernetics. Fam Ther Networker Jg. 9, S. 2–26
Spengler, Chr. (1994) Der Blick des Therapeuten. Familiendynamik Jg. 19 Heft 1, 27 49
Steiner, E., Reiter, L. (1988) Der Beitrag der Theorie selbstreferentieller Systeme zur Präzisierung von Forschungsfragen in der systemischen Therapie. System Familie Jg. 1 Heft 2, S. 115–123
Stierle, K. H. (1979) Erfahrung und narrative Form. Bemerkungen zu ihrem Zusammenhang in Fiktion und Historiographie. In: Kocka J., Nipperdey T. Hrsg., Theorie und Erzählung in der Geschichte. Beiträge zur Historik Bd. 3. München: dtv, S. 85–118
Stierlin, H. (1980) Eltern und Kinder. Das Drama von Trennung und Versöhnung im Jugendalter. Frankfurt a. M.: Suhrkamp
Störig, H. J. (1955) Kleine Weltgeschichte der Philosophie. Stuttgart: Kohlhammer
Stolk, Y., Perlesz, A. J. (1990) Do better trainees make worse family therapists? A follow up study of client families. Family Process Jg. 29, S. 45–58
Strauss, A. (1991) Grundlagen qualitativer Sozialforschung. München: Fink
Tellenbach, H. (1987) Psychiatrie als geistige Medizin. München: Verlag für angewandte Wissenschaften

Thomas, W. I. (1965) Person und Sozialverhalten. Neuwied und Berlin: Luchterhand
Toman, W. (1991[5]) Familienkonstellationen – Ihr Einfluß auf den Menschen. München: C. H. Beck
v. Uslar, D. (1991–1994) Sein und Deutung Bd. 1–4. Stuttgart: Hirzel
Vollard, A. (1960) P. Cézanne. Zürich: Arche
Weber, G., Stierlin, H. (1989) In Liebe entzweit. Die Heidelberger Familientherapie der Magersucht. Reinbek b. Hamburg: Rowohlt
Weber, M. (1988[7]) Gesammelte Aufsätze zur Wissenschaftslehre. Tübingen: J. C. B. Mohr
Weber-Kellermann, I. (1990) Dienen lerne beizeiten das Weib ... Zum „Geheimdienstmodell" des Frauenlebens im 19. und 20. Jahrhundert. System Familie Jg. 3 Heft 4, S. 206–226
Weisbrod, M. R. (1987) Productive Workplaces. San Francisco: Jossey-Bass.
Welter-Enderlin, R. (1988) ‚Die Geister, die wir riefen ...' Von Schwierigkeiten und möglichen Lösungen, den Systemansatz auf die Praxis zu übertragen. In: L. Reiter, E. J. Brunner und S. Reiter-Theil (Hrsg.) Von der Familientherapie zur systemischen Perspektive. Berlin und Heidelberg: Springer, S. 175–188
Welter-Enderlin, R. (1989) Krankheitsverständnis und Alltagsbewältigung in Familien mit chronischer Polyarthritis. München: Psychologie Verlags Union
Welter-Enderlin, R. (1990) Skelette im Keller und Schätze auf dem Dachboden. Familientherapiegeschichte(n). System Familie Jg. 3 Heft 4, S. 196–205
Welter-Enderlin, R. (1991) Menschenbild und Therapiekonzept in der Systemtheorie. In: P. Buchheim u.a. (Hrsg.) Psychotherapie im Wandel – Abhängigkeit. Heidelberg: Springer, S. 182–196
Welter-Enderlin, R. (1992) Alkoholismus und Familie. In: Osterhold, G., Molter H. (Hrsg.) Systemische Suchttherapie. Heidelberg : Asanger, S. 13–28
Welter-Enderlin, R. (1992a) Die Kluft von Forschung und Praxis in der Familientherapie. Kontext 21/22, S. 37–52
Welter-Enderlin, R. (1995[4]) Paare – Leidenschaft und lange Weile, München: Piper
White M., Epston D. (1990) Die Zähmung der Monster, Heidelberg: Auer
White, M. (1992) Therapie als Dekonstruktion. In: Schweitzer J., Retzer, A., Fischer, R. (Hrsg.) Systemische Praxis und Postmoderne. Frankfurt a. M.: Suhrkamp, S. 39–63
Wiener, N. (1961) Cybernetics. Cambridge: MIT Press
Wynne, L.,C. u. a. (1970) Pseudo-Gemeinschaft in den Familienbeziehungen von Schizophrenen. In: Bateson, G. u. a. (Hrsg.) Schizophrenie und Familie. Frankfurt a. M.: Suhrkamp, S. 44–80
Wynne, L. C. (1981) Die Familien Schizophrener. Stuttgart: Klett-Cotta
Wynne, L. C. (1988) Zum Stand der Forschung in der Familientherapie: Probleme und Trends. System Familie Jg. 1 Heft 1, S. 4–22

Über das Institut

Das Ausbildungsinstitut für systemische Beratung und Therapie wurde 1987 von Rosmarie Welter-Enderlin MSW und Dr. med. Reinhard Waeber gegründet; bald danach stießen lic. phil. Robert Wäschle und Prof. Dr. Bruno Hildenbrand hinzu. Das Institut wird von einem gemeinnützigen Verein getragen und erhält keine finanzielle Unterstützung von außen.

1994 wurde der vierte zweijährige Ausbildungskurs in systemischer Beratung und Therapie begonnen. Von Anfang an besteht auch ein Weiterbildungsprogramm für Professionelle, die ebenfalls – wie bei den Ausbildungskursen – aus den Bereichen Medizin, Psychologie und Sozialarbeit stammen. Dieses Angebot wird teils von den Mitgliedern des Ausbildungsinstituts, teils von internationalen Dozentinnen und Dozenten gestaltet und 1993 um einen Postgraduiertenkurs erweitert.

Seit 1990 organisiert das Institut internationale Tagungen in der Eidgenössischen Technischen Hochschule in Zürich, auf denen aktuelle Entwicklungen in Beratung und Therapie behandelt werden. Thema der Tagung im März 1990 war „Familienwelten – Familiengeschichte(n) und therapeutischer Prozeß“; im April 1993 fand eine weitere Tagung zum Thema „Chronisch – Einfrieren und Auftauen von Beschreibungen kritischer Lebensverläufe“ statt.

1992 gründeten Mitglieder des Ausbildungsinstituts zusammen mit anderen eine unabhängige Interessengemeinschaft „Wandel in Organisationen“. Hier werden Fortbildungskurse für Projektarbeit und Projektberatung in Profit- und Nonprofit-Organisationen durchgeführt.

Über die Autorin und die Autoren

Bruno Hildenbrand, Jg. 1948, hat an der Universität Konstanz Soziologie, Politische Wissenschaften und Psychologie studiert, war an den Universitäten Marburg (Psychiatrische Klinik, Leitung Prof. Blankenburg) und Frankfurt (Fachbereich Gesellschaftswissenschaften) sowie an der Berufsakademie Villingen-Schwenningen tätig und ist seit 1994 Professor für Sozialisationstheorie und Mikrosoziologie am Institut für Soziologie der Friedrich-Schiller-Universität Jena. Promotion in Konstanz 1979, Habilitation in Frankfurt 1991. Mitglied des Ausbildungsinstituts für systemische Beratung und Therapie in Meilen. Zusammen mit Rosmarie Welter-Enderlin Schriftleiter der Zeitschrift *System Familie* und Herausgeber der Reihe „Familienwelten" im Piper-Verlag, München. Seine Arbeitsschwerpunkte sind Struktur der sozialisatorischen Interaktion, Professionalisierung therapeutischen Handelns, qualitative Verfahren in den Sozialwissenschaften.

Reinhard Waeber, Jg. 1951, Dr. med., Spezialarzt FMH für Psychiatrie, Kinder- und Jugendpsychiatrie und Psychotherapie, war am Psychiatriezentrum Oberwallis in Brig (Leitung Dr. med. Gottlieb Guntern), an der Sozialpsychiatrischen Klinik der Universität Bern (Leitung Prof. Luc Ciompi) und an der Kinder- und Jugendpsychiatrischen Poliklinik und Klinik der Universität Bern (Leitung Prof. W. Züblin/Prof. G. Klosinski) tätig. Seit 1992 ist er Chefarzt des Dienstes für Kinder- und Jugendpsychiatrie des Kantons Wallis. Mitbegründer (1987, zusammen mit Rosmarie Welter-Enderlin) und Mitglied des Ausbildungsinstituts für systemische Therapie und Beratung in Meilen. Zusammen mit Prof. Willi Felder leitet er die Ausbildung für systemische Therapie an der kinder- und jugendpsychiatrischen Poliklinik der Universität Bern. Seine Arbeitsschwerpunkte sind systemische Therapie bei Kindern und Jugendlichen, Familienmedizin.

Robert Wäschle, Jg. 1949, Diplom-Psychologe (Universität Zürich), ist in eigener Praxis in Luzern als Therapeut und Supervisor tätig und Mitglied des Ausbildungsinstituts für systemische Beratung und Therapie in Meilen. Seine Arbeitsschwerpunkte sind systemische Drogentherapie, Paar- und Familientherapie.

Rosmarie Welter-Enderlin, Jg. 1936, Master of Social Work/Social Science an der University of Michigan (USA) mit Schwerpunkt psychosoziale Beratung von Paaren, Familien und Arbeitsgruppen, ist in eigener Praxis als Paar- und Familientherapeutin sowie als Organisationsberaterin tätig, leitet das Ausbildungsinstitut für systemische Beratung und Therapie in Meilen und ist Lehrbeauftragte an der Psychologischen Abteilung der Universität Zürich (Prof. Norbert Bischof). Zusammen mit Bruno Hildenbrand hat sie die Schriftleitung der Zeitschrift *System Familie* inne, und sie gibt mit ihm zusammen die Buchreihe „Familienwelten" im Piper Verlag, München, heraus. Ihre Arbeitsschwerpunkte sind u. a. Familie und Arbeitswelt, chronische Krankheit und Familie, weibliche und männliche Sprachregeln und ihre Folgen.

Personen- und Sachregister

Personenregister

Sachwortregister